UNA GRIETA EN SU ARMADURA

UNA GRIETA EN SU ARMADURA

PERRY STONE

CASA
CREACIÓN

La mayoría de los productos de Casa Creación están disponibles a un precio con descuento en cantidades de mayoreo para promociones de ventas, ofertas especiales, levantar fondos y atender necesidades educativas. Para más información, escriba a Casa Creación, 600 Rinehart Road, Lake Mary, Florida, 32746; o llame al teléfono (407) 333-7117 en Estados Unidos.

Una grieta en su armadura por Perry Stone
Publicado por Casa Creación
Una compañía de Charisma Media
600 Rinehart Road
Lake Mary, Florida 32746
www.casacreacion.com

No se autoriza la reproducción de este libro ni de partes del mismo en forma alguna, ni tampoco que sea archivado en un sistema o transmitido de manera alguna ni por ningún medio—electrónico, mecánico, fotocopia, grabación u otro—sin permiso previo escrito de la casa editora, con excepción de lo previsto por las leyes de derechos de autor en los Estados Unidos de América.

A menos que se indique lo contrario, el texto bíblico ha sido tomado de la versión Reina-Valera © 1960 Sociedades Bíblicas en América Latina; © renovado 1988 Sociedades Bíblicas Unidas. Utilizado con permiso.

El texto bíblico marcado (NVI) ha sido tomado de la Santa Biblia, Nueva Versión Internacional® NVI® copyright © 1999 por Bíblica, Inc.® Usada con permiso. Todos los derechos reservados mundialmente.

Las citas de la Escritura marcadas (NTV) corresponden a la Santa Biblia, Nueva Traducción Viviente, © Tyndale House Foundation, 2010. Usado con permiso de Tyndale House Publishers, Inc., 351 Executive Dr., Carol Stream, IL 60188, Estados Unidos de América. Todos los derechos reservados.

Las citas de la Escritura marcadas (DHH) corresponden a la Santa Biblia, *Dios habla hoy*®, Tercera edición © Sociedades Bíblicas Unidas, 1966, 1970, 1979, 1983, 1996. Usada con permiso.

Las citas de la Escritura marcadas (LBLA) corresponden a La Biblia de las Américas © Copyright 1986, 1995, 1997 por The Lockman Foundation. Usada con permiso.

Las citas de la Escritura marcadas (btx) corresponden a la Biblia Textual Reina Valera, Ed. 2010 © 2010 Sociedad Bíblica Iberoamericana, Inc. Usada con permiso.

Las citas de la Escritura marcadas (rv1909) corresponden a la Santa Biblia Reina Valera Revisión 1909. http://bibledbdata.org/onlinebibles/rv1909/

La grafía y el significado de los términos griegos corresponden a la *Nueva concordancia exhaustiva de la Biblia de Strong*, de James Strong, Editorial Caribe, 2003. Usada con permiso.

Traducido por María Mercedes Pérez, María Bettina López y María del C. Fabbri Rojas. Coordinación, revisión de la traducción y edición: María del C. Fabbri Rojas
Director de diseño: Bill Johnson

Originally published in the U.S.A. under the title:
There's a Crack in Your Armor
Published by Charisma House, A Charisma Media Company,
Lake Mary, FL 32746 USA
Copyright © 2014
All rights reserved

Visite la página web del autor: www.voe.org

Copyright © 2014 por Casa Creación
Todos los derechos reservados

Library of Congress Control Number: 2014930389
ISBN: 978-1-62136-128-2
E-book ISBN: 978-1-62136-147-3

Nota de la editorial: Aunque el autor hizo todo lo posible por proveer teléfonos y páginas de internet correctas al momento de la publicación de este libro, ni la editorial ni el autor se responsabilizan por errores o cambios que puedan surgir luego de haberse publicado.

Impreso en los Estados Unidos de América
14 15 16 17 18 * 5 4 3 2 1

Contenido

Introducción: El ataque inesperado viii
1. Una revelación sobre su armadura de Dios........... 1
2. Demonios heredados de sus ancestros 36
3. Ganador en público, perdedor en privado........... 56
4. Cómo quebrar los espíritus de automutilación y suicidio 74
5. Grietas humanas en vasos de honra 90
6. Cuando los creyentes comienzan a desmayar....... 108
7. Qué hacer con su armadura abollada 117
8. Cómo descubrir y usar el escudo del favor 129
9. Reparar las grietas de una vasija rota 143
10. ¡No se vaya al infierno por un misterio! 161
11. Recuperar la calma cuando toda la pericia desaparece 174
12. Cuando un *skándalon* agrieta su escudo 183
13. Usar la espada equivocada para la batalla equivocada 196
14. Revivir antiguas estrategias de combate para la guerra espiritual moderna................. 209
15. Estrategias de un general mundialmente famoso.... 222
16. No es el diablo: ¡Es usted!..................... 231
17. La hora de su prueba decisiva................. 247

Notas 257

Introducción

El Ataque Inesperado

Ese día en particular se inició con un mensaje impactante, imprevisto e inesperado que ningún padre quiere oír. La familia era una fuerte familia cristiana, y miembros de una iglesia local que pastoreaba uno de los miembros del consejo de mi ministerio, Gary Sears. El joven hijo de esta familia se dirigía a la iglesia, donde trabajaba en el ministerio de los niños, y era casi la hora de su graduación de la secundaria. Mientras conducía, súbitamente dio con una zona húmeda, el coche giró fuera de control y chocó contra un árbol. Las lesiones físicas fueron serias, y el joven fue trasladado de urgencia al hospital gravemente herido. Los informes parecían tristes y sin esperanza. El médico le informó a la madre que su hijo tendría muerte cerebral. A pesar de lo que vio y oyó, esta madre de fe comenzó a escribir versículos de sanidad, y los pegó en su habitación y en una pizarra. Oró, citó las Escrituras, y comenzó a decretar que su hijo no estaría clínicamente muerto, sino que viviría y volvería a tener una vida normal.

Después de algún tiempo, uno de sus amigos que trabajaba en el campo de la medicina vino y le dijo: "Sé que estás creyendo y confiando en que él será sanado y quedará normal, pero la realidad es que tu hijo nunca será el mismo, y si sale de esta, probablemente será un vegetal".

El pastor Gary oyó estas palabras y observó el rostro de ella, y se dio cuenta de que su nivel de fe estaba cayendo. Fue entonces cuando Gary le dijo a la madre: "Yo sé que lo que le han dicho le ha abierto una *grieta en su armadura*". Luego añadió: "¡Voy a estar atento, y me mantendré en la brecha de esa grieta de su armadura hasta que usted tenga la fuerza para recuperar su fe!". Entonces el pastor comenzó a orar las mismas oraciones y confesar las mismas promesas de las Escrituras que la madre estaba creyendo y confesando. Finalmente la madre recuperó la fuerza para creer y sellar la *grieta de la duda* de su escudo de fe. Hoy en día el mismo joven se ha graduado, no solo de la escuela secundaria, sino también de la universidad con un título de grado, ¡y tiene un empleo! La única evidencia de su accidente es una ligera cojera y un par de cosas de menor importancia.

¿Ha experimentado usted un *ataque* imprevisto e inesperado en el cual la prueba fue tan devastadora que debilitó su confianza y su fe? ¿Cuántas veces durante su vida subió y se plantó en el cerro de la fe, creyendo en un buen informe para una situación casi imposible o peligrosa para la vida, pero luego oyó un informe negativo, que no creía en un buen resultado o vio con sus ojos una circunstancia asesina de la fe que lo hizo caer desde la altura de la fe al abismo de la desesperación, como una temida avalancha que le sobreviene a un esquiador en una montaña cubierta de nieve? De repente usted está enterrado bajo el peso de la duda y el peso de: "¿Qué pasa si esto no sucede?" "¿Y si no es la voluntad de Dios" "¿Qué pasa si creo y obtengo todo lo contrario?" "¿Qué pasa si mi oración no obtiene respuesta?" Los "qué pasa" inician un lento proceso de agrietamiento en su escudo de fe, lo cual permite que los pequeños dardos de la duda, del miedo, o la incredulidad entren en su corazón (ver Efesios 6:16).

El Todopoderoso les ha dado a los creyentes un *equipo* especial *de Dios*; una armadura espiritual a menudo identificada por los estudiosos como la *armadura de Dios* (Efesios 6:13-18). Esta armadura equipa al creyente para entrar en un amplio rango de situaciones de combate y enfrentar al adversario, utilizando armas ofensivas para atacar y numerosas armas defensivas para protegerse de distintos tipos de flechas. El éxito de este equipo depende de *los conocimientos que* los creyentes tengan *de las armas* y su comprensión de las numerosas *estrategias de guerra* del adversario. Usted debe saber cómo defenderse con la armadura que Dios le ha provisto. Algo de lo que muchos creyentes no son conscientes es que pese a la resistencia y durabilidad de las artes de guerra de Dios, existen roturas, grietas y debilidades que pueden aparecer, y de hecho de vez en cuando lo hacen; y debemos saber cómo responder y "mantenernos firmes" con una armadura estropeada. (Vea el capítulo 7, "Qué hacer con su armadura abollada") ¡Si usted está envuelto en una batalla física, mental o espiritual, este libro será su centro de consulta sobre armas estratégicas para llevarlo a la victoria en la situación en que se encuentra!

Capítulo 1

Una REVELACIÓN SOBRE SU ARMADURA DE DIOS

En la época del Nuevo Testamento de Cristo y los apóstoles, los maestros espirituales utilizaban prácticas, personas, lugares, objetos y ejemplos cotidianos de la vida real para ayudar a sus oyentes y lectores a entender y visualizar verdades y conceptos espirituales. Algunos ejemplos comunes que se utilizan a través del Nuevo Testamento son:

- *Agricultura*: ilustraciones agrícolas, como la siembra, la protección y la cosecha de cereales y frutos (Mateo 13:18-32)

- *Pesca*: pescar hombres, arreglar redes y lidiar con tormentas (Mateo 4:18-20; 13:47-50)

- *Carreras*: una carrera a pie, ganar el premio, no darse por vencido, y dejar de lado los pesos y pecados (Hebreos 12:1-2)

- *Combatientes*: un soldado que está equipado con armadura para luchar y derrotar a los enemigos (Efesios 6:10-20)

Tal vez usted disfruta de las promesas de la cosecha y la siembra y prefiere permanecer en las escrituras de agricultura.

A quienes gustan de las actividades deportivas, usted puede relatarles la admonición de correr la carrera, de Hebreos 12:1-2, ya que desean ganar el premio. Sin embargo, si usted es un cristiano activo, debe estar continuamente preparado para un sorpresivo conflicto espiritual que ataque su salud, riqueza, o familia, similar al asalto dirigido contra Job (ver Job 1-2.) Todos debemos entender que este conflicto es la batalla de los siglos, y que cada alma que cae en la batalla, herida e incapaz de mantenerse firme, es una victoria para el reino de las tinieblas.

Todo el que es cristiano es también un soldado. Después de ministrar a cientos de miles de creyentes, he observado cuatro tipos básicos de soldados en el Cuerpo de Cristo:

1. En primer lugar están los que no saben *nada* de la armadura de Dios. Viven de una batalla a otra, sobreviven de una paliza a otra, y anticipan derrota tras derrota. Ellos son los que tienen el deseo de servir a Dios, pero por sus conflictos traen una mentalidad derrotista, ya que tienen incertidumbre sobre *cómo* ganar en un conflicto.

2. La segunda categoría es la de los que saben algo *acerca* de la armadura de Dios, pero *se rehúsan a usarla*. Para ellos Efesios 6:13-18 es un hermoso pasaje poético escrito por un apóstol desde la cárcel. Sin embargo, consideran que todos tenemos que aprender a lidiar con nuestros propios problemas según nuestra propia sabiduría y fuerza, y no preocuparnos por alguna forma de *guerra espiritual invisible*.

3. La tercera categoría es la de los soldados que *escogen y eligen* su protección, usando partes pero no toda la armadura. Ellos disfrutan de una victoria espiritual de vez en cuando, de una respuesta a la oración de vez en cuando, de una curación en ciertas épocas,

pero suelen dejar áreas de sus vidas expuestas a los dardos del enemigo. Pueden asistir a la iglesia durante muchos años, pero de repente desaparecen del radar y nadie los ve en los servicios del domingo, porque fueron alcanzados por el enemigo en un momento de desprotección.

4. La cuarta categoría de guerreros cristianos son aquellos que *visten toda la armadura de Dios* y realmente saben lo que representa y cómo usarla. Estos cristianos tienen batallas como todos los demás, pero a pesar de las batallas y las guerras, continúan sobreviviendo y prosperando, incluso durante intensos conflictos.

El libro de Efesios fue la primera carta importante que Pablo escribió desde la cárcel. Las prisiones romanas eran generalmente calabozos en un edificio de piedra, con las peores condiciones de vida imaginables. Los hombres políticamente más peligrosos solían ser encadenados entre dos guardias, como se indica en el caso de Pedro:

> Y cuando Herodes le iba a sacar, aquella misma noche estaba Pedro durmiendo entre dos soldados, sujeto con dos cadenas, y los guardas delante *de la puerta custodiaban la cárcel*.
>
> —Hechos 12:6, énfasis añadido

En la carta de Pablo a Timoteo menciona sus "cadenas" (2 Timoteo 1:16), una referencia al encarcelamiento de Pablo en Roma. A lo largo de sus arrestos, según consta en los Hechos, Pablo frecuentemente es puesto en cadenas (Hechos 21:33; 26:29). Pablo no gastaba tiempo malhumorándose y cuestionando por qué Dios permitió que fuera arrestado. En cambio, desde la cárcel escribió varias cartas, incluida la epístola a la iglesia de Éfeso, llamada el libro de Efesios en el Nuevo Testamento.

Es interesante que Pablo les escribiera a los creyentes de Éfeso un detallado discurso sobre la batalla espiritual de un creyente contra rebeldes demoníacos. Éfeso era la cuarta ciudad más grande del mundo, después de Roma, Alejandría y Antioquía. Era la ciudad más grande de Asia Menor, con estadios, escuelas de filosofía, macizos templos de ídolos, y gimnasios. Construida con un importante puerto marítimo, la ciudad atraía a muchos visitantes y turistas. Entre los destinos comunes de Éfeso estaba el templo de la diosa griega Artemisa, que los romanos llamaban *Diana*. La ciudad también se conocía por sus prostíbulos (incluyendo prostitutas del templo), casas de baños públicos, y la adoración de ídolos, que dominaba la ciudad. A menudo una multitud de más de diez mil personas llenaba los estadios para las luchas de gladiadores.[1]

Este era el escenario que Pablo había observado cuando recordaba a los santos que su lucha no era contra carne y sangre, sino contra espíritus satánicos que gobiernan las regiones celestes (Efesios 6:12).

Pablo estaba muy familiarizado con los soldados romanos, los guardias romanos, y su entrenamiento militar, equipos y métodos de combate. En este contexto carcelario escribió el famoso discurso sobre la armadura de Dios. El libro de Efesios se puede dividir en tres secciones distintas: la *obra* de Dios en la vida de un cristiano (capítulos 1-3), el *caminar* del cristiano (capítulos 4-5), y la *guerra* del cristiano (capítulo 6).

> Por lo demás, hermanos míos, fortaleceos en el Señor, y en el poder de su fuerza. Vestíos de toda la armadura de Dios, para que podáis estar firmes contra las asechanzas del diablo. Porque no tenemos lucha contra sangre y carne, sino contra principados, contra potestades, contra los gobernadores de las tinieblas de este siglo, contra huestes espirituales de maldad en las regiones celestes. Por tanto,

tomad toda la armadura de Dios, para que podáis resistir en el día malo, y habiendo acabado todo, estar firmes. Estad, pues, firmes, ceñidos vuestros lomos con la verdad, y vestidos con la coraza de justicia, y calzados los pies con el apresto del evangelio de la paz. Sobre todo, tomad el escudo de la fe, con que podáis apagar todos los dardos de fuego del maligno. Y tomad el yelmo de la salvación, y la espada del Espíritu, que es la palabra de Dios; orando en todo tiempo con toda oración y súplica en el Espíritu, y velando en ello con toda perseverancia y súplica por todos los santos.
—Efesios 6:10-18

Al ser un ciudadano romano y ver diariamente los soldados romanos que ocupaban Israel y al observarlos de cerca mientras estaba encarcelado, Pablo escogió la metáfora militar de la armadura del soldado romano como la vestimenta de guerra para el creyente.

Ceñir los lomos

Su primera selección fue *ceñir los lomos* (Efesios 6:14), el cinturón de cuero que fue llamado *balteus* a comienzos del Imperio romano y *militare cíngulo* en tiempos posteriores.[2] Estos cinturones eran estrechos y decorados con placas de bronce todo alrededor. Incluían cinco tiras de cuero que colgaban sobre la mitad inferior de la parte delantera del cuerpo. Ese cinturón de la verdad me recuerda los dones del ministerio quíntuple—pastor, evangelista, profeta, apóstol y maestro—que presenta la verdad de Dios a la iglesia. Este cinturón fue utilizado más adelante para que el soldado sujetara su espada y un pequeño escudo. El cinturón también sostenía en su lugar otras partes de la armadura y se utilizaba para atar o ceñir las vestimentas (llamado ceñir los lomos en 2 Reyes 4:29) para que el soldado no tropiece cuando entra en batalla. También se utiliza para mostrar premios y medallas por el heroísmo en batalla. Esta primera pieza del equipo, la "verdad",

¡mantiene juntas todas las cosas! Si su fe y esperanza no están enraizadas en la verdad bíblica, lo que usted cree terminará por venirse abajo durante una batalla espiritual.

La Coraza

La *coraza* del soldado (Efesios 6:14) se llama en griego el *dsórax*, lo que puede significar, literalmente, un "protector del corazón". La coraza del soldado romano estaba formada por pequeñas placas de metal atadas de una manera similar a como se colocan las tejas en un tejado. Esas tiras individuales ayudaban a dar flexibilidad y le permitían al soldado tener movilidad en la batalla. La coraza fue diseñada para proteger los órganos vitales del cuerpo del soldado. El propósito del metal era desviar los golpes de espada y otras armas del enemigo, protegiendo especialmente la región del corazón y el pecho. Pablo llama a esto "la coraza de justicia". La justicia es la cualidad de ser *correcto o justo* a los ojos de Dios y de hacer las cosas a la manera de Dios. La justicia es impartida en el corazón y el espíritu, y debe ser protegida de las mentiras y los engaños del enemigo.

Esta coraza se colocaba sobre los hombros para proteger la parte delantera y trasera del soldado. La parte inferior de la coraza estaba atada al cinturón. Tenga nota de que *la justicia* debe estar atada al cinturón de *la* verdad, ya que no hay justicia a menos que recibamos la Palabra de Dios, que es la palabra de verdad (Juan 17:17). A menudo he oído que la espalda del soldado era la única área que no tenía la protección de la coraza romana. Después de investigar, y después de comprar una réplica completa de la armadura romana para una ilustración de un sermón, descubrí que esto era incorrecto. Las delgadas láminas metálicas también formaban una cubierta protectora alrededor de la caja torácica hacia atrás, y toda la coraza estaba unida por tiras de cuero en la espalda. Estas tiras metálicas individuales y en capas dieron libertad de movimiento al soldado en tiempos de batalla.

La aplicación espiritual es que la justicia no significa ser rígidos o farisaicos o legalistas, sino que la justicia es una expresión de alegría, del corazón lleno de una vida redimida por Dios. Su justicia que le cubre el corazón le da a usted momentos de libertad para disfrutar de las bendiciones de Dios y libertad de movimiento para librar una buena batalla.

El calzado del soldado

El calzado del soldado era importante. Ese calzado eran en realidad *sandalias* de cuero con correas que se envolvían alrededor de las pantorrillas hasta las rodillas. Debido al diseño abierto y al cuero suave, permitía a los soldados caminar veinticinco kilómetros al día sin que les salieran ampollas o se desarrollaran hongos. En cada sandalia se colocó una tira de metal para proporcionar estabilidad. Bajo ambas sandalias había tachones metálicos de dos tamaños, algunos pequeños y otros más grandes, dependiendo del terreno donde se estuviera librando la batalla. Estos proporcionaban tracción para caminar, correr, y permanecer de pie durante largas horas cuando luchaban. Estas puntas eran excelentes cuando estaban sobre una colina o si el suelo era resbaladizo, ya que se clavaban en el suelo, aumentando la capacidad de los soldados para permanecer en pie sin resbalar y caer. Parte de la armadura también incluía blindajes de metal que se unían a la parte delantera de los tobillos y las rodillas, proporcionando protección a las espinillas y las rodillas. Los creyentes debemos estar preparados para llevar "el evangelio de la paz" (Efesios 6:15) a todas las personas en cualquier circunstancia sin ser derribados por la oposición que podamos encontrar.

El escudo de la fe

Pablo amonestó: "Sobre todo, tomad el escudo de la fe" (v. 16). *Sobre todo* quiere decir: "por encima de todo, tomad el escudo de la fe". Había dos tipos de escudos romanos. Un escudo redondo más pequeño, llamado *aspis*, se utilizaba sobre todo para la exhibición y era del tamaño de una pizza grande; se enganchaba al cinturón y se utilizaba en los desfiles celebrados después de una victoria en la guerra. El escudo más grande era usado en los conflictos y batallas cuerpo a cuerpo. La palabra para escudo es aquí *dsureós* y se refiere a un gran escudo con la forma de una puerta oblonga, de aproximadamente cuatro y medio pies (aprox. 1,35 m) de alto, con forma curva.

Estos escudos grandes son los que vemos en las películas de la época romana. En una batalla, quinientos soldados eran desplegados en una línea—hombro con hombro—frente al enemigo. Los escudos podían apretarse contra el cuerpo del enemigo para hacerle perder el equilibrio, pues el frente del escudo de batalla tenía una punta de metal cortante llamada el *umbo* ubicada en el centro. Después se retiraba el escudo, y se utilizaba la espada del soldado para atravesar el cuerpo del enemigo. El constante empuje con el escudo y la espada podía llegar a desorientar al enemigo. Cuando Cristo fue tentado durante cuarenta días por Satanás en el desierto de Judea, citó tres pasajes del libro de Deuteronomio para contrarrestar las tres afiladas flechas de Satanás (Mateo 4:1-10).

Los grandes escudos individuales de estos soldados podían unirse lado a lado cuando los soldados estaban hombro con hombro, formando un muro protector en la batalla. También eran utilizados para *cubrir las cabezas* de los soldados, formando una cubierta similar a un caparazón de tortuga. Esta posición era llamada el *testudo* y se utilizaba cuando los soldados enemigos tiraban grandes rocas desde los muros de una ciudad que estaba siendo invadida. Así como los soldados se unían para dar batalla, los creyentes no debemos luchar solos, sino unir nuestra fe con la de otros: ¡cuantos más escudos hay en la batalla, más fe se libera para traer la victoria!

Del mismo modo, los cristianos pueden juntar sus escudos de fe cuando enfrentan problemas sociales que son contrarios a la Biblia. Un cristiano solitario con su único escudo tiene menos protección contra un ataque de flechas que si se une con otros cristianos y junta su escudo con los escudos de fe de ellos. El enemigo puede lanzar todas las flechas, lanzas y dardos de fuego que quiera, haciéndonos sentir el golpe, pero sin causarnos dolor ni lesionarnos, ya que estamos protegidos tras un muro de escudos y fundamentados en la fe del ejército de Dios. En la época romana, si una persona trataba de saltar por encima de los escudos de los soldados, esa persona se sentiría el corte de la espada de doble filo que estaba en la mano del que llevaba el escudo.

Un solo cuerpo

Yo creo que el Cuerpo de Cristo está fallando en el área de unir su fe como una sola. Pablo dijo que debemos trabajar "unidos" (Efesios 1:10; 2:5-6, 22). Pablo usa la palabra *uno* cuando habla del Cuerpo de Cristo, la Iglesia (Efesios 2:15-16, 18; 4:4-6). Se nos instruye que estemos unidos en nuestra fe. La Biblia dice que hay "un solo Señor, una sola fe, un solo bautismo" (Efesios 4:5). Pero ha habido hombres que enseñaron o enfatizaron una verdad e hicieron de ella *la única verdad*, separándose de otros grupos cristianos para rodearse de seguidores que aceptaran su sola doctrina como la única verdad. Así, cada uno tiene su propio escudo de interpretación denominacional o bíblica. Una persona está de pie detrás de su escudo *pentecostal*. Otra puede estar encorvado detrás de su escudo *católico*, y aun otro puede presumir: "Este es mi escudo *bautista*". *El problema es que terminamos peleando unos con otros sobre doctrina, en vez de luchar contra el verdadero enemigo de todos nosotros: ¡Satanás y sus demonios rebeldes!*

Mientras el adversario está llevando a la gente a esclavitudes como el alcoholismo, la pornografía, las drogas, el abuso de menores y la fornicación, los cristianos estamos juntando nuestros escudos en torno a temas doctrinales, como cuál es la verdadera fórmula bautismal, o si ciertos dones han cesado y otros siguen estando en funcionamiento, o si los milagros pueden ocurrir hoy o eran estrictamente para el primer siglo. Algunos hasta hacen una doctrina principal de no permitir instrumentos musicales en el ambiente de adoración de la iglesia. Es frustrante ver a tanta gente concentrada en interpretaciones personales y no en ayudar a otros a superar las malas inclinaciones. Hay fricción sobre el estilo de música y los tipos de canciones que se deben cantar en la mañana del domingo. El domingo por la mañana sigue siendo el día de mayor segregación de la semana en los Estados Unidos.

Si un tema o interpretación doctrinal no influye sobre nuestra salvación o destino eterno, el Cuerpo de Cristo tiene que crecer y dejar de darle con la fusta a un caballo que no tiene piernas, lo que significa dejar de dividir a la iglesia sobre temas que no nos llevarán a ninguna parte, sino a un campo de división donde todos estemos escondiendo nuestras lucecitas bajo nuestros almudes denominacionales hechos por los hombres. En lugar de separarnos por la ciudad tratando de retener los fuertes de nuestras iglesias locales, manteniendo a los santos adentro y al diablo fuera, deberíamos empezar a enlazar nuestros escudos para tener mayor impacto en la comunidad y la ciudad. Dios no quiere que seamos independientes (manteniéndonos solos) o codependientes (incapaces de mantenernos en pie sin la ayuda de alguien); Él quiere que seamos *interdependientes*, lo que significa que nos necesitamos los unos a los otros parados firmes hombro con hombro para enfrentar al adversario.

La iglesia en general está sentada mientras permitimos que el 15 por ciento de la población—los medios liberales, profesores de universidad, y prensa—socave nuestra fe y lave el cerebro a la próxima generación con su propaganda impía. La evolución, el aborto y la destrucción del matrimonio tradicional son cizañas mortales en el campo de trigo y veneno en el agua potable. Pero los santos batallan sobre el estilo de la música del domingo, mientras sus hijos y nietos duermen en casa con una resaca de la fiesta de la noche del sábado.

Parece que la única oración de Jesús que aún no ha sido respondida es la que se registra en Juan capítulo 17. Dos veces oró que seamos uno, así como Él y el Padre son uno (vv. 11, 21). Jesús va a volver por una novia que no tenga mancha ni arruga, y debemos ser uno para ser esa novia. Tenemos que aprender a juntar nuestros escudos de fe y convertirnos en uno para la batalla del tiempo del fin.

Además de juntar nuestros escudos de fe, todos tenemos que tener el escudo de fe de tamaño grande. La Biblia dice que hay cinco niveles diferentes de fe, o diferentes tamaños de escudos.

Cinco niveles de fe

1. Sin fe (Marcos 4:40)

2. Poca fe (Mateo 8:26)

3. Fe débil (Romanos 4:19)

4. Fe firme (Romanos 4:20)

5. Gran fe (Mateo 8:10)

¡La fe firme y la gran fe son escudos fuertes y grandes!

Frecuentemente los creyentes confunden la fe con un cierto sentir emocional que reciben en la presencia de Dios. Es importante señalar que la fe y las emociones son dos cosas diferentes. Algunas personas confunden estar emocionado con la fe. Por ejemplo, van a una reunión y el lugar está abarrotado. Todo el mundo está muy emocionado, por lo que piensan: "¡Sí! ¡Dios va a hacer algo esta noche! ¡Basta con mirar a todas esas personas emocionadas!". Luego esa misma persona va a una reunión donde solo hay cincuenta personas y piensa: "No parece que vaya a suceder gran cosa esta noche". Debemos recordar las palabras de Cristo: "Donde están dos o tres congregados en mi nombre, allí estoy yo en medio de ellos" (Mateo 18:20).

Una vez alguien me preguntó si yo pensaba que la gente realmente está siendo sanada en las reuniones de un ministro de televisión en particular. Lo preguntaron porque veían algunas personas que no parecían estar tan emocionadas después de decir que Dios las había sanado. Le dije: "Hay dos grupos. Un grupo está curado y totalmente sorprendido, a menudo saltando y llorando. El otro grupo es de las principales denominaciones y realmente espera que la curación se produzca; no están tan sorprendidos y simplemente están agradecidos en su corazón".

Por ejemplo, cuando yo tenía dieciocho años, estaba predicando un avivamiento en Carmi, Illinois. Una noche llamé a formar una fila de oración para ministrar a las necesidades de las personas. Recuerdo a una distinguida mujer bautista que se acercó para recibir oración. Ella era sorda de un oído y tenía sordera parcial en el otro. Oré por ella y mandé a salir al "espíritu sordo" (Marcos 9:25). ¡Súbitamente, su oído sordo se destapó! De repente oyó completamente por ambos oídos, y ella dijo: "Guau, mis oídos se destaparon y puedo oír de nuevo. ¡Alabado sea el Señor! Gracias". Y se alejó tranquilamente. ¡Yo había esperado que en cualquier momento estallara en una *break dance* bautista o corriera por el pasillo! Le pregunté al Señor por qué ella no se había emocionado tanto. Sentí al Espíritu Santo decir: "Porque sabía que cuando oraras por ella sería sanada, así que no se sorprendió". Tenía una palabra *(jrema)* de la Palabra *(logos)* de Dios, ¡y la fe viene cuando usted escucha la (Palabra) *jrema* de Dios!

Ungir los escudos

Los romanos llamaban *scutum* a los grandes escudos. Cada uno se construía con dos capas de tiras de madera (similares a la madera contrachapada) puestas en ángulo recto entre sí y se calentaba para poder presionarlo dándole una forma curvada.

Después de ser formado, era cubierto con seis capas de cuero. Un soldado tenía que mantener su escudo cuidando la cubierta de cuero, que podría llegar a secarse. El peligro de un escudo seco era que la cubierta se hiciera frágil y vulnerable al fuego. Para evitar que el escudo se secara, el soldado llevaba aceite de oliva y debía frotar con él la superficie del escudo. El profeta Isaías instruyó a los hombres a "ungir el escudo" (Isaías 21:5), o prepararse para la batalla. El aceite representa al Espíritu Santo, como el aceite que se utilizaba en la Biblia para ungir a los líderes espirituales, y después el Espíritu Santo venía sobre ellos (1 Samuel 16:13). ¡Nuestra fe debe ser ungida, o energizada por el aceite fresco del Espíritu Santo, para efectivamente sofocar o apagar los dardos de fuego del maligno!

Cada cristiano debe mantener ungido su escudo. Como he dicho anteriormente, un soldado romano frotaba aceite de oliva en su escudo para evitar que la piel se resecara. Así como la desecación hace que el escudo sea más vulnerable a un dardo de fuego, las iglesias secas producen escudos secos y dejan a los cristianos más vulnerables a un ataque ardiente del adversario. Si no se enseñan aplicaciones prácticas de la Palabra, y la atmósfera está muerta y es aburrida, es una iglesia *seca*. Nuestros escudos deben ser ungidos con regularidad, mediante la enseñanza sólida y práctica. He descubierto que si ejerzo la fe sin la unción se requiere mayor esfuerzo mental, y la mente humana guerrea contra el hombre espiritual.

Dado que el óleo representa la unción del Espíritu Santo, ¿cómo ungiremos nuestros escudos? Judas versículo 20 dice: "Pero vosotros, amados, edificándoos sobre vuestra santísima fe, orando en el Espíritu Santo". El apóstol Pablo también sabía esta verdad y oraba regularmente en el Espíritu (1 Corintios 14:15, 18), es decir, oraba en el lenguaje sobrenatural de oración que el Espíritu Santo le había impartido. Esto se llama "orar en el Espíritu". Fíjese que usted debe *construir su fe, orando en el lenguaje de oración del*

Espíritu. Debido a que su fe es su escudo, usted debe desarrollar la fortaleza de su escudo por el lenguaje de oración del Espíritu; entonces usted unge su escudo mediante la unción del Espíritu.

Esta generación parece tener dificultades para resistir el pecado. Al observar a nuestros padres espirituales, sabemos que ellos también experimentaron tentaciones en la época de su generación. Sin embargo, parecían tener una mayor resistencia al mal y andar disciplinadamente en la medida en que querían caminar en pureza y no tropezar espiritualmente. Según podemos deducir de sus historias, su capacidad para hacer frente a la tentación y vencer se basaba en el hecho de que ellos despreciaban el pecado. Para ellos, el pecado era como un cáncer, y una vez que una célula se halla en el cuerpo, puede traer la muerte. Por lo tanto, ellos no lo pensaron dos veces, no razonaron con él, y no metieron el dedo en el agua de la tentación para ver si les gustaría tomar un baño.

La segunda clave para vencer fue su vida de oración. Los padres de la fe no esperaban a que llegara el domingo por la mañana para comunicarse con Dios. ¡Ellos oraban diariamente, oraban con frecuencia, y a veces oraban largamente! Cuando la fe les faltaba, oraban en el Espíritu para fortalecer su escudo de fe.

Mi padre me contó una historia de cuando era un joven ministro soltero, y viajaba con su tío, Rufus Dunford, que tenía el don espiritual de fe y de hacer milagros en su ministerio. (Ver 1 Corintios 12:7-10). Una noche en Beef Hide, Kentucky, papá vio a Rufus rogar por un niño que había nacido con un pie deforme. El muchacho literalmente pisaba con el borde exterior de su pie y nunca había corrido o jugado con otros niños. Esa noche Rufus oró, y no sucedió nada. Le pidió a la iglesia que orara y ayunara, y le dijo al muchacho que volviera a la noche siguiente. Papá dijo que él y Rufus ayunaron y pasaron todo el día en una alta montaña orando por varias horas. Esa noche, cuando se elevó la oración, el Señor obró un milagro: el pie se fue enderezando mientras todos los que estaban en la iglesia veían el milagro. Por primera vez en su vida el niño corrió alrededor de la iglesia, llorando y riendo. Lamento tener que confesarlo, pero nuestra generación, después de la primera oración, habría acariciado al muchacho en la cabeza y habría dicho: "¡Sigue orando, porque nunca se sabe lo que Dios va a hacer!". Cuando los escudos se vuelven secos, se necesita el aceite del Espíritu para inspirar nuestra fe.

Un fuerte escudo de fe requiere una cubierta de oración. Uno de los tipos bíblicos de la oración es orar "en el Espíritu", o como decimos hoy, "orar en el lenguaje de oración del Espíritu Santo", que es el lenguaje que un creyente recibe al ser bautizado en el Espíritu Santo (Hechos 2:1-4; 10:44-46; 19:1-7). Cuando oramos en el Espíritu Santo, nuestro espíritu está orando (1 Corintios 14:14), y nuestro espíritu le está hablando a Dios (v. 2). ¡Romanos 8:26-28 revela que el Espíritu Santo hace intercesión por nosotros, y según Judas 20 nos edificamos a nosotros mismos en la fe! La fortaleza de su escudo y su capacidad para detener las flechas volantes del adversario se basan en la cantidad de enseñanza bíblica y conocimiento que usted ha recibido y en el nivel de la vida de oración en el que está andando. Un nuevo creyente es como un soldado que está en el campo de entrenamiento. A menudo, los jóvenes, los futuros soldados, pueden pensar: "¿En qué me he metido?". Echan de menos su casa, añoran a sus viejos amigos, y a veces les gustaría dejarlo todo y volver a su antigua forma de vida. Sin embargo, después de forjar relaciones y trabajar en equipo con otros futuros soldados, y de captar la visión de su papel como defensores de la libertad, sobreviven el campo de entrenamiento y aprenden cómo vestirse para la batalla y utilizar sus armas para defenderse a sí mismos y a sus compañeros de armas en un conflicto real.

Los tipos de dardos del enemigo

El escudo de la fe se utiliza para "apagar todos los dardos de fuego del maligno" (Efesios 6:16). En la época romana había tres tipos de flechas que podían ser usadas en una batalla. La primera, la más común en la guerra, era la flecha normal con una punta de metal puntiaguda. La segunda era una flecha de apariencia normal con la punta de metal bañada en brea, una sustancia similar al alquitrán, prendida fuego y disparada con arco contra armazones o estructuras de madera. Al dar en su objetivo, esta flecha causaba una pequeña llama (un *incendio*) que dañaba lo que había golpeado y distraía al oponente. El tercer tipo de flecha se formaba llenando el vástago de la flecha con una sustancia combustible, encendiendo la punta, y enviándola en dirección al enemigo. Una vez que la flecha alcanzaba el objetivo, el impacto partía el tallo de la flecha, esparciendo el líquido combustible y haciendo que el fuego de la punta se extendiera sobre el objeto en el cual la flecha había golpeado. Esta era una "flecha ardiente". Además, había "dardos de fuego", que eran largas astas de lanza de tres pies (aprox. 0,9 m) con cabezas de hierro que se encendían. Estos dardos eran tan poderosos que podían alancear la armadura.[3] Los "dardos de fuego" (o flechas) de Satanás son los pensamientos repentinos que el adversario dispara en su mente, prendiendo fuego a su imaginación con imágenes mentales, pensamientos o palabras susurrantes que queman en su conciencia, y hacen que usted se sienta abrumado por la sensación de ardor o, a veces, las imágenes o pensamientos que vierte en su mente. Son la Palabra de Dios y la confianza en Cristo lo que fortalece su escudo, evitando que ese repentino *fuego* salga de sus pensamientos en acciones. Todas las formas de tentación deben ser resistidas, o los pensamientos se convierten en acciones, las obras en pecado, y el pecado, en esclavitud. Pablo instruyó a los creyentes a "[derribar] argumentos" (2 Corintios 10:5) y cada pensamiento malo que intenta llegar a ser superior al conocimiento de Dios. Cuando usted derriba imágenes y las echa fuera, ha *desviado* exitosamente un dardo con el escudo de su fe.

Algunos pensamientos pueden ser como madera echada en un fuego ardiente: mantienen la mente distraída con *cosas* que oprimen y llevan a una persona hacia abajo. El siguiente recuadro lista algunos de estos ataques mentales.

Ataques mentales de Satanás

1. El ataque mental de miedo (2 Timoteo 1:7)

2. El ataque mental de deseos de la carne (1 Juan 2:16)

3. El dardo mental de la ira repentina (Mateo 5:22)

4. La presión mental de la opresión (Hechos 10:38)

5. La sensación mental de la condenación del pecado (1 Juan 3:20-22)

Vivir en un cuerpo humano es una garantía de que tarde o temprano estos dardos, como un asteroide que cae, se dirigirán en su dirección. Estos dardos nunca deben fijarse en la mente, sino que deben ser detenidos en el momento que comienzan a volar y dar vueltas a su cabeza. He dicho a menudo: "No puedes evitar que los pájaros vuelen, pero puedes evitar que hagan un nido en tu cabeza". *Usted no puede impedir que vengan flechas satánicas en su dirección, pero puede desviarlas cuando lleguen.*

El yelmo del soldado

En Efesios 6:17 Pablo menciona la necesidad del yelmo de la salvación. El yelmo del soldado romano estaba hecho de una aleación de cobre y hierro. Estos yelmos eran utilizados para proteger la cabeza; también llevaban sobre ellos insignias o símbolos del ejército. La parte superior tenía forma de cuenco y protegía de golpes la parte superior de la cabeza. Conectada a la parte posterior del yelmo, había una pieza que protegía la parte posterior del cuello, y en la parte delantera otra que sobresalía de la parte superior cerca de la frente para proteger de golpes frontales. Dos piezas de metal que eran como aletas móviles se adjuntaban a las partes izquierda y derecha del yelmo, diseñadas para proteger los pómulos y mandíbulas de los impactos en la cara. Por lo tanto, el yelmo protegía la cabeza y la cara en todas las direcciones: ¡al costado, adelante y atrás!

Cuando hablamos de la salvación o de ser salvos, la salvación comienza con el *arrepentimiento* de una persona, lo que significa darse vuelta o cambiar su forma de pensar. Una vez que nos *arrepentimos*, nuestras mentes deben estar protegidas de los golpes mentales y dardos del enemigo. Cuando un pensamiento negativo o pecaminoso alcanza nuestra mente, puede ser derribado y eliminado disciplinando nuestras mentes y pensamientos, entrenando nuestra mente para que reaccione a la Palabra de Dios. Se requieren movimientos de nuestra mandíbula para producir palabras. Los protectores de mejilla del yelmo son, para mí, parte de la vigilancia de las palabras que proceden de nuestra boca, porque los pensamientos son transferidos a palabras, y las palabras pueden producir ya sea vida o muerte (Proverbios 18:21).

La espada del Espíritu

Pablo llamó a la Palabra de Dios la "espada del Espíritu" (Efesios 6:17). La espada del Espíritu es la única arma *ofensiva* que figura en la armadura de Dios, ya que todas las otras piezas o bien proporcionan protección contra el enemigo o están destinadas a usarse en el áspero terreno de la batalla. En la época de los escritos de Pablo, había cuatro diferentes espadas que se utilizaban en el periodo romano.

Cuatro tipos de espadas de batalla

1. La *gladius hispaniensis* ("espada española") fue adoptada por los romanos, tras participar en una batalla en España. Esta espada fue diseñada para su uso en el combate cuerpo a cuerpo y para apuñalar más bien que dar sablazos.[4]

2. La *gladius Pompeii* era más corta que la *gladius hispaniensis;* tenía una hoja de doble filo con una longitud de aproximadamente dieciséis pulgadas y un ancho de dos y media pulgadas. Cuatro de las *gladius Pompeii* se encontraron durante las excavaciones de las ruinas de Pompeya, la famosa ciudad de Italia destruida hace siglos por una erupción volcánica.[5]

3. La *espada de caballería* era una espada larga, de un solo filo, de hierro o acero. La hoja fue llamada *spatha* y tenía un promedio de veintisiete pulgadas de longitud. Como su nombre lo indica, esta espada era muy adecuada para su uso por los soldados que luchaban montando a caballo (la caballería).[6]

4. La *espada májaira* era una espada ofensiva, hecha de hierro. Tenía dos pies (0,6 m) de largo, doble filo, y una punta afilada para apuñalar al enemigo. La espada permitía atacar a un oponente o defenderse de los golpes del enemigo. Cuando no estaba en uso, la espada *májaira* se guardaba en una vaina unida al cinturón.[7]

En Efesios 6:17 la palabra griega usada es *májaria*. Observe que esta arma ofensiva iba unida al cinturón. Esto es importante porque tenemos que tener los componentes ofensivos y defensivos de nuestra armadura unidos a la verdad (el cinturón de la verdad). La verdad de la Palabra de Dios es el soporte que eleva nuestra espada en la batalla y trae descanso en tiempos de paz. Las Escrituras declaran que la Palabra de Dios es "viva y eficaz, y más cortante que toda espada de dos filos" (Hebreos 4:12). Algunos cuchillos y espadas solo tienen una cara afilada; pero esta espada tiene dos caras muy afiladas, por lo que es un arma de "doble filo". En Hebreos 4:12 la palabra griega para "dos filos" es *dístomos* y es, literalmente, "dos bocas"; el término *dístomos* era utilizado para describir un camino o un río que se diversificaba en dos direcciones.[8] Sobre la espada del creyente, sugiero que un filo fue afilado cuando *Dios habló* su Palabra a los profetas, y el segundo filo es el poder de la Palabra escrita de Dios liberado cuando *usted la habla*... así, dos bocas: la de Dios y la suya.

En Apocalipsis las palabras de la boca de Cristo son descritas como una "espada de dos filos" (Apocalipsis 1:16; 2:12). Cuando Cristo regresa a la tierra para derrotar a los ejércitos del Anticristo, ejerce la autoridad de sus palabras, lo cual libera tal luz y poder que las palabras de su boca consumen a los enemigos de Israel mientras están sobre sus pies (Apocalipsis 19:15; 2 Tesalonicenses 2:8).

También hay dos principales términos griegos usados para "palabra" en la frase "Palabra de Dios", que se encuentra cuarenta y cinco veces en cuarenta y cuatro versículos del Nuevo Testamento. Una palabra griega es *logos*, y la otra es *jrema*. La palabra *logos* significa, "un dicho, un tema o una expresión divina; la expresión de un pensamiento". La palabra *jrema* generalmente significa "en singular, una palabra; en plural, dicho, discurso «palabras»", o "aquello que es hablado, lo que es expresado de palabra o por escrito".[9] La principal diferencia entre las dos es que una *jrema* es una palabra o escritura a la que el Espíritu Santo aviva en su espíritu, trayendo consigo una fuerte fe para creer y actuar sobre la misma. Según Pablo, "la espada del Espíritu... es la palabra de Dios" (Efesios 6:17), y el griego para "palabra" aquí es *jrema*, es decir, las palabras que Dios aviva en nuestro espíritu a través de la Biblia o en su corazón. Cuando el Espíritu Santo lleva una escritura de la página impresa a su espíritu, de pronto usted literalmente siente que la fe cobra vida, ¡y entonces tiene en su poder la espada del Espíritu! La palabra *jrema* es un arma tanto ofensiva como defensiva que podemos usar en la batalla contra las palabras, estratagemas y planes del enemigo. W. E. Vine da una de las mejores descripciones de una *jrema*:

> El significado de *jrema*, en su distinción de *logos*, queda ejemplificado en la instrucción a tomar «la espada del Espíritu, que es la palabra de Dios» (Efesios 6:17); aquí la referencia no es a la Biblia entera como tal, sino al pasaje individual de las Escrituras que el Espíritu trae a nuestra memoria para su utilización en tiempo de necesidad, siendo el prerrequisito de ello la lectura habitual y memorización de las Escrituras. [10]

Pablo escribió: "Así que la fe viene por el oír, y el oír, por la palabra de Dios" (Romanos 10:17). El vocablo griego para "palabra" en este pasaje es *jréma*. La interpretación en profundidad de este versículo puede ser que la fe viene al oír una palabra *jréma* que Dios energiza o aviva en el espíritu de usted. *Jréma* es el término griego que se usa en los siguientes pasajes para "palabra":

> Él respondió y dijo: Escrito está: No sólo de pan vivirá el hombre, sino de toda palabra que sale de la boca de Dios.
> —MATEO 4:4

> Mas si no te oyere, toma aún contigo a uno o dos, para que en boca de dos o tres testigos conste toda palabra.
> —MATEO 18:16

Respondiendo Simón, le dijo: Maestro, toda la noche hemos estado trabajando, y nada hemos pescado; mas en tu palabra echaré la red.
—Lucas 5:5

Mas ¿qué dice? Cerca de ti está la palabra, en tu boca y en tu corazón. Esta es la palabra de fe que predicamos.
—Romanos 10:8

Describo como un momento *jréma* al momento en que la Palabra que está siendo leída o predicada se hace viva en el espíritu de usted. Imaginemos juntos a diez personas sentadas en la primera fila de una iglesia, escuchando un mensaje sobre el tema de la liberación del miedo. Todas están luchando con el miedo y la ansiedad. A medida que el ministro expone la Escritura, citando versículos selectos y desmenuzando estudios de la palabra para una aplicación práctica, de repente seis de los diez comienzan a llorar, a adorar y se dirigen al altar para orar. No es que se hayan "conmovido emocionalmente" hasta las lágrimas o que estén tristes, sino que la fe ha crecido y su espíritu se abre ahora para liberar las "cosas" a las que el miedo los había atado. Las lágrimas son un indicio de alivio y alegría, ya que pueden hacerle sentir en su espíritu un nivel de fe y de confianza que había perdido.

Pedro tuvo un momento *jréma*

Pedro era un pescador profesional y conocía los entresijos de la industria pesquera. Sabía que en el mar de Galilea los pescadores pescaban de noche cuando el ambiente se enfriaba, porque los peces se acercaban más a la superficie y podían ser capturados en las redes. Cuando sale el sol, los pescadores traen sus barcos y guardan sus redes. (Lo mismo es cierto hoy en día.) Pedro pescó "toda la noche" sin sacar nada. Jesús había tomado prestada la barca de Pedro para estar en ella y predicar a la multitud. (El agua es buena conductora del sonido, y realmente la gente podía escuchar mejor a Cristo si Él estaba en un barco a poca distancia de la costa, ya que el agua llevaba su voz a tierra.) Después del sermón Cristo le dio a Pedro una palabra específica para un momento específico. Le dijo:

> Cuando terminó de hablar, dijo a Simón: Boga mar adentro, y echad vuestras redes para pescar.
> —Lucas 5:4

Pedro razonó que, aunque estaba agotado por el viaje de pesca de toda la noche, ante la *palabra* (aquí el término griego para "palabra" es *jrema*) de Cristo volvería a llevar su barco y su red al agua. Cristo le dijo que tomara "redes", y Pedro tomó una sola red. Pronto Pedro descubrió que necesitaba "redes" y más barcos, ¡ya que la captura quebró el récord! El milagro de los peces en la red convenció a Pedro, y dejó barcos, redes y su negocio de pesca para convertirse en un pescador de hombres (vv. 8-10). Su momento *jrema* es cuando usted recibe una palabra directa de la Escritura o una instrucción personal del Espíritu Santo, y lo que ha leído o escuchado quema en su corazón, y energiza su fe.

Las Escrituras son la espada del "Espíritu", o el arma del Espíritu *Santo*, pues Él es el agente que inspiró a los profetas para que escribieran la Palabra de Dios (2 Timoteo 3:16; 2 Pedro 1:21). Si la Biblia es su espada personal, que corta las mentiras del enemigo, corta las capas endurecidas de su corazón, y lo defiende de los ataques demoníacos externos, entonces se requiere que el Espíritu Santo esté presente, ya que Él es el agente de la fe. Si un ministro o sus miembros luchan contra la operación y manifestación del Espíritu Santo en su iglesia local, entonces la gente va a desarrollar una forma de cristianismo carente del poder dinámico (2 Timoteo 3:5). Tendrán una *confesión* de fe, pero a menudo carecerán de la fe *creciente*, que debe acompañar a la madurez espiritual.

Como se ha dicho, la Palabra de Dios es una espada de dos

filos, y opera en dos niveles: uno defensivo y otro ofensivo. Como arma defensiva, la Palabra de Dios defiende su corazón contra la mentira y el engaño. También defiende la mente contra ataques mentales y es un arma para defenderse del poder de la tentación. Ella tiene en su "ADN espiritual" el poder inherente de resistir, reprimir, y corregir. Como arma ofensiva, la Palabra de Dios ataca el poder y la presencia del pecado ya que hace cortes en el espíritu humano y comienza a extraer la influencia del pecado de su hombre interior. La Palabra de Dios es un arma ofensiva para atacar la enfermedad, y se convierte en el escalpelo del Gran Médico para erradicar la enfermedad del cuerpo humano. La Palabra es también un arma ofensiva, protectora para defenderse contra los pensamientos de seducción ya que los corta en los canales de la mente. La Palabra de Dios divide el alma del espíritu (Hebreos 4:12), o la intención de la carne (el reino del alma) del hombre espiritual (el reino espiritual). La Palabra redime, reconcilia, renueva y repara.

¿En qué nivel está usted?

Hace muchos años, durante una importante reunión de campamento, prediqué mi primer sermón ilustrado, ilustrando uno de los cuatro niveles de la Palabra de Dios en los que camina el creyente promedio. Ilustré el mensaje utilizando cuatro tipos de instrumentos de corte.

El nivel de navaja

Hay un nivel de navaja de conocimiento de la Palabra de Dios. Soy de las montañas de West Virginia, donde en mi época a cada niño se le daba una navaja a temprana edad. Es algo que usted lleva en el bolsillo delantero de sus pantalones vaqueros. En realidad, rara vez se utilizaba a menos que nos aburriéramos, era algo que sacábamos en nuestro tiempo libre. Así muchos creyentes tienen Biblias dispersa en todas las habitaciones de su casa, recordándoles que son creyentes y para *pensar acerca de Dios*, pero también muchas de ellas solo abren la Biblia cuando están aburridas, sin otra cosa que hacer, o de vez en cuando en su tiempo libre. Cuando yo era un niño, utilizaba mi navaja de bolsillo cuando quería cortar una pequeña rama de un árbol y tallarla. Estos creyentes navaja tendrán que reducir gradualmente el tamaño de usted si les enseña algo con lo que no están de acuerdo, o van a pasar el tiempo "tallando" cosas insignificantes con poco beneficio espiritual. Ellos ven la Biblia como un simple libro de historias para ayudar a hacer dormir a los niños por la noche. Algunos cristianos "ocasionales" tienen una mentalidad de navaja en su relación con la Biblia. Ellos rara vez asisten a la iglesia, a no ser que se aburran el domingo y decidan pasar y calentar un banco.

Creyentes cuchillo para mantequilla

Comparo el segundo nivel de los cristianos y su conocimiento de la Biblia con un *cuchillo para mantequilla*. Mi esposa tiene dos juegos de platos: los platos de todos los días utilizados para el almuerzo o la cena con la familia, y la vajilla de porcelana que se saca cuando llega la compañía durante las vacaciones. En esas ocasiones especiales en la mesa principal se coloca cubertería de plata genuina. Debo confesar que me encanta la mantequilla. De hecho, me gusta tanto que podría comerla sola (pero no lo hago ni lo haré). En ocasiones especiales, ella pone el cuchillo de plata para mantequilla en el plato de cristal, para los amantes de la mantequilla.

Para mí, este nivel de la Palabra de Dios representa a los que quieren una Palabra brillante, pulida y políticamente correcta que inspire, bendiga y nunca ofenda. Hay algunos cristianos que *nunca* asistirían a un servicio de adoración de una iglesia donde la adoración fuera verbal, la alabanza fuera fuerte, o la música fuera tocada por una banda y no solo en un órgano de tubos. Es cierto que hay tiempos para adorar con exuberancia y otros para estar quietos, tiempos para regocijarse y tiempos de reverencia. Sin embargo, *¡la reverencia no es falta de vida!* Algunas congregaciones se declaran "cristianos reverentes", cuando en realidad están repitiendo los patrones de la iglesia de Sardis: "tienes nombre de que vives... y estás muerto" (Apocalipsis 3:1).

Si su nivel de conocimiento y uso de la Palabra de Dios es el nivel del cuchillo para mantequilla, sepa que un cuchillo para mantequilla solo es eficaz en la mantequilla blanda. El cristianismo cuchillo para mantequilla es demasiado desganado para tener impacto en cortar las obras de la carne, el poder de la tentación, o para derrotar a sus enemigos internos. Mi esposa saca el cuchillo para mantequilla solo en ocasiones especiales, recordándome que algunos creyentes son *cristianos de temporada*, lo cual significa que se presentan y muestran especialmente durante los *feriados religiosos*, tales como las tradicionales celebraciones de la Pascua y la Navidad. Expresan su "fe" dos de los trescientos sesenta y cinco días del año. Para estas personas, la iglesia debe ser pulida y cortés, sin ningún despliegue emocional, y ocasional, no semanal.

Nivel cuchilla para la carne

El tercer grupo de creyentes es el nivel de cristianos *cuchilla para la carne*. Mi esposa, que es una cocinera maravillosa, tiene numerosos tipos de cuchillos en la cocina en nuestro hogar y en el rancho para jóvenes. Esta gran cuchilla de carnicero, como algunos la llaman, se utiliza para cortar la carne de los huesos o cortar el hueso que está en medio de un gran trozo de carne vacuna. En la Biblia, la "leche" de la Palabra es la simplicidad de comprensión de la Biblia, que es el nivel de un bebé en Cristo o un cristiano inmaduro. En cambio, la "carne" de la Palabra es la fuerte enseñanza doctrinal y práctica, o lo que podríamos decir son las *partes más profundas* de la Biblia (Hebreos 5:12-13). Los *comedores de carne* son los creyentes maduros que han pasado más allá de la leche y ya no desean la enseñanza básica sencilla; ellos deben tener enseñanza profunda: algo de lo cual alimentarse y que los haga pensar. Ellos deben dejar el servicio asombrados diciendo: "Guau", ya que el mensaje debe haberlos hipnotizado, o se sienten desairados y alimentados a medias. A estos individuos les crecen patas de conejo y saltan de una iglesia a otra en busca de un *cocinero* en vez de un *pastor*, alguien que pueda cortar la carne, y arrojar bistecs bien hechos en la parrilla de la iglesia cada domingo. Su declaración común ante la predicación sencilla es: "Hoy no he sido bien alimentado".

Desde que tenía dieciocho años, mi vida ha estado dedicada al estudio y la investigación de verdades bíblicas. Tengo más de setenta y cinco mil horas de investigación bíblica, y disfruto excavando las verdades proféticas hebreas relacionadas con la Escritura que antes desconocía. Sin embargo, disfruto de todas las formas de enseñanza y predicación, y nunca he dejado de predicar la simplicidad de la Palabra. Para mí, ningún mensaje de la Palabra de Dios es aburrido, y la verdad fundacional debe ser presentada de manera sistemática. Existe un peligro en convertirse en un demasiado perfeccionado *comedor solamente de carne*: una persona que llega a ser espiritualmente gorda en la carne y puede llegar a criticar a una iglesia o un creyente que no está en el *mismo nivel* de *conocimiento profundo* que él o ella experimenta. Esto se convierte en orgullo.

Pablo advirtió a la iglesia de Corinto que no permitiera que el conocimiento y el orgullo "os envanezcáis". La palabra "envanezcáis" es el término griego *fusióo*, lo que significa inflar o hinchar algo. Cinco veces advirtió a los creyentes de Corinto que no se envanecieran (1 Corintios 4:6, 18, 19; 5:2; 13:4). La idea es que los creyentes con gran comprensión y conocimiento pueden tener tendencia a tener un ego inflado y actuar como superiores a los que tienen menos comprensión. Si a usted le gusta la carne de la

Palabra, nunca se vuelva arrogante por sus conocimientos ni trate a los que tienen menor comprensión como si se alimentaran de mortadela mientras usted mastica un filete.

Como nota humorística, hace años estaba conduciendo a un ministro amigo al aeropuerto. Esta persona estaba viendo hasta diez mil personas que asistían a sus conferencias, mientras que nosotros estábamos teniendo alrededor de dos mil quinientas en nuestras reuniones más grandes. En broma le pregunté: "¿Por qué puedes tener diez mil en una reunión, y yo no puede obtener más de dos mil quinientos?"

Sin pestañear, contestó: "¡Tú eres demasiado profundo! Yo soy un simple ministro que emplea ilustraciones de la vida, pero tú eres del tipo hebreo-profético, y solo un pequeño porcentaje entiende el pozo de conocimiento más profundo del que tú drenas".

Durante algún tiempo pensé: "Tengo que predicar más simple para que todo el mundo entienda". Sin embargo, yo sabía que mi llamado era para alimentar a las personas en el conocimiento de la Palabra en profundidad y ayudarlas a madurar y llegar a estar hambrientas de aprender más del libro inspirado por Dios. La carne es buena, pero los bebés se ahogan hasta morir con el alimento sólido. No hay nada de malo en desear carne, pero algo anda mal cuando te niegas a escuchar a alguien ministrar una palabra simple, básica de Dios. Toda la Palabra de Dios—la leche y la carne—lo ayudará a usted a crecer.

Nivel de la espada de dos filos

El cuarto nivel bíblico de la Palabra es la *espada de doble filo*. Como se ha dicho, la espada de doble filo es forjada por la voz de Dios que le habla su Palabra a usted y usted que repite con si boca la Palabra que le fue hablada. Navajas, cuchillos para mantequilla, e incluso cuchillas de carnicero no serán eficaces en una fuerte guerra espiritual; solo la larga espada de doble filo de la

Palabra de Dios está preparada para que usted la utilice para defenderse y para atacar al adversario.

Dos armas no nombradas

Hace años, mientras estudiaba la armadura del soldado romano comparándola con Efesios 6, descubrí que parecía haber dos armas importantes del soldado romano que faltaban en la lista de Pablo en Efesios 6. Los dos artículos se llaman el *pilum* y la *jabalina*. Ambos eran piezas estándar del equipo de un soldado romano completamente vestido. La jabalina fue diseñada específicamente para ser lanzada, y fue considerada una lanza.

Pablo nunca mencionó el pilum o la jabalina por nombre en su discurso, tal vez porque los guardias romanos de su celda no los llevaban, ya que no eran necesarios en un entorno penitenciario. Pero eran visibles cuando los soldados marchaban o se preparan para la batalla, y estos importantes objetos integraban el equipo estándar de cada soldado romano. La jabalina era larga (más de seis pies—más de 1,8 m), y el *pilum* más corto. La larga era para arrojar y la más corta para atacar al enemigo de cerca. El *pilum* consistió en una larga cabeza de hierro y un eje de madera; el largo del eje era de madera y la parte superior estaba hecha de hierro. Se colocaban pesos de plomo colocados en la sección de madera del eje para aumentar su alcance e impacto. En la batalla, antes de cargar contra el enemigo, el soldado tiraba su *pilum*, por lo general a una distancia de veinte a treinta yardas (entre 18 y 27,5 m). Una vez que llegaba a su destino y golpeaba el objeto deseado, la sección de metal se curvaba desde la parte de madera, evitando que el pilum pudiera ser utilizado por el enemigo. Si el pilum golpeaba el escudo del enemigo y se le clavaba, era difícil de sacar, haciendo que el escudo del enemigo llegara a ser incómodo y difícil de equilibrar. Cuando la batalla concluía, los pila se juntaban y se enderezaban para ser reutilizados en una futura batalla.[11]

¿Qué representarían estas dos importantes armas de un soldado romano en la vida de un creyente? ¿Por qué Pablo de alguna manera omite estos dos objetos en su discurso sobre la armadura de Dios? Creo que Efesios 6:18 tiene parte de la respuesta, cuando Pablo escribió:

> Orando en todo tiempo con toda oración y súplica en el Espíritu, y velando en ello con toda perseverancia y súplica por todos los santos.

Este versículo se refiere a orar con *todo tipo* de oraciones. La palabra *oración* viene de dos palabras, *pros*, que significa "cara a cara", y *euche*, que significa "un deseo, una promesa o un anhelo". La oración es un encuentro cara a cara con Dios, a fin de presentarle a Él su deseo o anhelo. Hay varias oraciones y peticiones que se le hacen a Dios en diferentes épocas del año. Hay momentos específicos en que estamos en alerta de oración, y debemos utilizar varios tipos de oración. Hay momentos en que oramos por una sanidad, después por un milagro, o por provisión financiera. Ciertas oraciones deben orarse en ciertas épocas. La Biblia se refiere a "los tiempos y las ocasiones" (Hechos 1:7, RV95; 1 Tesalonicenses 5:1). Hay dos palabras griegas que identifican "tiempo". La primera es *jrónos*, traducido "tiempos" en Hechos 1:7. Su significado es un tiempo fijo en que se cumple algo específico. El segundo es *kairós*, traducido como "ocasiones" en Hechos 1:7, RV95, que alude a una época estratégica de tiempo: un tiempo fijo o apropiado, o un tiempo señalado en particular.

Ejemplos de un tiempo *kairós* es cuando se abre una ventana especial de oportunidades (Colosenses 4:3). También es una estación de tentación repentina (Lucas 22:31-32). Puede referirse a una época de persecución inesperada (Hechos 12:1-8). La palabra griega fue usada cuando Cristo habló de un tiempo específico de cosecha en que la fruta estuviera madura (Mateo 13:30). De este modo, ciertos tipos de oraciones se oran en ciertas épocas de su vida. La oración es más que comunicación con Dios; también es un arma de guerra que libera poderes angelicales para derrotar a los principados más fuertes del enemigo. (Vea Daniel 10.) La oración consiste en palabras poderosas que se liberan en la atmósfera, como un pilum impelido por la mano del soldado en la batalla, para golpear al enemigo que se aproxima y detener su progreso.

Si el pilum representa *nuestras oraciones,* luego la segunda arma, la jabalina o lanza, puede representar nuestras *alabanzas,* que no solo glorifican a Dios, sino también son armas en la batalla espiritual. Me encanta el Salmo 149:6-9, que describe el poder de la alabanza para derrotar a los enemigos de Dios:

> Exalten a Dios con sus gargantas,
> Y espadas de dos filos en sus manos,
> Para ejecutar venganza entre las naciones,
> Y castigo entre los pueblos;
> Para aprisionar a sus reyes con grillos,
> Y a sus nobles con cadenas de hierro;
> Para ejecutar en ellos el juicio decretado;
> Gloria será esto para todos sus santos.

Las alabanzas son exaltadas palabras de alabanza de nuestro corazón a Dios. La espada de dos filos es la Palabra de Dios, que es usada cuando se entra en batalla. Observe que el hablar *Palabra* y nuestra *adoración* liberan autoridad espiritual en la tierra para atar (poner en cadenas) a los enemigos y ejecutar los juicios y la voluntad de Dios sobre la tierra. ¡La alabanza puede convertirse en un arma de guerra!

En 2 Crónicas 20 la Escritura revela el poder de cantar y adorar para derrotar a los enemigos de Israel. El rey Josafat colocó cantores y adoradores de pie sobre los montes, cantando y alabando a Dios. ¡Súbitamente, Dios puso emboscadas contra el enemigo, derrotándolo mediante las armas del canto y la alabanza! Así, la segunda arma que es paralela a la jabalina romana es la *alabanza* que es *disparada* al cielo y trae a cambio la gloria del Señor en medio de su conflicto. Cuando Pablo y Silas fueron golpeados y encarcelados, y sus pies colocados en cepos, a la medianoche comenzaron a cantar y alabar a Dios con tal volumen que los otros presos los oían. De repente, la cárcel empezó a estremecerse, como resultado de que Dios golpeaba la cárcel con un terremoto, agrietando la base de roca y sacando de sus bisagras las puertas de hierro de la cárcel (Hechos 16:22-26). Esta historia ilustra cómo *la alabanza puede sacudir su jaula,* lo que significa que la adoración puede traer poder liberador de Dios hasta donde usted está y comenzar a fundir las ataduras (cadenas) que lo tienen atado. No solo Pablo y Silas se beneficiaron de este especial evento de alabanza y adoración a medianoche, sino que también, "...al instante se abrieron todas las puertas, y las cadenas de todos se soltaron" (v. 26). Cuando usted adora y sus palabras invitan a Dios a su situación, la energía divina llena el ambiente y también puede afectar a quienes lo rodean. *Una persona atada no puede liberar a una persona atada; ¡solo un hombre libre puede liberar a un hombre atado!* La adoración invita al Espíritu Santo, y "donde está el Espíritu del Señor, allí hay libertad" (2 Corintios 3:17). La alabanza se convierte en la *jabalina* que se confronta a las circunstancias y poderes espirituales de oscuridad y trae liberación para usted y quienes lo rodean.

La oración y la adoración deben convertirse en parte de la armadura y del estilo de vida del creyente, ya que estos *gemelos de energía* de la vida cristiana no solo expresan nuestros deseos y adoración a Dios, sino que también crean la atmósfera de la fe y poder para quebrar cadenas y romper puertas de la cárcel que tiene cautivos a hombres y mujeres. Esta armadura está diseñada para ayudar a un creyente a mantenerse firme e inamovible en el día malo (Efesios 6:13). Créame, cualquiera que haya servido a Cristo durante mucho tiempo le dirá que hay un "día malo" planeado para usted. En el griego hay un artículo definido antes de la palabra "día", que los expositores marcan como un día específico, no solo un día en que a usted las cosas no le irán bien, sino un día muy malo, endiablado, y pleno de tentaciones y pruebas.

Se ha formulado la pregunta: "Cuando Pablo habló de la armadura de Dios, ¿es esta armadura automáticamente una parte de la vida diaria del creyente, o debemos orar para ser cubiertos por la armadura de Dios?". Creo que la mejor manera de responder a esta pregunta es relatar una historia que me fue contada por un querido amigo pastor de Texas, que fue gran amigo del ministro y su familia a quienes sucedió este asombroso acontecimiento.

Hace varios años, uno de los líderes espirituales sobresalientes del movimiento carismático y del Cuerpo de Cristo pastoreaba una iglesia grande y creciente en Texas. El pastor tenía varios hijos, incluyendo una hija que trabajaba en la oficina y manejaba el correo y los paquetes que entraban a la iglesia. El pastor les había enseñado a sus hijos acerca de la armadura de Dios y la importancia, antes de ir a trabajar cada mañana, de confesar con sus bocas que sus mentes estaban cubiertos por el yelmo de la salvación, sus corazones estaban protegidos por el escudo de la fe, y sus pies estaban dispuestos a llevar el evangelio. Básicamente, cada parte de la armadura que aparece en Efesios 6 se aplicaba por fe y confesando la Palabra.

Una mañana en particular la hija estaba apurada pues era un poco tarde y casi se olvidó de revisar su confesión diaria de la armadura de Dios. Ella sintió que necesitaba hacerlo, y se tomó el tiempo para pronunciar el patrón normal. También sintió la impresión de que debía usar un vestido de tipo de cuero para trabajar. No tenía ni idea de por qué, pero estaba segura de que debía llevar este particular atuendo.

Cuando llegó, estaba sentada en su escritorio abriendo el correo y comenzó a abrir un paquete. Súbitamente se oyó una fuerte

Una grieta en su armadura

explosión, y el paquete explotó en su regazo. Era una bomba casera, y su fuerza tuvo suficiente potencia como para arrancar los brazos de madera del sillón donde estaba sentada. Como ella llevaba el vestido de cuero, los clavos y el metal de la explosión e quedaron pegados en el cuero, y ella sobrevivió a una situación realmente mortal.[12]

Esta historia verdadera me fue relatada hace muchos años, y cada vez que leo las armas de la lista de la armadura, me acuerdo de este increíble acto de protección. En realidad, muchas de las bendiciones espirituales de la Biblia se convierten en realidades de nuestra vida espiritual y cotidiana mediante la confesión. La salvación se manifiesta cuando "Con el corazón se cree para justicia, pero con la boca se confiesa para salvación" (Romanos 10:10). Este engranaje de Dios es invisible para el ojo natural, pero se activa a través de nuestro conocimiento de la Palabra y de nuestra fe y confianza en las promesas de Dios.

Usted no puede ver la armadura con sus ojos naturales, así como Job no veía con los ojos naturales un "cerco" a su alrededor (Job 1:10), pero el adversario sabe si usted está completamente vestido o parcialmente desnudo, y sabe si usted realmente cree o si va a "fingir hasta que lo obtenga". La Biblia enseña que vencemos a Satanás por la "sangre del Cordero" (Apocalipsis 12:11). La sangre de Cristo fue derramada en el año 32 d.C., y no podemos ver visiblemente esa sangre aplicada a nuestro espíritu cuando le pedimos perdón por nuestros pecados. Sin embargo, Dios y Cristo están sentados en el cielo, y por la fe recordamos la derrota de Satanás, que fue obtenida mediante la muerte de Cristo y su sufrimiento, entonces lo invisible se hace visible y la pasada derrota de Satanás se convierte en una repetida realidad presente.

Como soldado, usted nunca iría a la guerra sin el entrenamiento, armas y equipo de protección adecuados. La Biblia es nuestra guía de entrenamiento; nuestras experiencias de vida y andar espiritual se convierten en nuestro campo de entrenamiento, y las tentaciones, pruebas y ataques que enfrentamos son todos parte de la guerra. Como cristiano comprometido en conflictos espirituales, usted nunca debe salir de casa sin tener su mente y su corazón cubiertos y estar completamente vestido con el equipo de combate. Pablo dijo: "Vestíos de toda la armadura" (Efesios 6:11). La armadura de Dios: ¡nunca salgas de casa sin ella!

Capítulo 2

DEMONIOS HEREDADOS DE SUS ANCESTROS

⸭

DIOS PIENSA Y PLANEA DE UNA MANERA generacional, manteniendo sus promesas para mil generaciones (Salmos 105:8). El favor y pacto promesas divinas pueden ser transferidos de padres a hijos. Tomemos el ejemplo de nuestro padre espiritual Abraham. El Todopoderoso hizo un pacto con Abraham, prometiéndole un hijo y una futura nación (Génesis 15:4-7). En un centenar de años, Abraham vio a su hijo Isaac nacer a través de Sara, su esposa de noventa años de edad. La esposa de Isaac concibió gemelos (Jacob y Esaú), y más tarde Jacob engendró doce hijos, que a su vez llegaron a ser identificados como los padres de las doce tribus de Israel. Cuando Jacob fue a Egipto siendo un anciano patriarca, había "setenta almas" que descendían de él (Éxodo 1:5, BTX). Sin embargo, cuatrocientos años después, seiscientos mil hombres de guerra salieron de Egipto con sus esposas e hijos (Éxodo 12:37). Si los futuros hijos de Abraham seguían los pasos de su padre y antecesor, obedeciendo los mandamientos del Señor, heredarían las bendiciones espirituales y naturales provenientes del Señor que habían sido prometidas a Abraham. Lo mismo vale, sin embargo, cuando hombres malvados transmiten sus malas inclinaciones a la línea de sangre de sus futuros hijos.

Los terroristas de Gadara

Viaje conmigo en el tiempo a la baja Galilea donde, en las montañas orientales que rodean el famoso mar de Galilea, existió una pequeña ciudad llamada Gadara—parte de las diez ciudades helenizadas llamadas la Decápolis—y era un hervidero de actividad. Estas ciudades fueron dominadas por la cultura griega, incluyendo templos paganos construidos para adorar ídolos. En esa época, cuando un habitante de las ciudades moría, su cuerpo era envuelto en lino y el cadáver se deslizaba en un largo nicho tallado dentro de una gran caverna de piedra caliza llamada *sepultura*. En el relato de Marcos 5, estas cámaras talladas en la roca fueron llamadas "tumbas" (Marcos 5:2). Después de que el cuerpo físico se degradaba (alrededor de un año después del entierro), los huesos eran lavados y colocados de forma permanente en una pequeña caja de piedra tallada llamada *osario*, y la nueva caja de huesos recibía residencia permanente en uno de los muchos nichos de sepultura de piedra caliza blanqueada.

En Marcos 5 un hombre sin nombre vivía entre las tumbas de los muertos y aterrorizaba a la comunidad. Sus gritos se escuchaba de noche y de día; algunos intentaron atarlo con cadenas y grilletes, y él los rompía. Hasta que un día Jesús vino a la ciudad y echó a los malos espíritus de este hombre. Eran tantos los espíritus malignos que se llamaban a sí mismos "Legión", una palabra que describe hasta seis mil soldados de infantería romana. Cuando el hombre se encontró con Cristo, Él expulsó a dos mil demonios individuales del cuerpo del hombre, y los espíritus malos entraron en un hato de dos mil cerdos (v. 13). Se cree que esos cerdos en realidad estaban siendo criados por los lugareños para alimentar a los innumerables soldados romanos de la zona (como judíos devotos no lo hacían ni comían carne de cerdo). Durante un recorrido por Tierra Santa uno de mis guías judíos señaló que entre los griegos era adorado el dios Zeus, y que en el tiempo de Cristo había templos construidos en honor a Zeus. El sacerdote de Zeus ofrecía cerdos en el altar. Tal vez estos animales impuros también eran utilizados como ofrendas a Zeus en el área de la Decápolis. Si es así, entonces mediante la liberación de un hombre poseído por un demonio ¡Cristo eliminó los sacrificios que se ofrecían al falso dios de los griegos!

Cuando el demonio jefe habló a través del hombre, le formuló a Cristo una oferta extraña:

> Porque le decía: Sal de este hombre, espíritu inmundo. Y le preguntó: ¿Cómo te llamas? Y respondió diciendo: Legión me llamo; porque somos muchos. Y le rogaba mucho que no los enviase fuera de aquella región.
> —Marcos 5:8-10

Cristo reveló a sus discípulos lo que ocurre después de que el espíritu inmundo es expulsado de una persona. El espíritu inmundo va a lugares secos, buscando reposo, y no lo encuentra, y entonces trata de volver al lugar y la persona de la que fue forzado a salir (Lucas 11:24). Por lo tanto, los malos espíritus inmundos desean permanecer en las regiones con las que están familiarizados y habitan en ese territorio, en un intento de volver a poseer a su víctima en un momento posterior, trayendo consigo siete espíritus peores (vv. 24-26). Esta podría ser una explicación de por qué un espíritu particular que controlaba a su antecesor podría permanecer en la casa o en el linaje de la familia durante varias generaciones, hasta que es expuesto y expulsado mediante el poder de la alianza redentora con Cristo.

Antes de creer que esto no es posible, tenga en cuenta tres cosas de la historia que este espíritu inmundo no quería.

Tres solicitudes demoníacas

1. La *presencia de Cristo* atormenta a los espíritus. El espíritu principal le habló a Cristo por el hombre y

le preguntó: "¿Has venido aquí para atormentarnos antes de tiempo?" (Mateo 8:29). La presencia viviente, pujante, de la luz de Cristo siempre choca con las tinieblas del mal. Los espíritus demoníacos están totalmente incómodos en la presencia de Cristo, y esto incluye el fluir de la unción y la adoración vibrante que están operando en una iglesia local.

2. El demonio jefe ya conocía su destino futuro y le pidió a Cristo que *no le enviara al abismo,* o el pozo sin fondo—la prisión definitiva de todo el equipo del mal de Satanás— (Lucas 8:31; Efesios 6:12; Apocalipsis 9:1-11). Esto indica que los habitantes del reino de las tinieblas ya conocen su destino final y no quieren ser enviados a confinamiento antes de la hora señalada.

3. El tercer y más importante punto de este estudio es que los espíritus que habitan en una ciudad o región en particular están *familiarizados con la región* y desean permanecer en la *zona de comodidad* con la que están familiarizados.

Debe quedar claro aquí que el tema de la herencia de *espíritus* de sus ancestros no tiene nada que ver con lo que se llama *culto a los espíritus ancestrales* en algunas religiones asiáticas. Hay grandes religiones del mundo que creen que un ser humano tiene por lo menos dos partes (un cuerpo físico y un cuerpo espiritual). El espíritu humano se libera al morir y el cuerpo vuelve a la tierra. Esto es en realidad un concepto bíblico: que el hombre vino del polvo y volverá al polvo, y estar ausente del cuerpo es estar presente (que su espíritu está presente) con el Señor (Génesis 3:19; 2 Corintios 5:6). Sin embargo, en algunos países asiáticos los vivos consideran a estos espíritus humanos difuntos como errantes y situándose sin cesar en torno a sus familias. En algunas culturas, durante comidas especiales se colocan sillas para el *espíritu ancestral*. En algunas culturas europeas, en cambio, los espíritus de personas fallecidas (llamados *fantasmas*) son considerados peligrosos, y se cree que pueden tomar represalias contra los vivos.

Entre algunos nativos norteamericanos, los chamanes utilizan espíritus guías, que enseñan que son los espíritus de los muertos, para tomar contacto con los vivos. En lo que se llama el movimiento de la Nueva Era, muchos gurús de la Nueva Era y otros médiums tratan de canalizar los espíritus de los muertos con el fin de obtener información secreta. Esos *espíritus superiores,* llamados los *maestros ascendidos,* son supuestamente los más deseables para contactar. Tanto en el Antiguo como en el Nuevo Testamento es claro que tratar de consultar a los muertos para revelar el futuro está prohibido y era una costumbre extraña de las antiguas naciones paganas (Deuteronomio 18:9-12). En el Nuevo Testamento es claro que cuando un pecador o un creyente pasa de esta vida, hay dos lugares específicos y opuestos a donde las almas y los espíritus van y permanecen hasta la resurrección y el juicio final. El pecador es llevado a una cámara inferior de la tierra llamada infierno (Lucas 16:23), y el creyente es llevado al tercer cielo al paraíso (2 Corintios 12:1-4). Cualquier forma de espíritu ancestral que apareciera y recibiera adoración es un *espíritu engañador* (1 Timoteo 4:1.), o *espíritu de engaño,* y es considerado una manifestación de un espíritu familiar (Levítico 20:27; 1 Samuel 28).

Una de las más extrañas historias que ilustran cómo un espíritu familiar permanece en una región específica me fue relatada por mi padre, Fred Stone. En ese día en la década de 1950, papá estaba cuidando varios de los niños más pequeños de su familia en la casa familiar. Avanzado el día empezó a oír voces que venían de una habitación que estaba al lado (como un ático), que siempre se mantenía bajo llave. A medida que las voces se hacían más fuertes, blasfemias, incluyendo maldiciones al nombre de Dios, vinieron de la habitación. La voz sonaba como la de su abuelo Stone, y mi padre pensó que el abuelo se había emborrachado con otro compañero y se había ido a la habitación y seguía bajo esa influencia. Finalmente papá los reprendió en voz alta desde donde él estaba parado (en la puerta) en el nombre de Jesús. Súbitamente las voces callaron.

Poco después los miembros de la familia regresaron a casa, y papá les habló de los dos hombres borrachos en la habitación de al lado y como el abuelo Stone tenía que ser reprendido por su lenguaje. Una de las hermanas de papá le respondió: "Fred, el abuelo no está aquí, pues fue a Bandy, Virginia, esta mañana temprano". Esta hermana fue a buscar una llave para abrir la puerta, y cuando entraron en la habitación, no había gente en ella; esa era la única entrada o salida a la habitación. Tras darse cuenta de que estos eran malos espíritus, papá comenzó a reflexionar en *por qué* o cómo estos espíritus tendrían acceso a esa habitación en particular. Entonces recordó algo que había sido preservado en esa habitación durante muchos años.

La madre de papá, Nalvie, había estado previamente casada con su primer marido, un hombre llamado Arthur Ball. Una mañana Arthur fue a cazar y no volvió a casa. Cuando un equipo de hombres lo fue a buscar, descubrieron su cuerpo cerca de un árbol caído, donde él había tropezado y la escopeta se disparó accidentalmente, eliminando una parte de su rostro. La evidencia de sangre en sus dedos y partes de su cara mostraba que había vivido y luchado por un breve tiempo. Arthur fue enterrado, pero por alguna razón su camisa cubierta de sangre fue llevada a la habitación del ático y fue guardada allí por Nalvie durante muchos años. Papá creía que la única cosa del ático que podía atraer a estos espíritus era la camisa cubierta de sangre. Recuerde que algunas religiones falsas ofrecen sangre de animales para sacar espíritus de ellos o con la esperanza de inducir una maldición sobre alguien.

Antes de que una persona descarte esta idea como una fantasía o una imaginación hiperactiva, recuerde que ciertas cosas atraen a los espíritus. En la Biblia, Dios estaba en contra de cualquiera y todas las formas de idolatría, y la adoración a ídolos y dioses falsos se consideraba adoración de demonios (1 Corintios 10:19-21; Apocalipsis 9:20). En los países donde se construyen templos a dioses ídolos, siempre hay una masiva operación y manifestación de espíritus demoníacos, que poseen a los adoradores y traen con ellos enfermedad, opresión, miedo y superstición. Cualquier nación que adora a ídolos hechos por el hombre se infestará con todas las formas de espíritus malvados, inmundos, repugnantes y familiares.

Hay ciertas religiones como el vudú, una antigua práctica religiosa de África Occidental seguida por millones de personas en África y por muchos en las islas del Caribe, como Haití, que implica actividad demoníaca. El nombre original es *vodou*, que significa "espíritu". Como Haití es una nación pobre, la sangre de un pollo o de pájaros se utiliza para realizar maldiciones rituales y agitar los espíritus, o se ofrece como sacrificio a algún dios extraño.

La práctica del vudú llegó a Haití durante la centuria de 1700, cuando muchos africanos fueron tomados como esclavos y transportados a Haití y otras islas del Caribe. En 1791 un poderoso doctor brujo llamado Boukman encabezó una rebelión de un centenar de esclavos que se rebelaron contra los franceses y se comprometieron a morir por la libertad. El 14 de agosto de 1791, estos esclavos realizaron una ceremonia de vudú prometiendo lealtad a sus espíritus vudú a cambio de la libertad. Esta ceremonia, conocida como la ceremonia Bwa Kayiman, llegó a ser conocido como *el pacto con el diablo*. Según muchas fuentes, este pacto con la oscuridad se renueva el 14 de agosto de cada año. La práctica del vudú ha sido prominente en Haití desde ese momento de 1791.[1]

En 1957 un hombre llamado François Duvalier, también

conocido como "Papa Doc", se convirtió en dictador de Haití. Él estaba impregnado de vudú, y la historia entre los haitianos es que este hombre vendió su alma al diablo, usando no solo sangre de animales, sino también sangre humana de niños y vírgenes en sus rituales vudú. Lanzó un hechizo sobre el pueblo haitiano a través de su taimado uso del vudú, gobernando en un reino de terror durante catorce años.[2]

El gobierno de Haití ha sancionado oficialmente el vudú como religión y permite a los profesionales llevar a cabo ceremonias, incluyendo bautismos, matrimonios y otros. Se ha informado que casi todas las familias de Haití tienen a alguien que practica el vudú, ya sea que sirve a los espíritus o sostiene las "creencias tradicionales".[3]

Cabe señalar que Haití es considerado el país más pobre del hemisferio occidental, ya que la pobreza sigue siempre la adoración de falsos dioses o ídolos.

Hace años ministré en una iglesia de Misisipi cuyo pastor era un exlíder misionero de una denominación mayor en Haití. Él estaba en Haití cuando el presidente Kennedy anunció el bloqueo contra Cuba (con otros países dentro de la zona de bloqueo, entre ellos Haití), y me relató una historia que era conocida en ese momento entre los sumos sacerdotes de vudú. Dijo que "Papa Doc" llamó a su palacio a los más poderosos sacerdotes de vudú, dándoles instrucciones para crear un muñeco vudú para representar al presidente Kennedy. Durante el ritual, grandes alfileres fueron colocados en la parte posterior de la cabeza del muñeco, se colocaron encantamientos y maldiciones sobre el presidente norteamericano y se pidió que un poderoso espíritu fuera liberado en su contra y que se encontrara a alguien para matar a Kennedy. Habiendo sobrevivido a seis intentos de asesinato contra su propia vida, Papa Doc era muy supersticioso y solo salía a la calle en el vigésimo segundo día de cada mes, con la creencia de que era protegido por ciertos espíritus de muerte. Fue una extraña "coincidencia" que el presidente Kennedy fuera baleado en la parte posterior de la cabeza por un asesino en el vigésimo segundo día del mes de noviembre.[4]

Cabe señalar que el mundo de lo oculto opera según varios niveles de influencia demoníaca, y cualquier persona que no esté en un verdadero pacto con Dios y camine en injusticia no goza de la invisible cobertura protectora que evita que los espíritus demoníacos incurran en actividades no deseadas en su vida. Las maldiciones solo funcionan en los que no tienen cobertura de protección o en los individuos que ponen confianza en el poder de la maldición.

El espíritu ataca nuestra genealogía

Presté poca atención a esto mientras crecía, pero en mi adolescencia comencé a ver la manifestación de un rasgo familiar que emergía del lado paterno de mi familia. Desde la infancia hasta mis años de mediados de la adolescencia fui un despreocupado, feliz, joven trabajador automotivado. Para obtener una renta personal, corté el césped, me convertí en conserje de la iglesia que pastoreaba papá, y limpié los coches de la gente de los apartamentos del otro lado de la calle de nuestra casa en Salem, Virginia. El Espíritu Santo me llamó al ministerio a los dieciséis años de edad; después de horas de oración en la noche de un domingo, anuncié a mis tres amigos que oraban conmigo que Dios me había llamado a predicar. Todo fue normal hasta que comencé el ministerio de evangelización a tiempo completo a los dieciocho años.

Desde ese momento en adelante, parecía que vivía bajo una pesada nube de opresión mental y depresión. Durante varios años no hubo un día en que no sintiera en mi mente algún tipo de presión negativa, que hacía que todo mi cuerpo se sintiera como un peso muerto, presionando mi espíritu hacia abajo. Solo después de orar largamente cada día hubo algún alivio. Me di cuenta de que algo de esta presión era una carga espiritual por los perdidos y el deseo de ver resultados espirituales en el altar, y eso era parte del precio a pagar para romper las fortalezas del enemigo en un pueblo o ciudad. Con el tiempo descubrí que cada pueblo y ciudad tienen su propia atmósfera espiritual, y que era necesario que me ajustara mental y espiritualmente a cada particular entorno y aprendiera cómo perforar la oscuridad mediante la lanza de la oración y el arma del ayuno.

Después de varios años de batallar con la depresión (algo que solo conocían mis amigos más íntimos), empecé a estudiar los espíritus familiares y cómo los espíritus desean permanecer en la región donde han habitado o entre las familias de aquellos con quienes están familiarizados (Marcos 5:9-10). Yo sabía que la madre de mi padre había experimentado una gran crisis nerviosa muchos años atrás. La abuela Stone era una de las mujeres más dulce y amable que usted se pueda imaginar. Sin embargo, cuando niño recuerdo haberla visto yacer sobre un lado del sofá o de la cama y hablar consigo misma mientras arrancaba pequeños trozos de papel y los colocaba en un recipiente de color rojo que se usaba para escupir jugo de tabaco. Ella podía mantener una conversación normal y era muy cariñosa con todos, pero el ataque de nervios tuvo un efecto a largo plazo sobre ella de diferentes maneras. Papá tenía una hermana que también experimentó una crisis emocional. La propia preciosa madre de mi esposa había sufrido un colapso emocional similar cuando tenía unos treinta años de edad y Pam solo tenía catorce. El padre de mi padre, William Stone, se quebró bajo la presión mental, y él también experimentó una crisis en la década de 1970. Varios años después de casarme el 2 de abril de 1982, en un momento en que estaba compartiendo acerca de estas épocas de depresión con mi esposa, ¡se hizo la *luz*! Parecía que estaba tratando con algún tipo de espíritu familiar, no que me poseyera, sino que me oprimía, esperando operar su poder contra mí, llevándome mentalmente a un punto de crisis como lo había hecho con diferentes miembros de la familia en el pasado.

Esta opresión, que había continuado durante unos cinco años, finalmente se rompió poco después de que reconocí que era la opresión de un espíritu familiar, y como un beneficio de mi matrimonio con mi esposa, Pam. Observé que la opresión, la depresión y la ansiedad que había experimentado fueron reemplazadas por paz y alegría. El matrimonio con mi amada había llenado un lugar vacío de soledad. Un pasaje escrito por Salomón me ayudó a explicar esto:

> Mejores son dos que uno;
> porque tienen mejor paga de su trabajo.
> Porque si cayeren,
> el uno levantará a su compañero;
> pero ¡ay del solo! que cuando cayere,
> no habrá segundo que lo levante.
> También si dos durmieren juntos,
> se calentarán mutuamente;
> mas ¿cómo se calentará uno solo?
> —Eclesiastés 4:9-11

Una persona soltera debe casarse en la voluntad de Dios y no para evitar la soledad o escapar de sus padres, o por causa de algunas hormonas en ebullición. Debe ser por mutuo amor y acuerdo de estar en la voluntad de Dios. Sin embargo, hay un aumento de *autoridad espiritual* cuando dos se unen. Solo se requiere que dos estén de acuerdo, pidiendo con fe, "acerca de cualquiera cosa que pidieren, [y] les será hecho" (Mateo 18:19). Con Pam a mi lado, ahora dos estaban orando por los avivamientos, dos estaban de acuerdo por el ministerio, dos estaban caminando en fe, y dos aumentaban la autoridad espiritual sobre el enemigo. También estaba el increíble poder del amor para calmar el miedo y la ansiedad. En las conferencias suelo encontrar personas que luchan contra el miedo, que me solicitan que ore para que el "espíritu de temor" (2 Timoteo 1:7) se aparte de ellos. Les recuerdo este versículo:

> En el amor no hay temor, sino que el perfecto amor echa fuera el temor; porque el temor lleva en sí castigo. De donde el que teme, no ha sido perfeccionado en el amor.
>
> —1 JUAN 4:18

Cada creyente debe tener un temor reverente, pero *no* temor de Satanás, de los hombres, o del futuro. La palabra griega para "tormento" es *kolosis*, se refiere a "la corrección, el castigo y pena" y que lleva consigo la idea de algún tipo de castigo. Todo miedo planta semillas de la idea de que sucederá algo malo, o de una sanción o represalia. Cuando entendemos el nivel completo del amor de Dios—que Él es *por nosotros* y no contra nosotros, *con nosotros* y no lejos de nosotros, *en nosotros* y no nos rechazará— a continuación, el miedo a la corrección o sanción espiritual o eterna (pérdida de la recompensa) en el tribunal de Cristo se ve disminuida. Si Dios es por nosotros, ¿quién estará contra nosotros?[5]

La emoción y las expresiones de amor que unen a dos personas liberan en el cuerpo ciertos productos químicos que hacen *sentirse bien*, lo que trae una sensación de serenidad y paz al receptor. Estos productos químicos para sentirse bien, como la dopamina, la serotonina y las endorfinas, se liberan a través de abrazos, besos y tomarse de las manos. Estos momentos de sentirse bien también se basan en los sentimientos de confianza y unión, forjando una fuerte emoción y la creencia de que usted y su compañera puede conquistar el mundo y derrotar cualquier adversidad. Observe que el amor perfecto "echa fuera" o "arroja y quita", el miedo.

Después de haber conocido y ministrado a decenas de miles de personas, he observado que quienes luchan con el temor de su pasado y los espíritus que han atacado a su familia hablan frecuentemente de numerosas relaciones rotas, conflictos familiares y discordia en el hogar. La división quiebra el *factor* *amor* y debilita la máxima arma de Dios para derrotar a cualquier espíritu. Cuando usted ama a Dios con toda su alma, mente y espíritu, junto con su cónyuge, familia y hermanos en la fe (sin olvidarnos de los pecadores), usted está llenando su corazón y tanque de amor con tanto amor que el miedo no tiene espacio donde habitar.

Mi batalla con la depresión y la duda fue causada por la operación de un espíritu que anteriormente había atacado a miembros de mi familia durante varias generaciones. Una de las más grandes y liberadoras verdades que descubrí fue cuando me di cuenta de que Jesús me amaba, que Él me quería libre, y que era el mismo Cristo que podía liberarme hoy, como lo había hecho en los tiempos de la Biblia (Hebreos 13:8).

Liberación de demonios ancestrales

Si le preocupa que espíritus de su linaje pasado puedan ser transmitidos a la siguiente generación, primero debe examinar las debilidades morales o espirituales de su árbol genealógico. Por ejemplo, Caín mató a su hermano Abel, y en el linaje de Caín un descendiente llamado Lamec también mató a un hombre (Génesis 4:23-24). Abraham, uno de los primeros patriarcas, mintió y dijo que Sara era su hermana (esto era parcialmente cierto: Sara era hija del padre de Abraham, pero tenía una madre diferente), pero también lo hizo por miedo (Génesis 12:13). Isaac también mintió que su esposa era su hermana por temor (Génesis 26:7), y Jacob fue engañado por sus once hijos, que conspiraron en secreto, diciendo: José fue asesinado por una bestia salvaje cuando había sido vendido como esclavo (Génesis 37).

El linaje de David parece haber tenido problemas con el sexo opuesto. David cometió adulterio y más tarde descubrió que su hijo había violado a una media hermana (2 Samuel 13). Salomón, el hijo que reemplazó a David como rey, era adicto a las mujeres extranjeras y se casó con setecientas esposas, además de tener trescientas concubinas (1 Reyes 11:3). Cuando mira su linaje, ¿encuentra que una enfermedad en particular, o divorcio, adulterio, o alguna otra debilidad moral o espiritual, como el miedo o la depresión pasan de generación en generación? Mientras que algunas enfermedades físicas se pueden transmitir por el ADN, la mayoría de *las perturbaciones morales* pueden deberse al adversario, que juega con una debilidad como la falla oculta de un terremoto que atraviesa la familia, que puede romperse en cualquier momento.

Hay una familia cristiana que tiene varios hijos adultos, todos ellos tienen ahora sus propios hijos. La madre se divorció de su padre hace muchos años y se mantuvo al margen de sus propios hijos por varios años, "comenzando su propia vida nueva". La madre tenía varias debilidades obvias que eran evidentes y conocidas para todos los que la conocían. Finalmente la madre falleció. Pero tras la muerte de su madre, una de sus hijas comenzó a asumir rasgos, actitudes y formas de pensar que nunca había tenido antes, eran los mismos rasgos negativos con que su madre había vivido. Es muy posible que a la muerte de la madre, el espíritu que había controlado su vida haya pasado ahora a una niña de su linaje que de alguna manera llegó a estar abierta a la voz de motivación de ese espíritu. El cambio en la mujer era demasiado obvio para ser ignorado. *¡Los espíritus solo pueden ser expulsados cuando han sido expuestos!*

Usted también debe limpiar el lugar donde mora—casa, apartamento o residencia de la universidad—de cualquier cosa que pueda atraer a un espíritu o abrir la puerta a la actividad demoníaca. En mi libro *Limpie su casa y la de su familia* enumero seis cosas específicas que pueden atraer a los espíritus a su casa:[6]

1. Pornografía
2. Juegos ocultistas

3. Drogas ilegales

4. Alcohol y bebidas fuertes

5. Perversión sexual

6. Consultas a videntes y líneas paranormales

En la época de los apóstoles la disponibilidad de ciertos pecados no era tan accesible como lo es hoy. La población del primer siglo no tenía computadoras ni la internet al instante, no había teléfonos que pueden ver vídeos y así sucesivamente. Sin embargo, como se registra en Hechos, una vez que los creyentes entraron en el nuevo pacto, si tenían en su poder elementos que eran ídolos o utilizados en el ocultismo, estos artículos fueron recogidos y quemados. Leemos que durante un gran avivamiento en la ciudad de Éfeso:

> Asimismo muchos de los que habían practicado la magia trajeron los libros y los quemaron delante de todos; y hecha la cuenta de su precio, hallaron que era cincuenta mil piezas de plata.
>
> —Hechos 19:19

Si tiene ídolos, libros o juegos de ocultismo, pornografía, drogas ilegales u otras sustancias abusivas en su posesión, deben ser quitadas de su vivienda, ya que estas cosas son como el estiércol que atrae a las moscas. Alimentan la mente, el cuerpo y el espíritu de una persona con "comida" equivocada, y las imágenes mentales y la comida equivocada obstruirán las arterias del corazón y del cerebro: tanto los alimentos naturales equivocados (exceso de grasa) como los alimentos espirituales equivocados (demasiada basura). Pronto, su corazón se debilita y su mente cesa de razonar correctamente y de resistir al mal. Pronto lo sigue el desmayo de su espíritu, y usted se encuentra en una lucha a vida o muerte.

En tercer lugar, usted debe entender el poder protector y la autoridad que tiene en el nuevo pacto en virtud de Cristo. No importa que haya luchado con pecados, espíritus, o debilidades de su familia, el nuevo pacto y el aprendizaje de la Palabra de Dios crean en usted una mente renovada, un corazón limpio y el pensamiento correcto, por lo que es una nueva creación. Leemos:

> Por lo tanto, si alguno está en Cristo, nueva criatura es: las cosas viejas pasaron, he aquí todas son hechas nuevas.
> —2 Corintios 5:17

Hay poderosas promesas y revelaciones que revelan cómo Cristo ha vencido a Satanás y sus rebeldes mediante su muerte y resurrección. Esto incluye cualquier tipo de espíritu que fuera parte de su linaje ancestral. Juan escribió:

> El que practica el pecado es del diablo, porque el diablo ha pecado desde el principio. El Hijo de Dios se manifestó con este propósito: para destruir las obras del diablo.
> —1 Juan 3:8, lbla

Cristo no destruyó al diablo, la persona del diablo—el ángel caído—todavía existe y está muy activo en la tierra. Lo que Cristo hizo, sin embargo, fue destruir las *obras* del adversario. La palabra *destruir* se utiliza treinta y dos veces en la traducción inglesa King James de la Biblia. La palabra griega común para "destruir" es *apólumi* y puede referirse a "destruir completamente, perder, perecer o destruir". Aquí, sin embargo, Juan usó la palabra griega *lúo*, que significa, "aflojar, soltar o deshacer". Un ejemplo de la misma palabra y concepto se encuentra en Mateo 16:19:

> Y a ti te daré las llaves del reino de los cielos; y todo lo que atares en la tierra será atado en los cielos; y todo lo que desatares en la tierra será desatado en los cielos.

SER LIBRE DE LA PRISIÓN DEL ENEMIGO

La palabra griega para "soltar" aquí es *lúo* y se refiere a "soltar, desatar y liberar", incluyendo desatar el calzado (Marcos 1:7), animales (Mateo 21:2), y personas (Juan 11: 44). Desatar algo en Mateo 16:19 era deshacer en la tierra lo que se había deshecho en el cielo. La idea de atar y desatar espiritualmente está implícita en Marcos 7:35, donde Jesús "desata" la lengua de una persona que era incapaz de hablar, cura al hombre y le permite hablar por primera vez en su vida. También en Lucas 13:12: Cristo oró por una mujer con un espíritu de enfermedad y ordenó: "Mujer, eres libre de tu enfermedad". El espíritu de debilidad partió de inmediato cuando Cristo liberó a la mujer de la enfermedad que la había atado por dieciocho años. La voluntad de Dios en el cielo era deshacer el pecado y la enfermedad puestos sobre la humanidad. ¡Los siervos de Dios en la tierra están para actuar usando su autoridad espiritual delegada y soltar a quienes en la tierra están atados por el pecado y la muerte eterna, y para tomar autoridad sobre toda fuerza del enemigo!

El erudito del griego Tony Scott dice que la palabra *soltar* tiene el significado original de dos placas que están pegadas entre sí con una cola mala, y por lo tanto las dos placas se "despegan" o "pierden consistencia".[7] Usando estas imágenes, el adversario tiene a algunas personas pegadas a una dura servidumbre, una adicción, o un estilo de vida de pecado. ¡El poder de la sangre de Cristo, el nombre de Jesús y la Palabra de Dios desharán el pegamento de la esclavitud a la que una persona está pegada! ¡No hay un "pegamento" tan fuerte que el puño de Dios no lo pueda soltar!

En Juan 8:36 leemos: "Así que si el Hijo los libera, serán ustedes verdaderamente libres (NVI)". La palabra griega para "libre" no significa solamente "liberar", sino también "eximir de responsabilidad". En la época romana la palabra se refería a una persona libre que era un ciudadano y no un esclavo. La responsabilidad aquí se refiere a la penalidad por una vida de pecado y por ser un esclavo de Satanás y desobediente, pero la nueva libertad que Cristo trae libera al individuo del castigo y del poder del pecado. En el Nuevo Testamento la idea de la libertad es la de un esclavo que es liberado (redimido, comprado) del mercado de esclavos, y al que luego se le da su libertad personal.

Desde la resurrección de Cristo, nunca ha habido un momento en que todo el poder satánico, espíritus de muertos o cualquier espíritu demoníaco puedan impedir el acto de redención y de salvación que se produce cuando cualquier persona de cualquier parte del mundo se presentó ante Cristo y le pidió ser redimida mediante su sangre (Colosenses 1:4). Por eso Pablo escribió:

> Por lo cual estoy seguro de que ni la muerte, ni la vida, ni ángeles, ni principados, ni potestades, ni lo presente, ni lo por venir, ni lo alto, ni lo profundo, ni ninguna otra cosa creada nos podrá separar del amor de Dios, que es en Cristo Jesús Señor nuestro.
>
> —ROMANOS 8:38-39

Su primera acción debe ser determinar si lo que está experimentando está siendo iniciado o agitado por un espíritu. Si es así, frecuentemente habrá una presencia terrible, fría y oscura que se puede sentir constantemente en el hogar o lugar de residencia, ya que los malos espíritus crean una sensación de temor, depresión y miedo. He sugerido que las familias tomen aceite de la unción y caminen por todas las habitaciones, dedicando la casa y cada habitación a Cristo y ungiendo los postes de la puerta y proclamando la bendición, el favor y la protección de Dios sobre la casa.

También en numerosas ocasiones he utilizado el método de "confesar la sangre de Cristo" sobre las habitaciones de hotel donde me alojaba durante las conferencias. Muchos tipos diferentes de personas viajan y usan alojamientos de hotel, y usted desconoce quien ha dormido en la cama antes de su llegada. En una ocasión, en West Virginia, durante tres noches seguidas me despertó algún tipo de espíritu tirando del cobertor, moviendo la cama, e incluso presionando mi espalda. Las tres veces, cuando la reprendí, la entidad invisible se fue. Sin embargo, finalmente me paré en la habitación y confesé en fe que la sangre de Cristo y su Palabra eran mi cobertura cuando yo estaba en la habitación, y que ningún espíritu que no fuera de Dios tenía permitido estar en la sala a partir de entonces. En cada caso, este método de *resistir* y *reprender* espíritus tuvo éxito. Cada vez que esto ocurrió, me acordé de las promesas de Apocalipsis 12:11: "Y ellos le han vencido por la sangre del Cordero y por la palabra del testimonio de ellos".

Para mantener una vida victoriosa, niéguese a pensar o actuar de la manera en que lo hicieron sus familiares inconversos, que abrieron la puerta a los poderes espirituales y los conflictos familiares. Si usted lucha con un temperamento violento, deje de excusarse diciendo: "¡Sabe, papá tenía un temperamento violento, y yo lo recibí de él!". Si lucha con la depresión, deje de justificarlo diciendo: "Todas las mujeres del lado de mi familia materna sufren de depresión". Si a su padre y abuelo les gustaba la pornografía, no dé lugar al enemigo diciendo: "¡Solo es una debilidad que viene de familia, y todos los hombres la tenemos!". Recuerde, *usted nunca cambiará lo que permite, y nunca cuestionará lo que autorice*. Hay poder en la sangre de Cristo, el nombre de Cristo, y en su autoridad para desatarlo a usted de la influencia de cualquier tipo de espíritu. Pida y ore con fe. Esta promesa es para todos los que necesitan libertad de la oposición satánica:

> Someteos, pues, a Dios; resistid al diablo, y huirá de vosotros. Acercaos a Dios, y él se acercará a vosotros.
> —Santiago 4:7-8

La palabra *someter* es un término que en el inglés antiguo significa "estar sujeto a", y se refiere a un inferior sometiéndose a un superior. El verbo significa: "colocar u ordenar bajo". La palabra *resistir* significa "formar contra", e implica que si usted se coloca bajo la instrucción, dirección y protección de Dios, poniéndose bajo su autoridad, usted será capaz de resistir y soportar (mantenerse firme contra) cualquier asalto del enemigo.[8] Esto incluye derrotar y expulsar a cualquier espíritu—pasado, presente o futuro—como lo hizo Cristo. "Toda potestad...en el cielo y en la tierra" (Mateo 28:18). Todos los espíritus están sujetos a Él. Nosotros, como creyentes hemos recibido su autoridad sobre todo el poder del enemigo, y nada nos hará daño si caminamos en esa autoridad y nos atenemos a ella (Lucas 10:19).

Capítulo 3

GANADOR EN PÚBLICO, PERDEDOR EN PRIVADO

N ADIE SABÍA QUE ÉL ESTABA LUCHANDO CONTRA el espíritu de depresión y desesperanza. Era conocido como un gran pastor, un muy conocido ministro del evangelio, que pastoreaba una iglesia grande cuyos miembros lo respetaban a él, a su esposa y a sus dos hijos. No le ocurría nada en particular que lo hiciera llegar a un pozo de desesperación y que, finalmente, se lo encontrara muerto, y que toda la evidencia indicara que se había quitado la vida. Se formularon preguntas sin respuestas. ¿Había algo oculto que otros no sabían que terminó abrumándolo? *Su victoriosa predicación no daba señales de una lucha privada.*

Como usted es un fiel creyente redimido, que asiste a la iglesia, que da el diezmo, es posible que sus familiares y amigos más íntimos no hayan oído *todo su testimonio*, ya que usted "selecciona" las historias que quiere que la gente sepa, ¡y evita lo que está tratando de olvidar! Algunos creyentes tienen *esqueletos en sus armarios* y oran que las puertas de su pasado permanezcan cerradas y clausuradas. Algunas mujeres que ahora son madres han sido sacrificadas en el altar del silencio para proteger a un miembro mayor de la familia que abusó de ellas cuando eran niñas. La persona que usted ve sonreír en la iglesia el domingo por la mañana y testifica de una victoria pública puede volver a casa y estar librando luchas privadas que van allanando el camino para una ineludible derrota privada.

Es todo un reto para cualquier creyente que vive según los lineamientos de las Escrituras y busca ser santo y recto ante Dios, admitir que está luchando con una esclavitud privada, una adicción o la lujuria carnal. No siempre es el orgullo lo que impide una confesión, sino el miedo a la reacción de otros a esa confesión. Si usted tuviera que admitir una batalla espiritual o emocional, ¿confiaría totalmente en los oídos de la(s) persona(s) que oyen su confesión? La información que se arremolina en la mente puede ser fácilmente soltada por labios débiles, y la información importante—especialmente hechos secretos—tiene cierto poder en los que conocen la *historia completa*. Un esposo puede dudar en confesar su infidelidad o sus tentaciones mentales a su compañera por temor a que no se le perdone, o a que su esposa pueda dar un paseo permanente, pasando por el divorcio en el camino de regreso a la casa de su mamá. La sonrisa pública es una cubierta para el dolor del alma que necesita ser sanada, pero el temor bloquea la puerta y mantiene cautiva al alma atormentada en una prisión mental de condenación. Con las adicciones, existe el temor de que exponer la esclavitud pueda llevar a la rehabilitación y solo traería un alivio temporal, ya que el adicto finalmente regresará al mismo lodazal del cual fue sacado.

El ganador es...

En la Biblia, nadie obtuvo más *victorias públicas* en la guerra que David. Era el menor de los ocho hijos de Isaí (1 Samuel 16:11; 17:14), pero se enfrentó cara a cara con un gigante filisteo, derrotándolo y ganándose al instante el corazón de la nación. A partir de ese momento, David fue designado como escudero de Saúl, haciendo la guerra contra los filisteos y protegiendo al rey de las amenazas. Sin embargo, en una ocasión, David se desanimó, y en un acto imprudente viajó a Gat, la ciudad natal de Goliat, con la espada de Goliat, de una manera casi arrogante. En breve fue detenido, fingió locura delante del rey, y más tarde fue puesto en libertad (1 Samuel 21:10-22:1). A la edad de treinta años, David se convirtió en rey y sirvió a Dios durante muchos años, construyendo el tabernáculo de David en el monte de Sion, un centro para la continua adoración a Dios. (Vea 1 Crónicas 15-16.)

En la cima de la carrera real de David él se volvió complaciente, demasiado confiado, y demasiado cómodo cuando su instinto viril de conquista se volvió de conquistar a los enemigos a conquistar a una mujer. Al parecer, él estaba en su madurez, y en vez de ir a la batalla con sus hombres, se quedaba en el palacio durmiendo hasta tarde. Leemos:

> Aconteció al año siguiente, en el tiempo que salen los reyes a la guerra, que David envió a Joab, y con él a sus siervos y a todo Israel, y destruyeron a los amonitas, y sitiaron a Rabá; pero David se quedó en Jerusalén. Y sucedió un día, al caer la tarde, que se levantó David de su lecho y se paseaba sobre el terrado de la casa real; y vio desde el terrado a una mujer que se estaba bañando, la cual era muy hermosa. Envió David a preguntar por aquella mujer, y le dijeron: Aquella es Betsabé hija de Eliam, mujer de Urías heteo. Y envió David mensajeros, y la tomó; y vino a él, y él durmió con ella. Luego ella se purificó de su inmundicia, y se volvió a su casa. Y concibió la mujer, y envió a hacerlo saber a David, diciendo: Estoy encinta.
> —2 Samuel 11:1-5

La progresión de una caída privada

Hay cinco puntos importantes que señalar respecto de David que revelan la progresión de un fracaso moral privado.

El lugar equivocado

El texto indica que era tiempo de guerra, cuando los reyes estaban en la batalla, pero David, rey de Israel, envió a sus hombres a luchar *por* él; no fue a luchar *con* ellos. Su lugar era el campo de batalla, pero él estaba en el palacio. David estaba en el *lugar equivocado*.

El momento equivocado

La segunda clave del misterio de la lucha privada era que David se levantó "al caer la tarde" (v. 2). La expresión *al caer la tarde* indica que el rey dormía hasta muy tarde, ya que alude a un momento al finalizar la tarde. Él debería haberse despertado temprano, como indicaba en los Salmos que "temprano" iba a buscar al Señor (Salmos 63:1). Así, David estaba en el lugar equivocado en el *momento equivocado*.

La posición equivocada

El tercer punto es una deducción de la historia. David estaba casado con la hija de Saúl, posicionándola como la reina. Sin embargo, cuando David trajo a la *amiga* a su dormitorio, la esposa de David, Mical, quedó fuera de la historia. Así que, los hombres de David están en la guerra y su esposa está ausente del palacio (o no se preocupa por la indiscreción de él), haciendo que esto sea un cordón de tres dobleces de ¡lugar equivocado, momento equivocado, y *posición equivocada*!

Los pensamientos equivocados

En esa época la ciudad de David estaba construida en la colina del monte de Sion, y el palacio del rey se elevaba por encima de los hogares del pueblo. Los techos eran planos, y cuando David se puso de pie en el balcón, vio a una mujer bañándose. Esto hace que Betsabé parezca como buscando atención al bañarse en un entorno tan público. Sin embargo, hay una frase clave: "ella se purificó de su inmundicia" (2 Samuel 11:4). Esto indicaría la razón para el baño. Cuando una mujer estaba pasando por su ciclo menstrual mensual, era considerada ceremonialmente impura. Una vez que su ciclo había concluido, se bañaba para purificarse de su inmundicia. Dado que los hombres estaban en la guerra y el rey debería haber estado en la batalla, el baño de Betsabé en el techo (donde se recogía el agua de lluvia en barriles) no fue un acto de seducción. Su motivo era la limpieza, pero la motivación de David era interesada. Cuando David la observó, el cuarto punto se hace obvio; la mente de David comenzó a pensar los *pensamientos equivocados*.

Las acciones equivocadas

El quinto punto es que después de preguntar quién era ella (la esposa de otro hombre), en lugar de decir: "Solo preguntaba", dijo: "Tráiganla a mi habitación". Así, el quíntuple camino de descenso desde la vida a la muerte espiritual: lugar equivocado, momento equivocado, posición equivocada, y pensamiento equivocado, que lo condujo a las *acciones equivocadas*. El patrón quíntuple para la decadencia de David revela que su fracaso no fue una repentina urgencia abrumadora que no pudo resistir, sino que estaba bien orquestado para su placer personal.

Las raíces del fracaso

Durante muchos años estuve perplejo en cuanto a cómo un hombre conforme al corazón de Dios (1 Samuel 13:14) y un rey piadoso se había permitido caer tan bajo en una trampa de adulterio, conspiración y asesinato. Tal vez David supuso que con el marido de Betsabé (Urías) fuera de la ciudad, él nunca descubriría su indiscreción. Con los hombres de Israel en la guerra, pocas personas verían siquiera la entrada secreta al palacio, y ni él ni ella pensaron que iba a terminar embarazada. Así, David pensó que él y Betsabé se deslizarían al palacio, a la cama, fuera de la cama, fuera del palacio, y de vuelta a casa sin que nadie lo observara. Sin embargo, la verdadera cuestión no es *cómo* se creó el plan sino *qué motivó* que se lo comenzara a elaborar. La explicación más fácil es que David cayó en un ardiente deseo, y Betsabé se sometió voluntariamente. Sin embargo, detrás de cada calamidad espiritual importante hay una *raíz* oculta enterrada bajo los escombros.

Considere la condición del matrimonio de David. Él estaba casado con Mical, la hija del rey Saúl, quien la dio a David para que fuera una trampa para él:

> Y Saúl dijo: Yo se la daré, para que le sea por lazo, y para que la mano de los filisteos sea contra él. Dijo, pues, Saúl a David por segunda vez: Tú serás mi yerno hoy.
>
> —1 SAMUEL 18:21

La esposa de David, Mical, tenía el ADN de su padre, como se ilustra cuando David trajo el arca del pacto a Jerusalén con danzas y cantos. La respuesta de Mical fue reprender a David por su adoración expresiva y burlarse de él en su corazón (1 Crónicas 15:29). Dado que David era un adorador desde su juventud, la crítica de su esposa respecto de su adoración impactó su espíritu, y a cambio él la separó de la cama conyugal física, ya que ella "nunca tuvo hijos hasta el día de su muerte" (2 Samuel 6:23). Desde el momento en que ella se burló de él, ya no se la vuelve a mencionar en la narración de la vida de David. Por lo tanto, el matrimonio de David no solo estaba en un estado grave, sino que, a todo efecto práctico, estaba muerto.

Consideremos ahora al marido de Betsabé, Urías. Pocos lectores casuales de la Escritura saben que Urías era un soldado importante del ejército de David y listado como uno de los "valientes" de David. En 2 Samuel 23 hay una lista detallada de los hombres que rodeaban a David y se convirtieron en su ejército personal. El número total fue de seiscientos, pero entre los seiscientos había treinta y siete que eran superiores al resto del grupo. Urías el heteo fue catalogado como uno de los treinta y siete (v. 39). Ese mismo Urías era el esposo de Betsabé (2 Samuel 11:3). Después que David descubrió que Betsabé estaba embarazada, llamó a Urías del frente, invitándolo para un descanso de dos días de la batalla para que pasara tiempo en casa con su esposa. Urías se negó, durmiendo en las escalinatas del palacio—*las mismas escalinatas que su esposa subió para reunirse en secreto con David*—negándose a ir a casa. Urías le recordó al rey que los guerreros de Israel estaban habitando en tiendas, y que él no podía disfrutar la comodidad del hogar mientras los hombres se sacrificaban en el campo de batalla (v. 11). Dos veces David le ofreció a Urías pasar tiempo en su hogar, y dos veces este se negó (vv. 7-13).

La dedicación de Urías al ejército era encomiable. Sin embargo, sus acciones revelan un punto importante. La mayoría de los hombres con una bella esposa se regocijaban ante la oportunidad de salir de la batalla y pasar un tiempo de calidad con su compañera. Urías es un ejemplo de un hombre totalmente dedicado a su trabajo, y que hoy en día podría ser identificado como un adicto al trabajo. Si Urías estaba atrapado en su propio trabajo, los negocios o las batallas, entonces Betsabé pudo haber sido la esposa que anhelaba la atención de un esposo obsesionado con sus logros.

La raíz de la necesidad emocional

Los consejeros cristianos que tratan asuntos extramaritales dicen que es común que una mujer sea atraída hacia un hombre de poder o posición, ya que eso representa seguridad, una de las necesidades más importantes de la vida de una mujer. A menudo no tiene nada que ver con la apariencia o la edad, sino que la idea de que un hombre poderoso se interese en ella y le dé la atención que anhela alimenta su ego como una droga. El hombre con un mal matrimonio, que tiene una esposa que lo está molestando, criticando o burlándose de él, o una que no muestra afecto, puede llegar a ser susceptible o sentirse atraído por una mujer que se va a enorgullecer de él, sobre todo si ella es físicamente atractiva.

Algunos sugieren que David carecía de *afecto* y Betsabé de *atención*, y cuando estas dos necesidades se cruzan, es una invitación para los problemas. Cuando las raíces de la falta de atención y afecto crecen, pueden empujar a la separación a una pareja y dar el fruto de la separación emocional mucho antes de la separación física. Puede haber habido, sin embargo, una raíz mucho mayor que dio a luz el árbol del pecado y el fruto de la injusticia en la vida de David.

La raíz de la comodidad

La segunda raíz es simple, y suele crecer secretamente en los corazones de los individuos exitosos. Mientras David estuvo huyendo de Saúl, su total dependencia estuvo en la defensa y la protección sobrenatural de Dios. Una vez que David se convirtió en rey de Israel, su éxito, prosperidad, y popularidad —o *comodidad*— terminaron por llevarlo a ser descuidado. *La comodidad a menudo puede crear una crisis espiritual.* Esto fue evidente cuando el rey Nabucodonosor construyó la elaborada ciudad de Babilonia. Él había conquistado Israel, destruido Jerusalén y tomado los tesoros de oro del templo para sí mismo, y alardeaba de su valor y de sus logros. De pronto Dios lo golpeó con un colapso mental completo, y este famoso rey fue llevado al desierto para vivir como un animal salvaje durante siete años. (Vea Daniel 4.)

Incluso Noé, después de invertir más de cien años en preparar el arca y escapar de un diluvio universal con su familia y un barco lleno de animales, salió del arca, plantó una viña, y se embriagó. Su arduo trabajo dio lugar a una misión exitosa, y cuando la misión concluyó, ya no era necesario planificar la supervivencia de su familia. Así Noé *se emborrachó con el éxito*, viviendo descuidadamente después del conflicto. Hay dos momentos en que emergerá la batalla: después de haber experimentado una gran victoria, y después de haber experimentado una sorprendente derrota. *El enemigo trata de robar el botín de guerra de su victoria, o de robar su fe para superar el vicio.*

La raíz del aislamiento

Yo creo que una tercera raíz no solo fue el matrimonio fallido de David, sino que además está la importancia del aislamiento: *demasiado tiempo solo en el palacio.* Estoy seguro de que David estaba cansado después de años de batallar con leones, osos, filisteos y el rey Saúl, y estaba listo para "relajarse" y dejar que otra persona tratara con la adversidad. Su separación de la batalla lo forzó a una posición de aislamiento. El peligro del aislamiento es que engendra soledad, y esta soledad le da a la mente más tiempo para que divague y para que sus pensamientos vaguen sin rumbo durante horas o días, terminando por crear etapas de opresión, depresión, o pensamientos tentadores.

Todos los hombres fueron creados a imagen de Dios (Génesis 1:26), y su imagen se expresa en los seres humanos a través del amor que nos tenemos unos a otros. Fuimos creados para experimentar la emoción de la realización por medio de las relaciones que tenemos con quienes nos rodean y con la gente que a su vez nos ama. Cuando Dios creó a Adán en el Jardín del Edén, creó miles de animales y lo rodeó con ellos. Fue Dios quien dijo: "No es bueno que el hombre esté solo" (Génesis 2:18). En realidad Adán no estaba *solo,* ¡ya que su día normal consistía en perros que ladraban, gatos que maullaban, vacas que mugían y gallos que cantaban! ¡Él vivió en el primer *jardín zoológico* del mundo! Pero los animales no podían *besarlo, abrazarse* de su cuello, y decirle: "Te amo". Por lo tanto, para evitar la soledad, Dios le creó una compañera física, Eva, ya que no era (y no es) bueno para un hombre estar solo.

Cuando Jacob estaba *solo,* luchó con un hombre hasta que rayó el alba (Génesis 32:24). La lucha de Jacob comenzó por la noche y no concluyó hasta cuando el sol estaba saliendo. Usando esto como un ejemplo espiritual de soledad, una razón por la que no es bueno estar solo—aislado—es porque una persona sola luchará con un bombardeo de flechas que golpean la mente sin nadie presente con quien hablar, compartir, o que lo ayude a llevar el peso. Cuando el sol se pone y las horas oscuras de la noche terminan por dar paso a la irrupción del día, una persona sola y sin amor estará exhausta por toda la lucha mental. Puede parecer frívolo señalarlo, pero esta es una excelente razón para que una persona tenga en su casa o apartamento una mascota, una criatura viva con la que pueda compartir tiempo y atención. Las mascotas, incluyendo gatos, perros y hasta caballos, están siendo utilizados en terapias de rehabilitación.

Si las mascotas son una buena terapia, entonces ¡yo estoy en una condición emocional, mental, y física extremadamente buena! Tenemos dos gatos, dos loritos pequeños y un loro gris africano grande cuyo vocabulario incluye imitar el maullido del gato, sonar como la llamada de un teléfono celular, e inspirar a mi esposa todos los días con las palabras: "Felicitaciones Felicitaciones...". Sin embargo, es bastante extraño cuando una pareja, especialmente la mujer, visita la casa y de repente oye silbar...usted sabe, ¡de la manera en que usted solía hacerlo cuando su esposa entraba a la habitación! Abre mucho los ojos como diciendo: "¿Quién acaba de silbarme?". Yo miro para atrás y digo: "¡Yo no fui!". ¡Y señalo la sala de estar! Las mascotas pueden llenar los vacíos de las personalidades solitarias. Hay momentos para estar solo, y momentos en que no debemos estar solos, especialmente cuando estamos en una lucha mental. Uno de los pecados de la antigua ciudad de Sodoma fue la "abundancia de ociosidad", es decir, una ansiosa inquietud sin nada que hacer (Ezequiel 16:49). Quizás esta ociosidad dio a los jóvenes oportunidad de pasar tiempo con los ancianos de la ciudad, cuyas vidas se habían llenado de iniquidad, y quienes llevaron a los más jóvenes a seguir las huellas de los ancianos (Génesis 19:4-5).

Sus propias guerras privadas

Hay dos tipos de batallas: una *fácil* de ganar, y la otra, *difícil* de ganar. El foco de las batallas más simples es la *distracción*, que temporalmente lo desvía de la misión que se le asignó. La vida está llena de distracciones naturales, como rayos que dejan sin electricidad el día entero, llevando sus necesidades técnicas a un alto repentino y ensordecedor. Distracción es el daño por granizo que hace que su coche nuevo parezca tener un caso de acné de auto. Son distracciones las tormentas que arrancan árboles de raíz para que descansen en paz en su techo. Las distracciones rara vez lo derrotan, sin embargo, lo demoran.

Las numerosas distracciones mentales *agotan* a una persona, al igual que las continuas palabras de Dalila a Sansón: "Dime…dime…si me amas, dime…" (Vea Jueces 16:6, 10, 13). Ella lo presionó con sus palabras hasta hacerlo sentirse harto de la vida (v. 16, NVI). Sin saberlo, Sansón *estaba envuelto en una guerra privada que lo llevaría a su humillación pública*.

El peligro de una guerra privada es que, a menos que su lucha salga a la luz, nadie sabrá que usted la está librando. Y mientras usted sonríe, mostrando sus blancos dientes, la depresión lo está oprimiendo desde adentro. Su risa nerviosa sirve para poner una cortina sobre esos dardos de fuego mientras usted arde con la idea de quitarse la vida. El comentario de qué estupenda familia tiene puede hacer que por dentro usted sienta vergüenza al pensar: "Espero que nunca descubran lo disfuncionales que somos en realidad". El éxito en los negocios que el hombre tiene en público es el tema de conversación en la ciudad, pero nadie conoce el demonio alcohólico que él esconde en el cajón del escritorio de la oficina de su casa. Así como el pecado de David revela una progresión de cinco partes, también hay pasos descendentes al sótano de la esclavitud privada.

El poder de la imaginación

Cualquier pecado privado comienza con *impresiones*, pensamientos que se convierten en una imagen mental visible. Este es el reino de la *imaginación* y las imágenes mentales. Si las impresiones de su mente se convierten en una historia de fantasía en su cabeza, luego llegarán a ser una obsesión que usted perseguirá. Las obsesiones con el tiempo forjan fortalezas mentales, y las fortalezas son como muros que mantienen sus pensamientos encerrados en una jaula en las rejas de su propia prisión mental. Cuando los pensamientos persisten en el tiempo, y esos pensamientos son negativos, perversos o carnales, el Espíritu Santo empezará a aplicarle una buena dosis de *convicción de pecado* para reprobarlo y moverlo al arrepentimiento, la limpieza y la renovación. Si no hay un movimiento hacia la búsqueda de libertad y liberación espiritual, el adversario a menudo manifiesta el arma de la opresión. El enemigo lanza el dardo para tentarlo a pecar, y luego, si usted lo hace, lanza otro dardo (un doble golpe) diciéndole lo malo que es usted ¡y cómo Dios lo odia ahora! La depresión puede llegar a ser tan intensa que se siente como un profundo pozo de desesperación sin escalera. La depresión ciertamente se alimenta del aislamiento.

Uno de los ejemplos bíblicos clásicos de un descenso a la desesperación es el rey Saúl, el primer rey de Israel. Saúl fue elegido por el Señor y ungido con aceite por Samuel. Comenzó en el camino correcto, y al principio de su reinado fue humilde ante Dios y los hombres. Con el tiempo se exaltó a sí mismo enorgulleciéndose y se negó a obedecer al Señor. Como resultado, Dios puso en marcha un futuro reemplazo de Saúl, un joven pastor llamado David. Leemos:

> Y Samuel tomó el cuerno del aceite, y lo ungió en medio de sus hermanos; y desde aquel día en adelante el Espíritu de Jehová vino sobre David. Se levantó luego Samuel, y se volvió a Ramá. El Espíritu de Jehová se apartó de Saúl, y le atormentaba un espíritu malo de parte de Jehová.
>
> —1 Samuel 16:13-14

Los celos de Saúl por David abrieron una puerta para que un poderoso espíritu maligno atormentara su mente. Saúl era reconocido públicamente como rey, aunque él estaba en una batalla interna con demonios privados que iban y venían a su antojo, atormentando los pensamientos del rey. Saúl experimentó breves temporadas de alivio cuando David lo ministraba con su arpa. Sin embargo, sus celos lo llevaron a la muerte, ya que fue herido en la batalla y cayó sobre su propia espada. Leemos:

> Y viendo su escudero a Saúl muerto, él también se echó sobre su espada, y murió con él.
>
> —1 Samuel 31:5

Caer sobre su propia espada

Si hay una última estrategia del enemigo respecto a todos los ministros en cualquiera de los cinco oficios ministeriales (Efesios 4:11), es ver al líder espiritual *caer sobre su propia espada*. La frase "caer sobre su propia espada" significa que aunque usted diga a los demás qué hacer y cómo vivir, usted no cumple ese deber en su propia vida. Esto se ilustra cuando los ministros que han advertido a otros de trampas, caen en esas mismas trampas, o quien, después de predicar la práctica del caminar cristiano a otros, *hace lo que les predicó que no hicieran*.

Puedo recordar de hace muchos años, a un notable ministro de la televisión, con un destacado ministerio global. En algunos países de América del Sur, los visitantes estadounidenses observaban que cuando se transmitía el programa de este ministro, los restaurantes y bares cambiaban los canales de los juegos deportivos a la predicación de este ministro. En muchas de esas emisiones el mensaje era una palabra contundente contra el pecado, y sus mensajes estaban teniendo impacto a nivel mundial y ganando a los perdidos para Cristo. Sin embargo, con el tiempo se descubrió que él vivía de manera contraria a su propia predicación, y cayó sobre su propia espada. La espada autoinfligida no solo los afectó a él y a su ministerio, sino que muchos otros perdieron toda confianza en Dios y en la Palabra debido a la herida causada por la *falsa idea* de que Dios no pudo evitar que este hombre cayera. A propósito, Pablo escribió:

> Por ese motivo padezco estos sufrimientos. Pero no me avergüenzo, porque sé en quién he creído, y estoy seguro de que tiene poder para guardar hasta aquel día lo que le he confiado.
> —2 Timoteo 1:12, NVI

Los ministros más jóvenes y los recién llamados deben entender las trampas que vienen en una etapa muy temprana del ministerio, ya que Satanás realiza un testeo de amenaza desde el principio ¡y no siempre espera a que usted sea mayor y más maduro con un ministerio mundial para hacer el movimiento en su contra! Todos los ministros, tanto hombres como mujeres, deben entrar al ministerio con un llamado de Dios, o una carga por cambiar vidas. Cada ministro debe entrar en un tiempo de *preparación*, que se recibe mediante una mentoría, trabajando en una iglesia local, trabajando bajo otro ministro, o asistiendo a un colegio o universidad basados en la Biblia. Este tiempo para prepararse le ayuda a centrarse en la misión, a aprender todo lo que pueda sobre ella, y a colocarse bajo autoridad espiritual. A menudo, sin embargo, un ministro joven se vuelve impaciente y demasiado ansioso y desea "revelar" su ministerio ante la gente.

Puede haber tres tipos de riesgo en el ministerio que hacen más daño que bien. Ellos son:

1. Exposición temprana
2. Sobreexposición
3. Falta de exposición

Exponer a un joven ministro ante grandes congregaciones o en un ministerio de plataforma puede hacer que un novato caiga en el orgullo y arruine su potencial. Pablo escribió sobre los ministros de la iglesia y dijo: "No un neófito, no sea que, envaneciéndose caiga en la condenación del diablo" (1 Timoteo 3:6). Un novato es aquel que no tiene experiencia y no está calificado, y que con frecuencia no admitirá sus errores y equivocaciones por un exceso de orgullo.

El segundo nivel es la sobreexposición, la cual, si no se evita, también puede generar orgullo que provoque una caída. "También es necesario que tenga buen testimonio de los de afuera, para que no caiga en descrédito y en lazo del diablo" (v. 7).

La tercera categoría es la falta de exposición. Si una persona siente un llamado de Dios y continúa meses o años sin que se abra una puerta de oportunidad ministerial, se desalentará. La ausencia de actividad y fruto espiritual puede hacer que una persona se cuestione su llamado, apagar el deseo, y conducirla a desertar de la carrera. Por lo tanto, cualquier ministro que no esté preparado para la guerra espiritual en el ministerio en realidad puede dañarse espiritualmente a sí mismo y a otros por el mal uso de la Palabra de Dios.

Para los ministros y líderes espirituales activos, debe haber una manera de exponer las trampas antes de que uno caiga en ellas.

Hay algunas pistas interesantes en una de las parábolas de

Cristo que pueden aplicarse prácticamente para recibir libertad de las ataduras secretas.

> Ni se enciende una luz y se pone debajo de un almud, sino sobre el candelero, y alumbra a todos los que están en casa. Así alumbre vuestra luz delante los hombres, para que vean vuestras buenas obras y glorifiquen a vuestro Padre que está en los cielos.
>
> —Mateo 5:15-16

Tome una habitación completamente a oscuras y encienda una sola vela; el cuarto oscuro experimentará un resplandor naranja de luz. Si una vela encendida se pone debajo de una cesta, no solo se disminuye la luz, sino que puede llegar a extinguirse si debajo de la cesta no hay suficiente aire para que el fuego absorba el oxígeno de la atmósfera que lo rodea.

Hay un peligro en *ocultarse en la oscuridad*, o sentirse cómodo viviendo en un almud de aislamiento y oscuridad. Cualquier consejero le dirá que el primer acto que una persona con cualquier adicción debe realizar es estar dispuesto a admitir "Tengo este problema" y confesarlo abiertamente y buscar a alguien que pueda sacarlo de la oscuridad, dispuesto a admitir que el problema es grave y debe ser confrontado. Las personas suelen vivir en sus propias "cestitas", solas y aisladas de los demás, lejos de cualquier persona que se preocupe por ellas o que pueda ayudarlas. Una vez que la luz se apaga, todo cuanto queda es oscuridad. La cesta representa las máscaras detrás de las cuales nos escondemos, las falsas sonrisas, las risas fingidas, y el autoengaño que susurra: "Puedes hacerlo tú solo".

Cuando la luz disminuye, aparece la oscuridad. Encienda otra vez la luz. Vuelva al simple conocimiento de la Palabra de Dios. La comprensión de las Escrituras trae iluminación y revelación que disipan las mentiras y el engaño de la voz del adversario. Es mejor ser *proactivo*, actuando antes de que comience la batalla, que ser *reactivo*, respondiendo cuando las flechas están volando. La luz de la verdad de su alma no puede y no debe ser escondida. La manera en que usted revela la luz es que su iluminación privada se convierta en su luz pública, y que su luz pública nunca pueda ocultarse de un mundo de oscuridad.

Un ministro que cayó en pecado hizo una afirmación triste pero, en muchos casos, verdadera. Dijo: "Con mi notoriedad mundial, ¿a quién podría haber ido a hablarle de mi situación? La mayoría de los hombres se lo habrían dicho a otros en cuanto yo saliera de la habitación, ya que es difícil para algunos ministros mantener algo en absoluta confidencialidad". Yo diría que esta generación es más abierta que cualquier otra a que las personas hablen sobre sus desafíos, sus debilidades, y a que cuenten cómo están siendo atacadas por el enemigo. Frecuentemente quienes están en los bancos se enfrentan a los mismos ataques que quienes están en los púlpitos. Siempre es bueno tener amigos especiales en quienes usted confíe totalmente, y sobre todo su propio cónyuge, a quien puede ir para compartir abiertamente sus batallas privadas.

Hace muchos años cuando me encontré con una terrible batalla espiritual que ciertamente fue inspirada por el demonio, intenté durante varios meses luchar solo, manteniendo la parte mental del conflicto oculta bajo mi cestita mental, solo para descubrir que ninguna luz nueva puede alcanzar la oscuridad cuando usted esconde esa batalla dentro de sí mismo. Después de levantarme y confesar el conflicto mental a 750 personas, el Señor renovó mi mente y espíritu y manifestó una unción fresca, evitándome, estoy seguro, una trampa más terrible en el futuro. Meses después, mi preciosa esposa me preguntó: "Yo sabía que algo estaba mal, ¿por qué no viniste a mí y me dijiste que estabas deprimido?". No tenía respuesta, salvo que, yo pensaba que podría derrotarla solo, sin ayuda de nadie.

Esto me enseñó tres cosas.

1. Aislarse puede hacer que usted pierda la batalla. En tiempos de guerra usted necesita a otros soldados consigo.

2. Cuando expone a la luz una lucha secreta, el adversario no tiene dónde esconderse y queda expuesto, debilitando así aquello opresivo con lo cual usted batalla.

3. Rinda cuentas ante amigos y ante su cónyuge, si está casado, para que lo cubran en oración para fortalecerlo. Quienes lo aman estarán junto a usted antes que otros lo hagan.

Hay una manera de ganar las batallas privadas entre usted y el adversario. Jesús lo hizo en el desierto donde fue tentado durante cuarenta días, y usted puede hacerlo por medio de su estrategia: el poder del Espíritu y la Palabra de Dios.

Capítulo 4

Cómo quebrar los espíritus de automutilación y suicidio

Hay muchos padres que no son conscientes de que dos de los ataques más graves y peligrosos en esta generación de jóvenes son el automutilarse y el *suicidio*. Personalmente he visto jóvenes con cicatrices en sus brazos que han tomado un objeto afilado y se han hecho un corte en los brazos, solo lo suficiente para sangrar. Las razones varían, y no voy a entrar en detalles, aparte de decir que una persona joven dijo que muchos jóvenes se sienten tan insensibilizados y atontados ante los acontecimientos negativos de sus vidas que hacen esto para *sentir dolor y saber que todavía están vivos y tienen sentimientos.* Uno de los momentos más tristes de cualquier ministro o familia es oír de una persona joven que se quitó la vida por sentirse rechazado en una relación, o porque estaba siendo intimidado y se aisló de los demás.

Curiosamente, en la Biblia hay un hombre que fue ambas cosas: alguien que se *cortaba* y un *suicida*. Este hombre no identificado vivía en la tierra de los gadarenos, una región del lado sirio del mar de Galilea. Estaba poseído por más de dos mil espíritus inmundos que lo impulsaban a hacerse daño. Observe el texto del versículo en este relato:

> Y siempre, de día y de noche, andaba dando voces en los montes y en los sepulcros, e hiriéndose con piedras.
> —Marcos 5:5

Este hombre mentalmente atormentado no estaba viviendo con su familia, ni con amigos, ni tampoco en comunidad, sino que permanecía en el cementerio local, que metafóricamente puede representar el *recuerdo de las cosas pasadas*, ya que las tumbas no tienen vida alguna, solo recuerdos de una vida pasada. Note que él estaba despierto día y noche, lo que significa que no podía dormir adecuadamente debido a los espíritus que lo atormentaban de día y de noche. La Biblia también dice que él "clamó", pero la palabra griega original usada en este pasaje no es la palabra normal para derramar lágrimas cuando una persona está triste o molesta. Es la palabra *krázo*, que significa "gritar; chillar y llamar en voz alta".[1] Su clamor era el de un tormento interior, gritaba noche y día porque no podía liberarse de su condición de tortura mental.

La frase "hiriéndose con piedras" es interesante por varias razones. Leemos que los hombres intentaron atarlo con grillos y cadenas, pero estos dispositivos eran como escarbadientes y cera cuando flexionaba los músculos y rompía las cadenas de metal y los grillos de madera, y se los quitaba. La gente del pueblo tenía mucho temor por su seguridad, al ver su naturaleza violenta.

Muchas veces he estado en las ruinas antiguas en Israel, donde ocurrió este evento. He visto que las piedras de la zona y de los alrededores de Galilea están constituidas principalmente por piedra caliza o, en determinadas zonas, de roca volcánica negra ya que la región una vez fue volcánicamente activa. Sería difícil que usted mismo se hiciera daño permanente con un corte profundo y peligroso al tratar de cortarse con estas piedras. Sin embargo, sus brazos y su cuerpo, sin duda, estaban cubiertos de cicatrices y costras, quizás por caer sobre las piedras de la zona o por frotarse los brazos con violencia contra ellas como la madera contra el papel de lija.

El punto es que estos espíritus habían tomado el completo control de la mente de este hombre y lo impulsaban a quitarse la vida. Si él hubiera tenido acceso a una espada o a un cuchillo, habría utilizado el arma sobre sí mismo o tal vez sobre otros.

Para probar que esto puede llamarse *espíritu de suicidio* (un espíritu que enviaba pensamientos de autodestrucción y desesperanza a la mente de este hombre), cuando los demonios fueron expulsados del hombre, entraron en un gran hato de cerdos, haciendo que los cerdos salvajes se arrojaran "violentamente" por un precipicio, cayendo al mar como piedras rotas de una avalancha, donde toda la piara se ahogó y se hundió en el agua (v. 13).

Hay diferentes tipos de espíritus malignos e inmundos, cada uno con una misión diferente, que dirigen hacia la humanidad tentaciones y ataduras. En un relato bíblico un muchacho estaba poseído por un espíritu que le causaba ataques epilépticos. El padre confesó que el espíritu dominaba a su hijo, que a menudo "le echa en el fuego y en el agua para matarlo" (Marcos 9:22). Aquí la palabra griega para "matar" no significa solamente hacer daño, sino que es la palabra griega *apólumi*, que significa destruir completamente. En la versión Reina Valera se traduce como "matar" o "perecer". En los casos del hombre atormentado y del muchacho, estos espíritus en realidad trataban de quitar la vida de sus víctimas prematuramente.

Piense en las numerosas veces que Satanás realizó intentos de matar a Jesús antes de que su destino se pudiera cumplir. Después del nacimiento de Jesús, el rey Herodes envió soldados romanos para matar a todos los niños menores de dos años de edad que vivían en Belén y sus alrededores (Mateo 2:16). Años después Satanás tentó a Jesús y le sugirió que Dios lo protegería si se arrojaba desde el pináculo del templo, el elevado muro externo de Jerusalén, en la esquina sudeste.

Tratar de impulsar a Cristo a que saltara era nada menos que esperar que se suicidara, ya que este salto habría aplastado el Cuerpo de Cristo contra las rocas 750 pies (casi 230 m) más abajo. Meses después, sin embargo, Cristo desafiaría la ley de la gravedad y caminaría sobre el agua, andando sobre las olas del mar de Galilea (Mateo 14:25). Cristo no estaba dispuesto a probar quién era para satisfacer a Satanás (quien ya lo sabía), ¡pero estaba dispuesto a confirmarles quién era a sus discípulos!

Inmediatamente después de esta tentación, Cristo regresó a Nazaret, y predicó su primer mensaje público, enfureciendo tanto a su ciudad natal que los hombres se levantaron para arrojarlo por un acantilado. Cristo no saltó voluntariamente desde un lugar alto en Jerusalén, por lo que el adversario ahora lo forzaba a un rincón sin salida.

Sin embargo, Cristo escapó de la multitud y se fue de la ciudad, dirigiéndose a la baja Galilea (Lucas 4:29-30). Mientras se hallaba en Galilea estaba en una barca con sus discípulos, cruzando el lago, cuando una repentina tormenta golpeó la barca, causando temor de que todos se ahogaran en el agua agitada. Esta fue otra ocasión que puso a todo el equipo del ministerio en peligro de una muerte prematura en el mar (Marcos 4:38). Después, mientras Cristo estaba ministrando en el templo de Jerusalén, la gente tomó piedras para apedrearlo. Una vez más Él escapó sin un rasguño (Juan 10:31, 39).

Cuando Satanás puso en el corazón de Judas el pensamiento de que traicionara a Cristo por treinta monedas de plata, me pregunto si Judas, que había visto a Cristo escapar de las manos del enemigo muchas veces, habrá supuesto que Cristo podría hacerlo o lo haría de nuevo. ¿O pensó que si Cristo era el verdadero Rey de Israel, esta sería su oportunidad de oro para surgir, derrocar a los romanos, y apoderarse del trono prometido al Mesías, el

Hijo de David? Tras darse cuenta de que había participado en un complot de muerte que implicaba derramar sangre inocente, Judas devolvió el dinero a los sacerdotes arrojándolo en el templo, sintiendo remordimiento, y se colgó de un árbol en el borde del valle de Hinom, fuera de los muros de Jerusalén (lea Hechos 1:16-19).

Los sajadores de Baal

Los jóvenes a menudo recurren a hacerse cortes porque piensan que nadie los escucha y la única manera en que pueden llamar la atención es hacer algo tan dramático que hará que sus padres o amigos presten atención a su dolor. Los falsos profetas de Baal tenían el mismo objetivo de llamar la atención cuando se reunieron con el profeta Elías en el monte Carmelo, y él los desavió a un concurso: el Dios que respondiera por fuego sería identificado como el verdadero Dios. Cuando los profetas de Baal construyeron su altar, mataron su sacrificio, y comenzaron a perforar el aire durante varias horas con gritos a su dios, los cielos eran de bronce. La Biblia dice:

> Y aconteció al mediodía, que Elías se burlaba de ellos, diciendo: Gritad en alta voz, porque dios es; quizá está meditando, o tiene algún trabajo, o va de camino; tal vez duerme, y hay que despertarle. Y ellos clamaban a grandes voces, y se sajaban con cuchillos y con lancetas conforme a su costumbre, hasta chorrear la sangre sobre ellos. Pasó el mediodía, y ellos siguieron gritando frenéticamente hasta la hora de ofrecerse el sacrificio, pero no hubo ninguna voz, ni quien respondiese ni escuchase.
>
> —1 Reyes 18:27-29

Al igual que con los sajadores de Baal, curiosamente, varias religiones utilizan el cortarse como una forma de ganar supuestamente la atención de su dios. Por ejemplo, el siguiente es un informe dado por los estudiosos de los ritos de la diosa hindú Mata:

Había una multitud de diez o doce mil personas reunidas. Al poco tiempo un hombre avanzó hacia el centro del grupo, pretendiendo que la diosa había entrado en él; quitándose el turbante y arrojando su largo cabello sobre su rostro, comenzó a saltar y a sacudirse, emitiendo de vez en cuando un ruido como el ladrido de un perro. A medida que aumentaba su excitación, se golpeaba con una cadena, y se hacía incisiones en la lengua con una espada. Habiendo tomado la sangre, la frotaba en la frente de los espectadores. Poco a poco se difundía la infección, y otros fingían estar igualmente poseídos por la diosa; así que, en poco tiempo cada grupo tenía tres o cuatro de los poseídos. Esos pobres hombres enajenados siguieron saltando y sacudiéndose toda la noche.[2]

Hay otras religiones en las que hacerse cortes en la carne es parte de un ritual para conmemorar un evento o llamar la atención del particular dios de esa religión. Cada año decenas de miles de una particular rama de musulmanes chiítas de Irak recuerdan la muerte del mártir del séptimo siglo, Imam Hussein, con una marcha que se lleva a cabo en la ciudad de Karbala, Irak. Allí, la multitud de chiítas se flagela en la frente con espadas o se golpea la espalda con cadenas hasta que la sangre chorrea por sus rostros y salpica sus túnicas blancas. Los chiítas creen que Hussein era el verdadero heredero del fundador del Islam, Mahoma. Sin embargo, su ascenso a la fama condujo a una batalla en el año 680 d.C. en Karbala, donde él y setenta seguidores fueron muertos por los musulmanes sunitas opositores.

Los profetas de Baal se cortaban a sí mismos porque su dios (que no existía más que en sus mentes) estaba ignorando sus pedidos a gritos para que interviniera. Entre algunas de las tribus antiguas la idea era que la sangre atraía el poder de los dioses, liberando energía sobrenatural y autoridad sobre el adorador. Cuando el "grupo de baile" de Baal comenzó a actuar, sacaron sangre de su propia carne, pero no obtuvieron la atención de su dios.

El corte físico es autoabuso y autolesión. Cada año, una de cada cinco mujeres y uno de cada siete varones se involucran en una forma de autolesión.[3] Un alto porcentaje de quienes se involucran en actividades de autolesión, ha experimentado algún tipo de abuso sexual. Cada año en los Estados Unidos hay dos millones de casos de autolesión informados.[4] Las causas raíces de autoabuso son los desórdenes alimenticios, la depresión, todas las formas de ansiedad; el abuso de drogas y alcohol (sustancias adictivas), y los trastornos relacionales. Entre los adolescentes, la causa más común de autoabuso es una relación rota, sea que los padres se divorcien o una separación de un novio o una novia.

Destruir la imagen de Dios

¿Alguna vez ha considerado de qué se tratan realmente las numerosas batallas personales, especialmente todas las formas de abuso de sustancias adictivas que conduce a las adicciones? No es solo el extraño solitario del callejón cuya vida está siendo estrangulada por un demonio de adicción; los niños que crecieron en la iglesia para niños y calentaron bancos los domingos por la mañana también son objetivos de estos espíritus de esclavitud. Yo creo que una motivación del reino de la oscuridad para atacar a los más débiles y a los más fuertes entre nosotros es el deseo de manchar y distorsionar la imagen de Dios en nosotros.

Nuestra situación económica, la calidad de la ropa, el tamaño de la casa o los gastos del coche no impresionan a Satanás. Lo que él ve en cada persona es más que el exterior físico del ser humano. Considere al hombre físico. Hace años prediqué un mensaje respecto de que cada ser humano tiene cantidades específicas de minerales en el cuerpo. Hay suficiente hierro para hacer un clavo, suficiente azufre para matar todas las pulgas de un perro promedio, suficiente carbono para hacer novecientos lápices, y suficiente grasa para hacer siete barras de jabón.[5] Si sumáramos todos los minerales del cuerpo humano (no las células, la sangre, el esperma; solo los minerales) y los vendiéramos, podríamos recibir alrededor de 14 dólares en total (las cifras varían). Tome el promedio de $14 del hombre. Él usa un traje de $200, una corbata de $30, y un par de zapatos de $80, y conduce un auto de $35.000 y vive en una casa de $185.000. Él va a su casa después del trabajo para disfrutar de su esposa de $14 ¡y los niños de $7,50 (los niños son la mitad del tamaño de sus padres y por lo tanto poseen menor contenido mineral)! Después de la cena, el hombre de $14 se recuesta en un sillón reclinable de $300 y lee un periódico de $0.50. Él se retirará por la noche a una cama de $800, dormirá siete horas, se despertará, y luego repetirá el mismo proceso: desayunar, conducir al trabajo, trabajar, y luego volver a casa.

Llegará el día preestablecido en que el reloj del tiempo marque su segundo final en la tierra. Este hombre, como todos los demás hombres, seguirá el camino de la tumba (Hebreos 9:27). Este hombre de $14 estará vestido con un traje de $200, será puesto en un ataúd de $1,500, y será llevado al cementerio, donde un grupo de hombres que él nunca conoció tomarán una pala de $25 y cubrirán sus restos físicos con la misma sustancia con la que fue creado: ¡polvo! Sin embargo, no era al hombre de polvo que Satanás y sus secuaces perseguían. Observe Eclesiastés 8:8 y 12:7:

> No hay hombre que tenga potestad sobre el espíritu para retener el espíritu, ni potestad sobre el día de la muerte…y el polvo vuelva a la tierra, como era, y el espíritu vuelva a Dios que lo dio.

El hombre es la única criatura de cualquier forma de carne viviente en la tierra o en el ámbito cósmico, que fue formada específicamente a imagen y semejanza de Dios.

> Y creó Dios al hombre a su imagen, a imagen de Dios lo creó; varón y hembra los creó.
> —Génesis 1:27

Ser creado a imagen de Dios significa que usted es un reflejo de Él. Los ángeles son solamente espíritus, pero cada ser humano nacido en el planeta Tierra es un espíritu con un alma que vive en un cuerpo (1 Tesalonicenses 5:23). Al hombre le fue impartido un regalo único y sagrado que lo separa del reino animal. Un hombre y una mujer pueden procrear un ser humano que tiene un alma y un espíritu eternos, un acto que ningún ser angelical puede realizar, ya sea del reino de la luz o de la oscuridad.

Usted también se distingue de los ángeles por una fuerza vivificante que se bombea por todo su cuerpo, una sustancia llamada sangre. Ni Satanás, ni los ángeles caídos, ni ningún ángel del ámbito celestial tienen ninguna clase de sangre dentro de su ser. Mientras que su hombre exterior de carne envejecerá y, finalmente, perecerá, su alma interior y su espíritu son eternos, lo que significa que nunca pueden perecer o morir y, por lo tanto, seguirán viviendo, ya sea con Dios en su presencia, o en el lago de fuego con los ángeles caídos y Satanás (Apocalipsis 20:14-15; 21:8).

Aquí se halla la principal razón por la cual Satanás está obrando contra Dios y para engañar y capturar a los hombres y mujeres. Si usted decide entrar en un pacto de redención con Cristo y continúa en la fe, usted entrará al Reino celestial de Dios y obtendrá el don de la vida eterna. Esta es la razón por la cual la muerte de uno de los hijos de Dios es preciosa a los ojos del Señor (Salmos 116:15).

Ahora consideremos las consecuencias de un ser humano que muere después de vivir en el mal, la maldad y la iniquidad sin un pacto salvador de redención. En la muerte del impío, el alma y el espíritu salen del cuerpo y están separados de Dios para siempre en las cámaras inferiores bajo de tierra.

Debido a que el alma y el espíritu provienen de Dios y tienen su origen en Dios, quien le dio a cada ser humano la fuerza de la vida para vivir en la tierra, una vez que el pecador está separado de Dios para siempre, *es una parte de Dios mismo que Él nunca recuperará, ¡una parte de sí mismo que se separa de Él para siempre!* El cuerpo de una persona fue formado en el vientre por medio del milagro de las células, la sangre y la carne. Sin embargo, el alma y el espíritu son la naturaleza eterna impartida directamente de Dios mismo y colocada dentro de la simiente y el óvulo en el momento de la concepción (Jeremías 1:5). Satanás usará el cuerpo (adicción) para entrar en la mente y, finalmente, capturar el espíritu.

Cuando los individuos, especialmente si están en edad de procrear, se quitan la vida, no solo detienen su futuro, sino también las vidas de todos los descendientes que saldrían de sus lomos (si son hombres) o de su matriz (si son mujeres). El ejemplo de esto es cuando Caín mató a Abel, y lo enterró en el suelo. Dios le preguntó a Caín dónde estaba su hermano, y Caín respondió: "¿Soy yo acaso guarda de mi hermano?".

Dios le respondió que "la voz de la sangre de tu hermano clama a mí desde la tierra" (Génesis 4:9-10).

En hebreo la palabra "sangre" es plural, significa "sangres". ¿Por qué Dios llamaba a la sangre derramada de un hombre como *sangres* (en plural) y no *sangre* (singular)? En Israel, un guía judío me explicó que la creencia rabínica era que cuando Caín mató a Abel, no mató a un hombre, ¡sino a toda una nación que nunca iba a nacer! Así, había voces clamando por medio de la sangre, gritando hacia el Creador de la humanidad; las voces eran las decenas de miles a quienes nunca se les permitió visitar la tierra o vivir en el planeta, porque un hombre justo había muerto. El suicidio de una persona causa el homicidio generacional de la totalidad de las futuras generaciones. Cada persona que vive está conectada con el pasado (sus antepasados) y con el futuro (su descendencia por nacer).

¿Realmente puede una persona ser tan importante a los ojos de Dios, simplemente una sola vida? Considere a Abraham, que no tuvo hijos por medio de Sara hasta que tuvo cien años; luego nació Isaac. Isaac se casó alrededor de los cuarenta años y fue bendecido con dos hijos, Esaú y Jacob (Génesis 25:25-26). El patriarca Jacob vio surgir de sus lomos a doce hijos que se convirtieron en los padres de las doce tribus de Israel. Después de muchos años, setenta almas salieron de Jacob (Éxodo 1:5). Después de cientos de años esos setenta hombres se convirtieron en seiscientos mil hombres de guerra en el momento del éxodo de Israel de Egipto (Éxodo 12:37).

Hoy en día hay más de 15 millones de judíos en el mundo, y según algunas estimaciones deberían ser 200 millones. Sin embargo, los 6 millones de judíos muertos en el Holocausto, que incluyeron 1,5 millón de niños, causaron una reducción de la población judía actual de una posibilidad de 200 millones a cerca de 15 millones que se consideran a sí mismos judíos por haber nacido de una madre judía.

Con todas las promesas bíblicas y del pacto que se realizaron a los judíos, si Satanás pudiera acabar con la raza judía o con Israel, él podría anunciar que Dios es mentiroso, ya que Dios le juró por sí mismo a Abraham que una gran nación saldría de él. Así, desde la simiente de un hombre emergió la nación de la promesa de Dios, Israel. Una simiente que es concebida puede reproducirse en mil años en una multitud de personas.

Por qué seguir un fracaso

La mayoría de la gente desea conectarse con una persona, un negocio o iglesia que sea "exitoso" en lo que está haciendo. No puedo entender por qué algunos hombres y mujeres eligen voluntariamente seguir a Satanás, cuando su historial es de completo fracaso. Fue creado como uno de los más magníficos seres angelicales, un querubín ungido, quien perdió su posición de liderazgo en el cielo, fue expulsado, y actualmente es un querubín desempleado.

Él también fue asignado como líder de adoración para dirigir las huestes angélicas en adoración a Dios en el sagrado monte santo, sin embargo, fue arrancado de la montaña y excomulgado del coro celestial de ángeles. Un tercio de las huestes angélicas fue engañado para que lo siguieran en su rebelión, creyendo que podría tener éxito en dominar y derrocar a Dios, y en capturar la sala del trono de Dios en una hostil operación de toma del poder, pero se encontraron con una feroz oposición y fueron expulsados por la fuerza del templo del cielo (Isaías 14:12-15; Ezequiel 28:11-15; Lucas 10:18). ¡Ese fue solo su pasado antes de que Adán fuera creado! ¿Y la gente quiere seguir a este fracaso?

Considere que, si sigue a este príncipe de las tinieblas, *el futuro de él es el futuro suyo*. Según la Escritura, él será expulsado del segundo cielo en una batalla con el arcángel Miguel en medio de la futura Gran Tribulación (Apocalipsis 12). Luego él tendrá un tiempo limitado para lograr lo que desee, pero después de cuarenta y dos meses estará cara a cara con uno de los mensajeros de Dios, que tendrá una cadena y una llave del abismo para atarlo por mil años (Apocalipsis 20:1-4). Después de ser desatado por un tiempo, su destino final será el lago de fuego, donde será confinado durante los siglos y siglos por venir (vv. 10, 14). Él fue, es y seguirá siendo un eterno perdedor ¡cuyo obituario fue grabado por Juan hace más de 1900 años!

Después que Satanás fue expulsado del cielo, Dios vino a la tierra y creó el primer hombre, Adán. Esta nueva creación se convertiría en el nuevo adorador y tendría comunión con Dios en el árbol de la vida (Génesis 3:8). Satanás lo odia a usted y a toda la humanidad, especialmente a aquellos cuya confianza está en el Señor, ¡porque lo ve como su reemplazo! Cuando él lo ve a usted, también puede *ver la imagen de Dios* que usted refleja.

El diseño demoníaco para las adicciones

Hace años experimenté una revelación de Dios de que el propósito de Satanás al dirigir multitudes a la adicción, al alcoholismo y a la rebelión era *¡alterar la imagen de Dios!* El abuso de sustancias adictivas cambia a la persona que usted realmente es. Cuando una persona está drogada o ebria, no es la "verdadera" persona, ya que comienza a emerger otra personalidad. Los hombres se vuelven ebrios y se convierten en abusadores de niños y golpeadores de esposas; cuando las madres se convierten en adictas, descuidan a sus hijos, lo cual es algo contrario a la naturaleza innata de una madre.

A lo largo de los años he hablado con, literalmente, cientos de hombres y mujeres que lucharon contra las adicciones y ahora están libres por medio del poder de Dios. Al preguntarles por qué recurrieron a las drogas y al alcohol, alrededor de nueve de cada diez me dio la misma respuesta. Respondieron: "Lo hice para aliviar el dolor y las heridas que sentía en mi vida".

Después de oír esta respuesta una y otra vez durante muchos años, vi otro aspecto de la estrategia de Satanás. Al mantener a una persona drogada o ebria, el enemigo también los está adormeciendo hasta el punto en que no pueden sentir el gozo y la paz que provienen de la presencia de Dios. La presencia de Dios no es emociones, pero hay una respuesta emocional cuando una persona siente el poder de Dios, especialmente por primera vez. Cuanto más insensible esté en su interior, menos probable es que usted vaya a sentir la fuerza de la convicción espiritual de pecado de parte del Espíritu Santo, y aun menos probable que sea capaz de sentir la paz y el gozo que irradia de la presencia del Espíritu Santo. Con el tiempo será adormecido y embotado hasta la muerte. El abuso de sustancias adictivas es un falso "elevarse" que conduce a un descenso mortal.

Miles de personas de todas las edades han sido liberadas de pensamientos suicidas y autoabuso después de oír un "testimonio" de cómo Cristo liberó a otros de ataduras similares. Un creyente tiene una gran fuente de poder que puede construir un escudo de fe en una persona cuya confianza fue quemada por los dardos encendidos de ataduras cuando alguien que ahora es libre de la misma prisión de muerte le comparte su testimonio personal. Un testimonio da evidencia de que Dios es capaz de liberar a quienes piden y creen y está dispuesto a hacerlo. Pablo se puso de pie delante de los líderes romanos y dio el testimonio de su vida antes y después de Cristo, llevando, a menudo, a los oyentes a la convicción y, a veces, agitando a los fariseos religiosos hasta el punto de que desearan la muerte de Pablo. Los judíos religiosos que rechazaron a Cristo como el Mesías eran amenazados por la conversión de Pablo ya que el apóstol era un destacado y muy respetado rabino judío antes de su conversión camino a Damasco.

Usted puede vencer a Satanás por "la sangre del Cordero y por la palabra de [su] testimonio" (Apocalipsis 12:11). Su testimonio es un arma de guerra, una flecha encendida que puede penetrar en el corazón más duro y derretirlo. Es su *testimonio* el que puede convertirse en una semilla de influencia e influenciar a otros y llevarlos a seguir su ejemplo. Si el adversario puede estropear su testimonio, puede romper su influencia entre quienes lo están observando para ver si usted realmente vive la vida que predica que debe vivirse. Un firme testimonio puede ser la primera llave para abrir la puerta de liberación a quienes están en cautividad espiritual.

Los que se cortan y muchos que tienen pensamientos suicidas tienen inmediata necesidad de tres cosas de parte de una persona o grupo de individuos amables y cariñosos. Lo primero es amor e interés. Nunca tome a la ligera a un niño o joven que dice estar siendo intimidado en la escuela, o a una chica que llora en su habitación por una relación rota, o a un hombre deprimido por haber perdido su trabajo. En ese momento, es necesario que ellos no estén aislados; necesitan un amigo que hable con ellos y mantenga su mente activa con otras cosas; no sentarse solos con la tristeza y el dolor.

En segundo lugar, el amigo o grupo debe ver si puede intervenir en la situación que ha originado los pensamientos negativos. Se necesita una gran motivación y un recordatorio de que las cosas no siempre serán como son, y que Dios tiene un buen plan para sus vidas.

En tercer lugar, sobre todo, necesitan ser ministrados espiritualmente para poder recibir una renovación del gozo, la paz y un nuevo sentido de la fe. Esto proviene del Espíritu Santo y la Palabra de Dios.

Jesús apareció de repente en la vida de un hombre que estaba siendo movido por espíritus malignos hacia tendencias suicidas y a hacerse cortes. Cuando los espíritus fueron echados fuera, el hombre estuvo "sentado, vestido y en su juicio cabal" (Marcos 5:15). Cuando usted recibe el pacto de redención y acepta a Jesús en su situación, la presencia tangible de Cristo llena su corazón y la atmósfera, brindándole descanso (estar sentado), cubriéndolo con su presencia (vistiéndolo), y renovándolo con una mente sana.

En nuestro centro de reuniones OCI (Omega Center International) de Cleveland, Tennessee, los martes por la noche tenemos un servicio dirigido a acercar a la gente a Dios y ver liberados a los oprimidos por medio de música ungida, predicación y ministración en el altar. Como escribí antes en este capítulo, he descubierto dos cosas acerca de quienes se cortan o quienes se sienten al borde del suicidio. Ambos por lo general han experimentado ruptura de relaciones y sentimientos de desesperanza. Es responsabilidad de los creyentes individuales extender amor incondicional a aquellos cuyas emociones están deshechas y sus corazones quebrantados, permitiendo que el amor de Dios sea el bálsamo que traiga sanidad.

Cuando Cristo predicó su primer sermón en Nazaret, citó Isaías 61 al decir:

> El Espíritu del Señor está sobre mí, por cuanto me ha ungido para dar buenas nuevas a los pobres; me ha enviado a sanar a los quebrantados de corazón; a pregonar libertad a los cautivos, y vista a los ciegos; a poner en libertad a los oprimidos.
>
> —Lucas 4:18

Cristo vino a traer la libertad a los "cautivos". La palabra griega que se usa en este pasaje significa "alguien tomado como prisionero de guerra a punta de lanza". Estos prisioneros del reino de Satanás son cautivos de sus propios deseos carnales, que están dando a luz semillas de destrucción. Cristo además sana a los quebrantados de corazón. La palabra griega para "quebrantados de corazón" es *suntribo*; significa "triturar completamente, destruir y romper en pedazos". La analogía es la de una hermosa vasija de barro que se cae al suelo y se destroza en muchos pedazos.

Las relaciones rotas y las traiciones conducen a sentimientos de pena, angustia y dolor. Cristo pone en libertad a quienes están *quebrantados*; a los abatidos. El Espíritu del Señor manifiesta una unción especial para ministrar a los *cautivos, a los quebrantados de corazón y a los oprimidos*.

Este hecho debe ser una fuente de aliento para los que se sienten rechazados, traicionados y solos. ¡El mismo Cristo que liberó al hombre de Gadara de sus fortalezas demoníacas, liberará a cualquier persona que caiga y comience a adorarlo a Él!

Capítulo 5

GRIETAS HUMANAS EN VASOS DE HONRA

HACE MUCHOS AÑOS MIS REUNIONES EVANGELÍSTICAS se extendían desde una semana a un promedio de tres semanas en cada iglesia. A veces eran como un maratón y continuaban durante cinco a once semanas, ¡a veces todas las noches! A finales de la década de 1990 nuestro ministerio estaba creciendo, así que contratamos personal que nos ayudara a atender los pedidos, contestar el correo, y diseñar gráficos para nuestra revista Voice of Evangelism (VOE) (Voz del Evangelismo), junto con otras importantes actividades relacionadas con el ministerio. Estar tanto tiempo fuera de la oficina hacía que resultara muy difícil tanto para mí mismo como para nuestro personal, ya que cuando volvía a casa, solía tener agendado un día para actualizarme con el correo de semanas y prepararme para el próximo avivamiento. Eso también creaba una excelente oportunidad para que los niveles de estrés se elevaran.

En una ocasión había predicado durante tres semanas y tenía un día para trabajar en la oficina, por lo que requerí que el personal se quedara horas extras para hacer el trabajo. Una de nuestras empleadas tenía que ayudarme a responder mi correo personal. Descubrí que ella había pasado unos veinticinco minutos en una llamada personal con algunos amigos. Yo estaba cansado, irritado y frustrado, ya que se escapaba el valioso tiempo. Fui a la oficina y, como dice la vieja expresión, "arremetí contra ella" por perder el tiempo y no centrarse en su trabajo. Ella corrió al baño llorando. Llamé a mi esposa y le hablé del incidente. Mi esposa dijo: "Si ella está tan molesta, probablemente has perdido una empleada". No solo renunció unas semanas después, sino que también añadió a otros a su ofensa, diciendo cosas negativas de nosotros a su familia y sus amigos más cercanos. En retrospectiva, había una grieta en mi armadura, y fui expuesto a la ira cuando la grieta se hizo más grande. Pedí perdón por mi arrebato; sin embargo, en la vida algunas fisuras se convierten en desfiladeros, cada vez más difíciles de cruzar.

A veces los cristianos se decepcionan de sus pastores y ministros cuando empiezan a ver *grietas humanas en los vasos escogidos*. Para evitar ser heridos, muchos pastores y ministros tienen muy pocos amigos íntimos en sus propias iglesias, pues han aprendido que las personas tienden a volverse contra ellos después de observar constantemente su *humanidad* más que su *espiritualidad*. Cristo tuvo doce discípulos. Sin embargo, había ocasiones en que tenía solo tres—Pedro, Santiago y Juan—que se unían a Él en momentos espiritualmente más íntimos, mientras que los otros nueve permanecían detrás. Esto es interesante por las siguientes razones.

En el Monte de la Transfiguración la *gloria* de Dios cubrió a Cristo cuando Él, personalmente, se reunió con dos grandes profetas de Israel: Elías y Moisés. En vez de estar presentes los doce discípulos, los tres del círculo más cercano—Pedro, Jacobo y Juan—estaban presentes y honrados de ver a Cristo en la cumbre de su poder, su ministerio y su gloria. Estos tres podrían tener "derecho a jactarse" de que se les permitiera estar en un lugar donde a otros no. Esto se compararía hoy con los compañeros de ministerio cercanos que han estado con el pastor o evangelista desde los primeros días, cuando las multitudes eran menores, las ofrendas escasas y no había nada más que oración y fe para apuntalar el ministerio. Después de años de crecimiento, ahora son invitados a sentarse en la primera fila, en asientos especiales *vip* de una nueva instalación a la que asisten miles de personas, para hablar de cómo estuvieron con usted cuando no tenían nada más que una Biblia y la fe en Dios.

Cambie la escena del *Monte* de la Transfiguración a un pequeño *valle* oriental llamado el Jardín de Getsemaní, situado en el borde del valle de Cedrón en Jerusalén. Cristo dio instrucciones a ocho de sus discípulos personales de que se quedaran cerca del límite del jardín, pero invitó a Pedro, Jacobo y Juan a ir *un poco más lejos*, a internarse más en el jardín (Mateo 26:36-39). A estos tres discípulos del *círculo más cercano* se les permitió ser testigos de Cristo mientras Él sufría la agonía de su muerte inminente, cuando su sudor se volvió como grandes gotas de sangre (Lucas 22:44). ¿Dónde estaban Moisés y Elías ahora? ¿Dónde estaba esa blanca nube de gloria que envolvió a Cristo, y la voz del cielo orgullosa de Él, llamándolo "Hijo" (Mateo 17:1-6)? Cristo ha pasado de los días de gracia y de gloria en una montaña a la hora de la prueba en el valle de *sangre* y sudor mezclado con sangre. Pronto, todos menos uno de los discípulos, Juan, lo abandonarían.

¡Grandes multitudes seguirán su ministerio cuando usted esté proveyendo sándwiches de pescado y los milagros estén fluyendo! En la crucifixión, ¿dónde estaban los mismos cinco mil hombres a quienes Cristo alimentó (Mateo 14:19-21), o los setenta hombres que llamó para que fueran y sanaran a los enfermos y echaran fuera demonios (Lucas 10:1)? Es más fácil *recibir* una bendición que *impartir* una bendición. ¿Qué pasó con las multitudes que gritaban *Hosanna* y agitaban palmas, ahora que Jesús está en el punto crítico de su vida, a punto de colgar entre el cielo y la tierra, abandonado por todos los hombres, excepto por su discípulo favorito y su madre, quienes se pararon al pie de la cruz (Juan 19:26-27)?

Cristo era fuerte, sabio, valiente y ungido. Para los seguidores casuales de Cristo, ¡no era de esperar que las cosas terminaran con su muerte violenta! Según los sabios, ¿no había nacido Él como Rey de los judíos (Mateo 2:2)? ¿Dónde está la guardia de este Rey, el ejército de este Rey, el equipo secreto de rescate angelical de este Rey, que proveyera una vía de escape de la sentencia de muerte que Cristo afrontó? Su nacimiento captó la atención del cielo ya que los ángeles cantaron y hubo una amorosa visita de pastores comunes que habían estado vigilando sus rebaños, pero ahora estaban yendo a ver al niño destinado a convertirse en el Gran Pastor. Como Rey fue visitado por hombres sabios con regalos costosos, pero como ser humano, su nacimiento se produjo en un establo. *Él podía caminar sobre el agua, con su divinidad, pero su propio sudor se volvió como sangre en su humanidad.* Las multitudes lo abandonaron cuando descubrieron que su poder milagroso no lo liberaba de sus propios enemigos.

Lo mismo ocurre con un ministro del evangelio. Cuando su propia predicación no puede librarlo de sus "demonios" personales, la congregación se dispersa, se corta el sistema de sonido y se apagan las luces, mudándose a otro pastor en otra pastura. Se oye balar a la oveja herida: "Él no practicaba lo que predicaba", o "Él era un hipócrita". En lugar de quejarse porque él no practicó lo que predicaba, deberíamos considerar por qué lo que predicaba no venció algo de lo que practicaba.

La respuesta no es simple; no hay una respuesta que pueda explicar los diversos fracasos. En sí y por sí la Biblia es simplemente un libro con palabras impresas, con una cubierta de cuero, *mientras solo se la coloque en la mesa de café.* Cuando el libro se lee solo como historia, se convierte en historias e instrucción para el lector. Sin embargo, si las palabras de la Biblia son energizadas por la fe y cobran vida para el lector por el poder vivificante del Espíritu

Santo, ¡entonces se vuelven efectivas y transformadoras de vidas! La Biblia puede ser predicada y no creída, o predicada y no practicada. A menos que las palabras de la Biblia sean seguidas por la persona que las lee, no tendrán ningún impacto sobre esa persona ni sobre los miembros y ministros de una iglesia.

Muchas veces un ministro o evangelista muy conocido y respetado se ha parado en el pináculo del reconocimiento mundial, solo para ser arrojado a un pozo de desesperación, como resultado de un fracaso moral o un pecado autoinfligido. Cuando eso sucede, sus seguidores más leales comienzan a dispersarse lejos de él como personas asustadas que huyen de la radiación de una planta nuclear con fugas. Estas grietas humanas en vasos escogidos son algo que se soporta en *privado*, pero resulta otra cosa muy distinta cuando son expuestas en *público*.

Como creyentes debemos darnos cuenta de que los *hombres de Dios* son primero hombres y después hombres de Dios. Cuando Cristo escogió a sus doce discípulos, muchos eran pescadores profesionales, familiarizados con la captura de peces. Jesús les dio instrucciones de que lo siguieran, y Él los haría pescadores de hombres (Mateo 4:19). Jesús tuvo que *llevarlos* primero antes de *hacerlos:* formar el carácter que soportaría la crisis. Le llevó cuarenta y dos meses de continuo entrenamiento en el trabajo, y cuando llegó la crisis de la crucifixión, uno (Judas) se quitó la vida, uno (Pedro) maldijo y negó a Cristo, y uno (Tomás) no creyó que Cristo hubiera resucitado de la muerte. Imagínese tres de los doce aprendices originales para el ministerio: uno muerto (Judas), uno huyendo (Pedro), y uno rojo de vergüenza por su incredulidad (Tomás). Los creyentes tienden a mirar la *integridad actual* de una persona para juzgar su *éxito futuro*. ¿Qué pasaría si tuviéramos que cavar en el pasado de una persona y luego juzgar el éxito futuro de esa persona sobre la base del pasado previo a su conversión a Cristo?

Mi abuelo relató esta historia hace muchos años. Una iglesia necesitaba un pastor. Uno de los ancianos estaba interesado en saber qué tipo de ministro deseaban. Por lo tanto, mandó una carta, escribiendo como si fuera un aspirante al puesto. Él leyó esta carta ante el comité de selección:

> Caballeros:
> Entendiendo que su púlpito está vacante, quisiera solicitar el puesto. Tengo muchas calificaciones que creo que ustedes valorarían. He sido bendecido para predicar con poder y he tenido cierto éxito como escritor. Algunos dicen que soy un buen organizador. He sido un prestamista en la mayoría de los lugares adonde he ido.
> Algunas personas, sin embargo, tienen algunas cosas contra mí, ya que tengo más de cincuenta años de edad. Nunca he predicado en un lugar durante más de tres años ininterrumpidos. En algunos lugares he dejado la ciudad después de que mi trabajo causara disturbios y perturbaciones. Tengo que admitir que he estado en la cárcel tres o cuatro veces, pero no debido a ningún verdadero delito. Mi salud no es demasiado buena, pero aun así he logrado mucho. He tenido que trabajar en mi oficio para ayudar a cubrir mis necesidades. Las iglesias a las que he llegado han sido pequeñas, aunque están ubicadas en varias ciudades grandes. En muchas ciudades no me he llevado demasiado bien con otros líderes religiosos. De hecho, algunos de ellos me han amenazado, me han llevado a los tribunales, y hasta me atacaron físicamente por causa de mi predicación. Yo no soy muy bueno en llevar registros, e incluso se me ha conocido por olvidar a quien bauticé. Sin embargo, si ustedes pueden usarme, voy a dar lo mejor de mí por ustedes, aun si tuviera que trabajar para ayudar a sustentarme.

El anciano leyó esta carta al comité y preguntó si estaban interesados en el solicitante. Cada uno respondió que él nunca trabajaría en su iglesia. No estaban interesados en un expresidiario poco saludable, de mediana edad, pendenciero y distraído. De hecho, se sintieron insultados porque tal persona enviara una solicitud para aspirar al pastorado de su respetada iglesia de la ciudad, que era conocida por la poderosa predicación del Nuevo Testamento. Finalmente el comité preguntó el nombre del solicitante. "El apóstol Pablo", respondió el anciano, mientras los miembros del comité se sentaban en silencio, muchos bajando la cabeza avergonzados. *Cada creyente debe estar agradecido de que Dios no considere el pasado para determinar el futuro.*

Cada ministro del evangelio debe equilibrar una vida entre dos mundos: el natural y el espiritual. Por la mañana es esposo y padre. Al mediodía es un consejero que dirige la reunión del personal, y por la noche es un comunicador del evangelio y un pastor. Viste la túnica de obispo, la intercambia por la túnica de pastor, luego por un pijama en el hogar donde el *predicador* es simplemente *Papi* para sus hijos. Esperamos que el predicador sonría todo el tiempo, sea paciente sin quejarse, que esté feliz y nunca triste, y que sea capaz de aceptar las críticas sin responder. Queremos que sea como Jesús, y, sin duda, esa debe ser la meta de todo ministro. Sin embargo, la bondad de Jesús se convirtió en rabia cuando Él volcó las mesas de los cambistas (Mateo 21:12-13). Su paciencia se acabó con los fariseos, y escogió palabras fuertes como "hipócritas" para describir a estas serpientes de las sinagogas (Mateo 6:16). Los críticos también fueron confrontados cuando desafiaron la credibilidad de Cristo.

Los creyentes deben reconocer que todos los soldados de la fe—desde los *generales* de más edad que dirigen programas de misiones globales, o eventos de megaiglesias, hasta la *primera clase privada* que cuida de los bebés en la guardería—son vulnerables al cansancio, al desánimo, a la enfermedad, y a los ataques satánicos. Después de muchos años de ministerio itinerante a tiempo completo en iglesias de treinta y cinco estados, y de reunirme personalmente con ministros y miembros que fueron duramente golpeados en la batalla, estos son siete factores que desgastan a los creyentes y pueden producir grietas en vasos de honra.

Cuidado con las distracciones

El soldado romano era vulnerable a la fatiga, a la enfermedad y a muchas adversidades fuera de la batalla que podían desgastarlo. El soldado cristiano también es vulnerable a fuerzas y situaciones que pueden agotar innecesariamente su energía y traerle distracciones mentales. Estos son siete de los factores más comunes que pueden desgastar nuestra fuerza espiritual.

1. No recibir una unción fresca en una nueva batalla

Cada nuevo conflicto necesita una unción fresca. Cuando los métodos y las estrategias contra usted cambian, el nivel de unción para la batalla debe cambiar. La progresión de las batallas de David comenzó con un oso, luego un león, luego un gigante, seguido de la nación filistea. Primero hubo un oso. El peligro de un oso se encuentra en sus garras, pero la fuerza de un león está en su boca. Un gigante como Goliat hizo una amenaza mostrando sus grandes armas, y los filisteos podían intimidar con su gran número de soldados. La unción es el poder interior de Dios que mora en el creyente lleno del Espíritu Santo y se manifiesta en momentos de ministerio o según sea necesario cuando se trata con los poderes del enemigo. Así como la luz se apaga cuando las lámparas antiguas quedan sin aceite, una vida de oración descuidada puede hacer que el fuego se apague o la unción disminuya. Cuando comienza la batalla, la presencia de Dios debe ser su fuente de vida, y la armadura su protección.

2. Reemplazar la oración por la alabanza

Alrededor de 1906, durante el avivamiento de la Calle Azusa, fue dada una advertencia profética que básicamente decía que en los últimos días la iglesia llegaría a un punto en que *adoraría* a un

Dios al que no oraría. El énfasis espiritual estaría en la *adoración* y no en la *oración*. Cuando la música es atractiva, el sistema de sonido bueno, y la armonía de los cantantes cautivante, los creyentes pueden sentarse o a veces estar de pie largamente para disfrutar del mejor sonido de la ciudad. Pero ¡trate de inspirar al mismo grupo al convocar a un servicio de intercesión de una hora en el que puedan hablar cara a cara con Dios! Las multitudes se dispersan y asisten al servicio de oración los pocos fieles. Preste atención... ¡no podemos sobrevivir a una batalla sin saber cómo orar! Efesios 6:18 nos dice: "Orando en todo tiempo con toda oración y súplica en el Espíritu, y velando en ello con toda perseverancia y súplica por todos los santos".

En un capítulo anterior mencioné que la oración es como la jabalina que el soldado romano disparaba al enemigo antes de entrar en batalla. Cuando usted alaba, la alabanza asciende al cielo y permanece, pero cuando ora, ¡lo que sube finalmente volverá a descender! *La alabanza beneficia a Dios, pero la oración lo beneficia a usted.*

3. Hacerse cargo de batallas que no se le asignaron

La gente carnal que no tiene ninguna relación con Dios puede ser un *volquete*. Quieren verter la culpa sobre usted, sus problemas sobre usted, sus obligaciones financieras sobre usted, y vierten todo lo que no quieren sobre quienquiera que lleve su basura por ellos. Esto no quiere decir que hemos de evitar ser compasivos y cuidar de alguien que está lejos de Dios o que no está dispuesto a seguirlo. Sin embargo, no se ponga cargas autoimpuestas ni invite usted mismo a la opresión. No se haga cargo de los problemas de todos los demás ni de preocupaciones innecesarias que Dios no le ha asignado. Con fe y oración, busque soluciones para sus propios problemas; maneje las crisis de su propia familia y las otras batallas que Dios permite que usted afronte, pero nunca deje que lo metan en la batalla de otra persona solo por la batalla misma.

4. Ir adonde no fuimos llamados

Hay una diferencia entre ser *llamado* y tener una *carga*. Por ejemplo, usted puede tener una carga por el evangelismo foráneo o por las misiones foráneas, pero eso no significa necesariamente que usted esté llamado a ser un misionero y a vivir permanentemente en una nación en particular. Su llamado podría ser supervisar equipos de oración, organizar grupos misioneros, o proveer apoyo financiero para que otros realicen un viaje misionero. Durante mi ministerio he visto a hombres y mujeres tener un encuentro con Dios que puso su mundo patas arriba. En su celo por seguir a Dios, comenzaron a buscar qué ministerio podrían tener para el Reino. A veces su celo excedía su sabiduría, y dejaban la escuela, dejaban su trabajo, o hacían una transición repentina cuando no se abrían puertas. *Quédese donde ha sido plantado, crezca donde está, y produzca fruto mientras crece.* Dios tiene las llaves para bloquear y desbloquear puertas, así que no abra por la fuerza puertas que están cerradas ni cierre puertas que están abiertas.

5. Pasar más tiempo con los hombres que con Dios

Después de haber sido llamado al ministerio, yo seguía siendo un adolescente que viajaba a pequeñas iglesias rurales y predicaba en su mayoría a cristianos. Uno de mis mentores espirituales, un hombre poderosamente usado por Dios para manifestar su poder, me llamó a su oficina y dijo: "Perry, si vas a ser usado por Dios, debes pasar más tiempo con Dios que con los hombres". Sus palabras traspasaron mi espíritu, y sentí convicción de mi falta de tiempo de oración. Desde ese momento en adelante, y hasta este día, mi día normal incluye pasar de ocho a diez horas en estudio y oración o meditando en el Señor—por lo general una combinación de los tres. Si usted no es cuidadoso y vigilante, su vida en la red social reemplazará su tiempo de oración. Cuando usted es absorbido por los hombres, pensará como los hombres, y cuando es absorbido por Dios, pensará como Dios.

6. Pelear la guerra equivocada

Mi esposa tiene una página en Facebook y, a menudo se divierte y a veces le impacta la reacción a diferentes artículos o comentarios que ella postea. Está muy claro que gran número de cristianos no solo no sabe contra qué está luchando, sino que realmente está peleando una guerra equivocada. Creen que su guerra es con otro cristiano que cree de manera diferente a la suya, o que su lucha es sobre un particular tema doctrinal con el cual no concuerdan. Otros son autoproclamados perros guardianes de la fe y creen que están llamados a defender sus posiciones, las que, por supuesto, son las únicas interpretaciones correctas de la Escritura. Cuando una denominación ataca a otra, y un ministerio a otro, el enemigo se ríe y disfruta de unas minivacaciones, sabiendo que los pecadores nunca se sentirán atraídos por una iglesia que se especializa en luchar unos contra otros.

7. Usar las armas equivocadas

Dios nos ha dado las armas para derribar fortalezas: las fortalezas internas que llevan cautiva nuestra mente y las fortalezas externas que forman adicciones y ataduras en nuestra vida. La Biblia dice:

> Pues aunque andamos en la carne, no militamos según la carne; porque las armas de nuestra milicia no son carnales, sino poderosas en Dios para la destrucción de fortalezas, derribando argumentos y toda altivez que se levanta contra el conocimiento de Dios, y llevando cautivo todo pensamiento a la obediencia a Cristo.
> —2 Corintios 10:3-5

Cuatro estrategias

Ahora que conocemos los siete factores que pueden agotarnos, estas son cuatro estrategias que nos ayudan a vencer en estas batallas de los últimos tiempos.

1. La Palabra debe declararse y no solo meditarse.

Ya que los dardos de Satanás son enviados contra la mente humana, y el campo de batalla es la mente, la Palabra de Dios no solo debe pensarse en la mente; debe ser pronunciada. La razón es que lo que está dentro del corazón y de la mente se manifestará por las palabras de la boca. Hay algunas cosas que tientan a una persona que no pueden tentar a otra, porque no están en absoluto en el corazón de la persona. *Los dardos de fuego solo pueden incendiar aquello a lo que ya se le ha puesto combustible.* Mucho antes de que ocurra una cosecha de fracaso, las semillas de la derrota fueron plantadas en el campo de la mente y del espíritu. Dado que la boca habla lo que está implantado en la mente, la Palabra de Dios debe declararse en forma audible.

Cristo es el ejemplo de declarar la Palabra escrita en voz alta para anular el ataque mental de Satanás (Mateo 4:1-10). Durante la tentación de Cristo se le arrojaron tres flechas diferentes. Cada vez Cristo citó las Escrituras para apagar el misil encendido. Si Satanás plantaba el dardo en la mente de Cristo, Cristo lo anulaba cuando pronunciaba la Palabra en la atmósfera. *La Palabra de Dios declarada siempre es superior a las palabras que Satanás declara.* ¡El poder escondido en cada palabra se manifiesta cuando se mezcla con la fe y se declara con autoridad!

2. Un creyente puede utilizar la profecía personal como arma.

Cuando Pablo le escribió a Timoteo, le dio instrucciones:

> Este mandamiento, hijo Timoteo, te encargo, para que conforme a las profecías que se hicieron antes en cuanto a ti, milites por ellas la buena milicia, manteniendo la fe y buena conciencia, desechando la cual naufragaron en cuanto a la fe algunos.
>
> —1 Timoteo 1:18-19

Timoteo era un joven pastor que ministraba entre creyentes mayores, establecidos, algunos de los cuales lo consideraban demasiado joven para esta clase de ministerio grande (1 Timoteo 4:12). Aparentemente, hubo una confrontación con algunos de los ancianos, ya que a Timoteo se le dieron instrucciones de no reprender a un anciano (1 Timoteo 5:1). Timoteo estaba experimentando un *espíritu de temor*, o en el griego, un *espíritu de timidez* o *intimidación*, como consecuencia de este conflicto. Cuando Timoteo fue comisionado por Pablo a Éfeso, los presbíteros impusieron las manos sobre él y le impartieron dones espirituales. Pablo instruyó a Timoteo: "No descuides el don que hay en ti, que te fue dado mediante profecía con la imposición de las manos del presbiterio" (1 Timoteo 4:14). Este versículo indica que el Espíritu Santo usó a Pablo para darle una palabra profética a Timoteo, y Pablo instruyó a su hijo espiritual en la guerra, o a ganar esta batalla, con las profecías que se hicieron ante él cuando el Espíritu hubo indicado que Timoteo era llamado y asignado a esa iglesia.

En la lucha con ataques verbales, mentales y físicos, incluyendo tentaciones, Cristo es nuestro ejemplo ya que citó la Palabra de Dios para resistir los dardos mentales de Satanás (Mateo 4:1-10). Cuando usted tiene una verdadera palabra profética declarada sobre su destino, cuando el enemigo intenta robar su futuro, usted debe recordarle las palabras y la promesa que el Espíritu Santo le ha dado y luchar con las profecías que le han precedido. Esto incluye los sueños espirituales, las visiones y las palabras personales que le fueron dadas a usted por el Espíritu Santo.

3. Tenemos que luchar conociendo la voluntad de Dios (Hebreos 10:36).

Este es un concepto poderoso. Estar en la voluntad de Dios significa que nada puede adelantarse a Dios, ni sorprender a Dios, ni siquiera afectar su destino a menos que sea permitido por la voluntad de Dios. La *voluntad de Dios* es el propósito de Dios prediseñado para su vida. La voluntad de Dios es que usted sea lo que es, quien es, donde usted está en ese momento. Ya que los pasos de un hombre bueno son ordenados por el Señor (Salmos 37:23), cada parte de su vida está dirigida, aun cuando las circunstancias parezcan de otro modo. Job seguía estando en la voluntad de Dios incluso cuando perdió a sus hijos, su riqueza y su salud.

Hace años un destacado ministro tuvo un ataque al corazón y estuvo a las puertas de la muerte. Su jefe era un notorio ministro que oraba por los enfermos y vio grandes milagros. El ministro llegó a la Unidad de Cuidado Intensivo del hospital, se inclinó, y le preguntó a su colega: "¿Cree que Dios ha terminado con usted?". El hombre lentamente dijo que no con la cabeza. La segunda pregunta fue: "¿Cree que la voluntad de Dios es sanarlo?". Él lentamente asintió con la cabeza. El ministro hizo una poderosa oración de fe, y el hombre fue levantado de su lecho de muerte y vivió durante muchos años más. *¡Él luchó para escapar de la muerte a la vida con el conocimiento de la voluntad de Dios!* Cuando usted sabe quién es, lo que es, adónde va, y cómo va a llegar allí, porque usted conoce la voluntad de Dios, el enemigo no lo puede mover. Usted y Dios conocen el plan y el propósito de su vida.

4. Guarde las palabras de su boca (Proverbios 18:21; Marcos 7:20-23).

Yo seré el primero en confesar dos cosas de mí mismo que no me gustan y en las que tengo que trabajar continuamente. Primero, tiendo a decir demasiado. A veces doy demasiada información, y, a veces comparto mis sentimientos cuando simplemente debería callarme. La segunda es que tiendo a hablar muy rápidamente, dando una opinión primero y pensando después, en lugar de pensar primero y luego hablar. *He descubierto de la manera difícil que usted nunca tendrá que recordar palabras que nunca dijo ¡ni recordar las palabras negativas que nunca fueron dichas!* En el Nuevo Testamento, Santiago dijo mucho acerca de la lengua (o las palabras).

Santiago en su epístola estaba tratando con la vida y la conducta cristianas. En el capítulo 1, enfatizó la importancia de soportar la prueba y la tentación. En el capítulo 2 enseñó cómo tratarse unos a otros en la Iglesia con el mismo respeto y la necesidad de combinar la fe y la acción para demostrar que usted es un verdadero creyente. En el capítulo 3 escribió sobre la disciplina de la lengua y el controlar lo que uno dice.

Santiago eligió tres analogías diferentes en Santiago 3 para demostrar al lector la importancia del dominio propio: *un freno, un timón* y *un fuego* (vv. 3-6). El freno se coloca en la boca de un caballo para controlar la dirección de todo el cuerpo del animal. El timón está construido en la parte posterior de un barco, y cuando el capitán gira el timón se puede determinar la dirección de toda la nave. Una pequeña chispa ha provocado incendios masivos, quemando cientos de hectáreas que no pueden ser controladas una vez que el fuego se propaga. Un freno es pequeño en comparación con un caballo, un timón es pequeño en comparación con todo el barco, y una chispa parece nada cuando se la compara con todo el fuego. Así también la lengua es un miembro pequeño del cuerpo, ¡pero a veces puede causar más daño que todo un incendio descontrolado! Los hombres pueden domar a un oso salvaje y a un león aunque tienen dificultades para domar sus propias lenguas. Proverbios 18:21 dice: "La muerte y la vida están en poder de la lengua". El apóstol Pedro añade: "El que quiere amar la vida y ver días buenos, refrene su lengua de mal, y sus labios no hablen engaño" (1 Pedro 3:10).

Una lengua indómita "inflama la rueda de la creación" (Santiago 3:6). La palabra griega para "rueda" aquí es *trojós*; significa, "una rueda", refiriéndose a un circuito que recorre un corredor, o al circuito de la vida humana. La palabra griega para "creación" significa "procreación, nacimiento y natividad". La frase se refiere a la rueda o conjunto de procesos de la vida que se ponen en movimiento desde el momento de nacer, continuando a lo largo de toda nuestra vida. Desde el comienzo de la vida en nuestras mentes se implantan imágenes por causa de las palabras. Hay hombres y mujeres que están encarcelados hoy, porque cuando era niños o adolescentes, alguien encendió su mente y su espíritu con palabras negativas o peligrosas, que pusieron en movimiento una rueda de destrucción, moviéndolos de un evento destructivo a otro. Quien dijo: "Los palos y las piedras pueden romper mis huesos, pero las palabras nunca me harán daño", al parecer nunca fue insultado o maltratado, maldecido o ridiculizado con palabras, porque las palabras negativas y llenas de odio aplastan el espíritu y levantan fortalezas en la mente.

Hay varios tipos de palabras, incluyendo palabras amargas (Salmos 64:3), palabras de odio (Salmos 109:3), palabras que halagan (Proverbios 2:16), palabras ásperas (Proverbios 15:1), y palabras hirientes (Proverbios 18:8). Por otro lado, hay palabras de verdad (Proverbios 22:21), palabras de sabiduría (Proverbios 19:27), palabras limpias (Proverbios 15:26), y palabras de prudencia (Proverbios 23:9). La condición espiritual y la actitud de un hablante determinarán si fluirá agua amarga o dulce de sus palabras. Se nos informa: "No te des prisa con tu boca...sean pocas tus palabras" (Eclesiastés 5:2). Luego Santiago escribió que simplemente debemos dar respuestas de sí o no para no entablar una conversación que finalmente llevará a alguna forma de condenación (Santiago 5:12).

Santiago enseñó que si usted puede refrenar su lengua y no ofender a los demás con sus palabras, entonces es un "varón perfecto" (Santiago 3:2). Solo mediante la sabiduría divinamente inspirada que viene de arriba una persona puede gobernar el miembro más rebelde de nuestro cuerpo: la lengua (v. 8). Los hombres y mujeres sabios son conocidos por sus buenas conversaciones y sus buenas obras (v. 13). Nuestra oración debe ser siempre: "Sean gratos los dichos de mi boca y la meditación de mi corazón delante de ti, oh Jehová, roca mía, y redentor mío" (Salmos 19:14). Alguien dijo que siempre debemos pensar antes de hablar, pero hay momentos en que, para evitar la discusión y la confrontación, simplemente deberíamos ponernos "de acuerdo con [nuestro] adversario pronto" (Mateo 5:25) y movernos antes de que las chispas de la lengua enciendan una tormenta de fuego que no puede ser apagada.

De vez en cuando la gente buena quedará expuesta por una grieta o una debilidad. Eso, sin embargo, no los exime de ser usados por Dios, ya que Dios rara vez utiliza vasos perfectos, escogiendo, en cambio, vasos dispuestos y obedientes. Extienda perdón y misericordia a aquellos cuyas batallas han partido su armadura, abollado su reputación, y herido su alma. *Usted nunca sabe cuando podría necesitar la misma misericordia que les está extendiendo a otros.* Pablo recuerda a los creyentes:

> Amados hermanos, si otro creyente está dominado por algún pecado, ustedes, que son espirituales, deberían ayudarlo a volver al camino recto con ternura y humildad. Y tengan mucho cuidado de no caer ustedes en la misma tentación.
>
> —Gálatas 6:1, ntv

Trate a todos los soldados espirituales y morales que desean recuperarse de sus heridas de la misma manera que usted desearía ser tratado si estuviera en esa situación. Hemos perdido demasiados guerreros espirituales a lo largo de los años porque hemos permitido que mueran desangrados al intentar curar una herida autoinfligida. Los militares de EE. UU. entran en pleno fuego para rescatar a un soldado herido y conseguir ayuda médica, y el ejército es una hermandad. Que la iglesia aprenda esta lección de nuestro ejército: nunca abandone a la muerte a un soldado herido.

Capítulo 6

CUANDO LOS CREYENTES COMIENZAN A DESMAYAR

•••••••••••••••

En Lucas 18 Cristo dio una parábola de una mujer que fue a un juez injusto, rogándole que la vengara de su adversario. El juez la ignoraba continuamente, pero al darse cuenta de que ella nunca lo dejaría descansar mientras no cesara de pedirle, le concedió el pedido de su corazón. Enfatizando la persistencia de la mujer, leemos estas palabras: "Para mostrarles que debían orar siempre, sin desanimarse" (Lucas 18:1, NVI). La versión Reina Valera dice: "La necesidad de orar siempre y no desmayar". El significado general de desmayar, en un sentido espiritual, es volverse pusilánimes, desanimarse o sentir una sensación de desesperación.

La idea de debilitarse significa "relajarse o aflojarse o debilitarse por completo".[1] La idea antigua aquí expresada es aflojar la cuerda de un arco. Una vez que la cuerda está floja, usted sigue teniendo un mango de arco, pero este no tendrá fuerza para disparar flechas. También puede contener la idea de ser *pequeño de alma*, que significa débil en la mente. Cuando las personas se cansan y pierden la fe, pierden el deseo de luchar en una crisis, ya que los problemas se ven más grandes que su capacidad de desafiarlos.

Pablo escribió en Gálatas: "No nos cansemos, pues, de hacer

bien" (Gálatas 6:9). Estar cansado en una guerra, en una lucha personal, en un matrimonio fracasado, o en el trato con los hijos rebeldes es comprensible. Pero ¿cómo podemos cansarnos de hacer lo bueno ("hacer bien", RV60)? Hacer lo bueno debe liberar gozo y paz, no cansancio. Sin embargo, después de haber completado más de tres décadas de ministerio, sé que el cansancio en el ministerio es común. La mayoría de la gente me conoce, ya sea porque he ministrado en su iglesia o por ver la transmisión televisiva *Manna-Fest* (Festival del maná), así que me estoy usando a mí mismo como ejemplo. Si estoy en la oficina de lunes a jueves hay artículos que escribir para la internet y para la revista; libros que escribir, mensajes de correo electrónico para responder, estudiar para las conferencias, mensajes para DVD y CD, y reuniones con el personal, planificación de proyectos, y presidir las reuniones semanales de oración y los servicios de la noche del martes. Además de estas actividades, está el peso de las finanzas necesarias para mantener un ministerio que llega a más de 249 naciones del mundo. A veces me he sentado en una computadora tanto tiempo que cuando me iba a casa y trataba de dormir, ¡todavía podía ver el contorno de la computadora al cerrar los ojos! Salomón escribió: "El mucho estudio es fatiga de la carne" (Eclesiastés 12:12). Para un pastor, cuando las ovejas se inquietan, se enferman, o se agitan, eso puede drenar su energía debido a las exigencias diarias del ministerio.

El espíritu de desmayo y el cansarse de hacer bien a la larga conducen a la fatiga, y la fatiga sin control puede llegar a invitar a su vida a un espíritu de debilidad y desánimo. En Proverbios 13:12 leemos: "La esperanza que se demora enferma el corazón" (LBLA). La palabra hebrea para "demora" significa "retrasar, prolongar o arrastrar algo por mucho tiempo". Como ejemplo, cuando una persona es tomada como rehén en una nación extranjera, esa persona puede pasar meses en la celda de una prisión, sin leer un periódico, ni ver las noticias, ni oír un informe que indique que los medios de comunicación del mundo están reportando sus dificultades. Sin la esperanza de una negociación, cuanto más dure el cautiverio, más se demora el sentido de la esperanza, y el alma se enferma. La palabra hebrea común del Antiguo Testamento para "enfermo" es *kjalá*. La raíz de la palabra puede significar, "gastar frotando".[2] Así las continuas presiones de la vida comienzan a desgastar la mente, el cuerpo y el espíritu de una persona hasta un nivel de cansancio y debilidad totales.

Me recuerda como las gotas de lluvia que caen continuamente en un tramo de asfalto con el tiempo pueden causar una marca o un pequeño agujero en el alquitrán; o como pequeños granos de arena disparados contra el granito con aire comprimido realmente pueden tallar letras en la dura roca. Un arbolito puede alcanzar la luz solar a través de una grieta del concreto cuando es tan pequeño como una hierba, pero en los años siguientes las raíces que están debajo del cemento harán que la dura superficie de concreto se combe por la fuerza de la *raíz* subterránea, oculta a los ojos naturales. Por un tiempo podemos esconder nuestras propias raíces de amargura y otros obstáculos espirituales en lo profundo de nuestro espíritu, pero con el tiempo cualquier raíz plantada producirá alguna clase de fruto, y en este caso, la amargura engendra rebelión.

Lo sabemos porque en Proverbios 17:11 la palabra hebrea para "rebelión" es *merí* y figurativamente significa "amargura".[3] *Mará*, que es el vocablo hebreo para "rebelde", significa, "hacer amargo".[4] Así, una persona rebelde tiene sus raíces en alguna clase de amargura, y una persona amargada, finalmente, se convertirá en rebelde. Cada raíz mala al final producirá las ramas para dar frutos malos.

Una vez que la amargura engendra rebelión, la rebelión es la puerta a un sentimiento de desesperanza y la desesperanza puede llevar a un deseo de rendirse y dejarlo todo. Las personas rara vez se dan por vencidas cuando se sienten bien respecto de sí mismas o de sus familias, cuando les encanta su trabajo, tienen dinero en el banco y pueden relajarse y tomar el té caliente en su nueva casa del lago. Sin embargo, cuando se presenta una crisis y el matrimonio está en ruinas, o se le entregó la carta de despido en el trabajo, y solo les queda su último dólar, la depresión mental y un espíritu de desesperanza pueden atacarlos.

¿Cuál es el tema que corre a través de la Biblia en la vida de las personas que estaban en problemas y tenían que "hacer un nudo al final de la cuerda y aferrarse"? Se manifiesta en la parábola de la mujer y el juez en Lucas 18, la cual revela que la mujer *clamaba* al juez con perseverancia y continuamente.

Hacerle justicia de su adversario

¿Cuál es su adversidad en la vida? La mujer de Lucas 18 clamó al juez "Hazme justicia de mi adversario" (v. 3). La palabra griega para "justicia" aquí significa, "vindicar, tomar represalia o castigar".[5] La mujer le estaba pidiendo al juez que la reivindicara y castigara al adversario. Después, el juez declaró que él "haría justicia" (v. 5). Esta es la misma palabra griega que se usa en el versículo 3, que significa reivindicar y castigar. Sin embargo, cuando Cristo dio su respuesta, dijo: "¿Y acaso Dios no hará justicia a sus escogidos, que claman a él día y noche? ¿Se tardará en responderles? Os digo que pronto les hará justicia" (vv. 7-8). Aquí la palabra *justicia* se utiliza dos veces; pero en griego es una palabra diferente que tiene un significado distinto a la palabra del versículo 3. La palabra griega para "justicia" en los versículos 7 y 8 es *poiéo*, y tiene una amplia variedad de aplicaciones, incluyendo "hacer o realizar".[6] Esta mujer quería represalias por la injusticia, pero Cristo está diciendo que Dios hará que la justicia ocurra, ¡o que *se moverá a su favor* cuando usted clame a Él! Dios no va a *destruir* a su adversario, sino que lo ayudará a usted a *vencerlo*. Pablo lo dijo de esta manera: "No os venguéis vosotros mismos, amados míos, sino dejad lugar a la ira de Dios; porque escrito está: Mía es la venganza, yo pagaré, dice el Señor" (Romanos 12:19).

La parábola indica que una persona que clama puede obtener la atención del juez. Pero, ¿qué significa "clamar" al Señor? "Llorar" y "clamar" se encuentran en diversas formas cerca de 199 veces en la Biblia con 29 referencias que se refieren a "clamar al Señor" (Éxodo 14:10; 15:25; 17:4, y otros). Hay numerosos ejemplos de clamar al Señor; sin embargo, hay tres ejemplos importantes que listamos a continuación.

El primero es clamar al Señor debido al peligro, el dolor y la angustia. Cuando Pedro comenzó a hundirse bajo las olas del mar, clamó al Señor en un pedido de emergencia en dos palabras diciendo: "¡Señor, sálvame!" (Mateo 14:30). Estas dos palabras fueron suficientes para que Cristo lo *sacara*, lo *levantara* y lo llevara *caminando* de regreso a la barca.

El segundo ejemplo de clamar al Señor es cuando una gran multitud de gente comienza a clamar en unidad, levantando la voz, como en el caso de Israel cuando oyeron al ejército de Faraón retumbando en dirección al Mar Rojo (Éxodo 14:10). Su clamor unido envió la vara de la mano de Moisés sobre el agua, abriendo una vía de escape para toda la nación judía.

El tercer ejemplo es cuando una persona clama por ayuda y asistencia, o como advertencia. Durante el ministerio de Cristo era común que los enfermos oyeran que Cristo estaba cerca de ellos y de pronto se pusieran a gritar en voz alta para captar su atención, para que atendiera su aflicción (Marcos 9:24-27). En español, cuando decimos "clamar", nos imaginamos a una persona *gritando a voz en cuello* con una voz muy fuerte.

Es interesante ver en el Nuevo Testamento las diferentes palabras griegas que se traducen como "clamó" y cómo cada una tiene un énfasis singular.

- Cuando los hombres clamaban para ser sanados, la palabra es *krázo*, que significa, "graznar, gritar, chillar o llamar en voz alta". Hacían esto para llamar la atención de Cristo.[7]

- En la cruz Cristo clamó, y esta palabra es *anaboáo*, en referencia a "un grito de ayuda en una situación problemática" (Mateo 27:46).[8]

- Otra vez en la cruz cuando Cristo clamó, se usó *fonéo*, que es "llorar en voz alta, llamar, enviar por, convocar" (Lucas 23:46).[9]

Cada ser humano está constituido por tres partes bien diferenciadas: un cuerpo, un alma y un espíritu. Un grito desde el cuerpo suele ser resultado del dolor físico, y el grito en un funeral o en una pérdida por muerte revela la agonía del alma humana. En Romanos Pablo también identifica una extraña forma de comunicación llamada "gemidos indecibles" (Romanos 8:26). Esta forma de expresión es desde lo profundo del espíritu de una persona. A veces, el peso y la carga del espíritu humano se vuelven tan fuertes que cuando una persona comienza a clamar se forma algo como un gemido, un suspiro, un murmullo o palabras, o una oración que es inaudible en palabras humanas (Romanos 8:23; 2 Corintios 5:2, 4).

¡Es importante entender que Dios responde y alcanza a quienes claman a Él! La siguiente tabla hace referencia a algunas de las personas en la Biblia que clamaron al Señor, y la reacción del Señor a favor de ellos.

Los que clamaron	Referencia bíblica	Cómo respondió Dios
Israel clamó en la esclavitud.	Éxodo 2:23-25	Dios se acordó de su pacto y reconoció el clamor del pueblo.
Israel clamó en el mar Rojo.	Éxodo 14:10-23	Dios abrió el mar Rojo para ellos.
Moisés clamó por agua.	Éxodo 17:4	Dios dividió la roca para sacar agua.
El pueblo clamó por temor a causa del fuego que Dios envió.	Números 11:2	Dios apagó el fuego en el campamento.
Moisés relata el clamor del pueblo en las dificultades de la esclavitud.	Números 20:16	Moisés recuerda al rey de Edom que Dios envió a un ángel para sacar a la gente de la esclavitud de Egipto.
Hay numerosos ejemplos de personas que claman al Señor.	Los tiempos de los jueces (Libro de Jueces)	Dios escuchó su clamor y proveyó un libertador como respuesta.
Samuel clamó al Señor para salvar de los filisteos al pueblo.	1 Samuel 7:9-12	Dios liberó de los filisteos al pueblo.

Uno de los versículos más conmovedores que revelan la capacidad de oír de Dios y su deseo de intervenir mediante la oración es 2 Samuel 22:4-7:

> Invocaré a Jehová, quien es digno de ser alabado,
> Y seré salvo de mis enemigos.
> Me rodearon ondas de muerte,
> Y torrentes de perversidad me atemorizaron.

Ligaduras del Seol me rodearon;
Tendieron sobre mí lazos de muerte.
En mi angustia invoqué a Jehová,
Y clamé a mi Dios;
El oyó mi voz desde su templo,
Y mi clamor llegó a sus oídos.

Una persona puede clamar con su voz sin derramar una lágrima. Sin embargo, cuando clamamos con nuestra voz y derramamos lágrimas, el Señor se mueve hacia los "quebrantados de corazón; y salva a los contritos de espíritu" (Salmos 34:18). Las lágrimas son una manifestación física de gozo, tristeza o quebrantamiento. Hay algo especial respecto a las lágrimas humanas. El fluido que se secreta continuamente a través del ojo crea una capa que tiene numerosas sustancias químicas que ayudan a combatir las bacterias. Las lágrimas provocadas por el llanto tienen una composición química ligeramente diferente, que contiene más hormonas basadas en proteínas; tienen además un sabor ligeramente salado, ya que los líquidos del cuerpo contienen sal.[10]

Las lágrimas que fluyen por el rostro finalmente llegan a las comisuras de la boca, donde la sal puede ser probada, recordando a la persona la amargura de su dolor. Pero las lágrimas también nos recuerdan que la sal puede ser usada para combatir infecciones de cortes y pequeñas heridas. Las lágrimas saladas son un recordatorio de que el llanto dura una noche, pero por la mañana viene el gozo (Salmos 30:5). David oró: "Oye mi oración, oh Jehová, y escucha mi clamor. No calles ante mis lágrimas" (Salmos 39:12).

Cuando el rey Ezequías estaba muriendo, buscó al Señor para que lo sanara, y el Señor instruyó a Isaías: "Vuelve, y di a Ezequías, príncipe de mi pueblo: Así dice Jehová, el Dios de David tu padre: Yo he oído tu oración, y he visto tus lágrimas; he aquí que yo te sano; al tercer día subirás a la casa de Jehová" (2 Reyes 20:5). El propio Dios tiene un registro de sus lágrimas, como está escrito: "Mis huidas tú has contado; pon mis lágrimas en tu redoma. ¿No están ellas en tu libro?" (Salmos 56:8). El Señor oye la voz de su lloro (Salmos 6:8), y la compasión de Dios se mueve sobre los que lloran.

Dios oye sus gritos y ve sus lágrimas. Su debilidad debe ser reemplazada por la fuerza de Él. Es Cristo quien lo fortalece (Filipenses 4:13). En este pasaje, la palabra fortalece es en griego *endunamóo*, que significa empoderamiento. Dios lo renueva en épocas de desmayo, cuando usted "espera" en él. (Vea Isaías 40:31). Esperar no es sentarse en una silla y plegar sus brazos. La palabra esperar en Isaías 40:31 significa "unir", como retorciendo los hilos para tejer una prenda de vestir. Teja su presencia en la presencia de Dios, y sea renovado en su fuerza.

Capítulo 7

QUÉ HACER CON SU ARMADURA ABOLLADA

※※※

U NA VEZ QUE UN SOLDADO ROMANO SE TRENZABA EN un combate cara a cara donde volaban flechas, se arrojaban lanzas, y las espadas cortaban, las correas de cuero, las tiras de metal y otras partes de su armadura podían romperse y abollarse. Después de un intenso conflicto su armadura necesitaba reparación. Se nos ha provisto un escudo de la fe. Los cuatro Evangelios describen los diferentes niveles de fe:

- *Falta de* fe (Marcos 4:40)
- *Poca* fe (Mateo 8:26)
- *Gran* fe (Mateo15:28)
- *Tanta* fe (Lucas 7:9)

En Hechos, Lucas, el escritor, habló de hombres como Esteban que estaban "llenos de fe" (Hechos 6:5, 8). La fe se planta y crece dentro de nuestros corazones. Es obvio, sin embargo, que el nivel de fe de cada uno no es el mismo que el de otros creyentes. Cuatro creyentes con la misma petición pueden pararse ante los ancianos de la iglesia para recibir oración (Santiago 5:14). Mientras se realiza la oración, los cuatro individuos pueden tener diferentes reacciones: desde un "No sé si esto va a funcionar o no", a "Señor, espero que esto funcione", hasta "¡No puedo esperar a tener el próximo informe del médico porque sé que Dios tiene cuidado de esto!".

Algunos escudos de fe son delgados y endebles, mientras que otros son gruesos y fuertes. Participar en una batalla que combina lo físico, mental y espiritual al mismo tiempo puede desgastar o afectar el escudo (el nivel de fe). A veces he visto a personas que estaban tan golpeadas por una larga batalla que se encontraban literalmente en un modo de rendición.

¿Qué debemos hacer con una armadura abollada, mellada o rota? El capítulo 9 de Isaías tiene un versículo único, con una aplicación práctica a esta pregunta. El profeta Isaías escribió que las naciones en tinieblas vería una gran luz, y los que moraban en sombra de muerte iban a salir de las tinieblas espirituales (v. 2). Habla de que será quebrada la vara del opresor, junto con el yugo de la carga (v. 4). Luego habla de la lucha del guerrero cuando escribe en Isaías 9:5 (RV60):

> Porque todo calzado que lleva el guerrero en el tumulto de la batalla, y todo manto revolcado en sangre, serán quemados, pasto del fuego.

La Nueva Traducción Viviente (NTV) interpreta el versículo de esta manera:

> Las botas de los guerreros y los uniformes manchados de sangre por la guerra serán quemados; serán combustible para el fuego.

La idea de "tumulto" se referiría al calor de la batalla, cuando los gritos, el clamor, los chillidos, y el sonido de cascos de caballos y chocar de metales llena el aire como el sordo ruido de un cohete lanzado desde su base, en un sitio de lanzamiento de la NASA. Un guerrero nunca debe concentrarse en los *sonidos* de la batalla sobre la *estrategia* de batalla, no en los *gritos* de su enemigo, sino en las *instrucciones dichas* por el Señor de los ejércitos. Cuando usted está envuelto en un grave conflicto emocional, espiritual o físico, habrá numerosas voces, todas dando su propio consejo o advertencia personal, relacionadas con sus propias historias personales, y, básicamente, diciéndole *su secreto* para ganar *su* batalla. Así como la armadura de Saúl no le quedaba bien a David y David se negó a usar lo que no había "practicado" (1 Samuel 17:38-39), mi estrategia para la victoria en mi propio conflicto puede no ser aplicable como estrategia suya para superar la misma clase de conflicto.

Creo que hay una importante *aplicación espiritual práctica* oculta en Isaías 9:5. ¿Qué debe hacer un creyente cuando su mente y su corazón han sido impactados por un sinnúmero de conflictos, y su armadura ha sido cortada por tantos agujeros de flechas enemigas, lanzas y dardos de fuego que su escudo podría pasar por un blanco del campo de tiro? En Isaías 9:5 la armadura abollada y ensangrentada *se utiliza como combustible para el fuego*. Las batallas suelen verse como una lucha entre dos fuerzas donde uno pierde y otro gana. Cuando todo ha terminado, el vencedor celebra y disfruta del botín de guerra. Sin embargo, nuestras batallas y las golpizas que soportamos deberían convertirse en *el combustible que enciende un deseo ardiente*: un celo por ganar la guerra y pasar al siguiente nivel de victoria.

Hace años, el adversario hizo un intento de quitarle la vida a alguien a quien amo entrañablemente. Mientras veía a esa persona yacer en una cama de la sala de emergencia, yo sabía que ese era uno de los misiles más fuertes jamás enviados en mi dirección, y requería un gran escudo de fe para cubrir mi hombre espiritual, y defenderme de las flechas mentirosas clavadas en mi mente. Tuve que reprender al espíritu de muerte, al espíritu de destrucción, y otras numerosas entidades espirituales (Efesios 6:12) que trataban de aferrarse a mi mente y a mi alma y de derrotar mi fe por la vida de mi amado amigo. Podía oír todo tipo de voces que intentaban plantar pensamientos negativos en mi espíritu.

En ese momento estaba en una prueba, rodeado por fuego (1 Pedro 1:7), y mi yelmo, mi coraza, mi escudo y hasta mi espada estaban siendo probados en el calor de un repentino e inesperado ataque con misiles del adversario. Sin embargo, otro *fuego* se levantó en mí, y el celo del Señor comenzó a encender dentro de mí las brasas de la fe como un tornado ardiente que se formaba en mi hombre interior. Hablé en voz alta al enemigo espiritual invisible pero muy real que estaba tras ese ataque. Le dije: "Crees que nos has intimidado a mi amigo y a mí, pero voy a tomar represalias contra lo que has hecho, y mientras yo viva vas a lamentar haber hecho esto". En ese momento yo conocía mi *intención* pero no la *misión* para cumplir esa declaración. Sin embargo, desde aquella noche de prueba y después de caminar por el valle de sombra de muerte, una visión surgió del fuego con el desafío de levantar un ministerio de jóvenes y ministrar a los adolescentes heridos, a los solteros en edad universitaria, y a los adultos jóvenes, trayéndoles liberación mediante el poder del Espíritu Santo. *Las abolladuras de batallas del pasado que hoy se ven en su armadura mañana deben convertirse en el combustible para su destino.*

Debemos aprender a tomar nuestra más grave prueba o la tentación más fuerte, y lo que se intentó para derrotarnos permanentemente, y convertirlo en el *combustible de la motivación* para el ministerio. Por ejemplo, hace años una preciosa pareja vio a uno de sus hijitos, una hermosa niña de menos de diez años de edad, morir de una rara enfermedad. Ellos se pararon en la brecha por su sanidad, pero por razones solo conocidas a Dios, la sanidad nunca se manifestó. No eran solo *grietas emocionales* en su armadura; sentían como si el espíritu de muerte prematura hubiera dejado su fe hecha cenizas, y sus corazones estaban vacíos de fe y llenos de dolor.

Alguien les compartió una palabra de que así como ellos

ahora eran padres sin hijos, había muchos hijos sin padres en el mundo. En lugar de centrarse en su propia pérdida, deben concentrarse en ser padres para los que no tienen padres—huérfanos en tierras extranjeras—y criar a sus propios hijos espirituales, ya sea en Estados Unidos o en territorio extranjero. Así como ellos extrañaban emocionalmente a su hija, había niños que también extrañaban tener una mamá y un papá. Después de una intensa investigación, llegaron a ser parte de un orfanato y pronto descubrieron que como ellos ministraban a la necesidad de otros, Dios a cambio ministraba sanidad a sus propias heridas. *Sus heridas se convirtieron en celo, el celo en propósito y el propósito en ministerio.*

¿Qué pasa con los padres que experimentan el dolor de ver a un hijo, tal vez un adolescente o un hijo o hija de veinte años, que muere por una sobredosis de drogas? Nada es más desgarrador que ver a un hijo partir de esta vida antes de tiempo, sabiendo que Dios tenía más para ese hijo, pero la adicción afectó gravemente su cuerpo. Aunque nunca podrá traer de regreso a ese amor de su vida, hay otros padres cuyos hijos están actualmente en el precipicio de la destrucción. Usted puede ser el único salvavidas, con su apoyo financiero o su participación personal en un centro de rehabilitación, que los libre de ahogarse en una piscina de desesperación y adicción. Tal vez usted puede convertirse en un consejero de adicciones, o puede dedicar tiempo a charlar con niños que necesitan alguien con quien hablar. *Permita que el camino de su tragedia forje el camino para la victoria de otra persona.*

Hay un programa de televisión muy respetado y con mucha audiencia llamado *America's Most Wanted* (Los más buscados de los Estados Unidos) que ayuda a localizar a los peores criminales de la lista de los más buscados del FBI.[1] Este programa ha expuesto a delincuentes prófugos y ha ayudado a arrestarlos y llevarlos ante la justicia. La motivación de este programa provino de John Walsh, cuyo joven hijo fue secuestrado hace años y posteriormente hallado muerto. El aplastante impacto en su armadura se convirtió en combustible para el fuego que motivó a este padre a hacer una diferencia en la sociedad y forzar la aprobación de leyes penales especiales que de otra manera nunca se habrían aprobado. El dolor de un hombre se convirtió en el gozo de muchas otras personas ya que criminales que estaban ocultos fueron expuestos, juzgados y encarcelados mediante su diligente trabajo.

Los creyentes tienen una armadura protectora, pero los incrédulos no tienen ningún tipo de protección. Mientras que nuestras batallas pueden inspirar a otros para sus propios resultados victoriosos, el no creyente queda totalmente expuesto a los ataques que lo llevan a su muerte o destrucción. *Lo que superamos hoy se convierte en nuestro testimonio de mañana, y las abolladuras de nuestra armadura motivan nuestra determinación.*

Cómo recuperarse de una caída fatal

Como la armadura romana era creada por la fusión de metales y formada en moldes, obviamente se requería un intenso calor para fundir el mineral de hierro. De vez en cuando, las pruebas de fuego de nuestra fe llegan a ser tan calientes que nos sentimos como si nos estuviéramos quemando en un horno calentado siete veces más (Daniel 3:19). Si el calor comienza a derretir el metal y usted está consumido y abrumado por el desastre y la derrota, tome el metal fundido y vuelva a formar un nuevo equipo de armas de guerra para usar. A veces la caída de un gran hombre o una gran mujer de Dios requiere la reedificación y la reconstrucción de un nuevo armamento para recuperarse de una caída fatal.

Cuando Sansón rompió su voto de nazareo diciéndole a Dalila el verdadero secreto de su fuerza, el *paladín* de Dios fue reducido a un simple *tonto*, y el hombre que tomó la quijada de un asno y mató a mil filisteos ahora estaba ciego, atado y obligado a dar vueltas y vueltas en la casa de la cárcel. (Vea Jueces 16). Sus acciones fueron grietas que él mismo permitió en su armadura. En realidad, simplemente *no tenía puesta su armadura* cuando dormía en el regazo de Dalila, esa encantadora directora del salón de peluquería. Ella comenzó a jugar con la mente de él (no tenía *yelmo*), manipuló sus emociones y su corazón (este individuo no tenía *coraza*), sin embargo, él seguía volviendo a la casa de ella para citas secretas. (¿Dónde estaba ese *calzado del evangelio* que él debía usar—Efesios 6:15?)

El título de la autobiografía de Sansón podría haber sido *Cuando los hombres fuertes caen, caen fuerte*. Sansón había quebrado su pacto nazareo, haciendo que el Espíritu del Señor se apartara de él (Jueces 16:20). Durante meses se desempeñó como un buey humano, encadenado a una piedra de moler, moliendo el grano de los filisteos que disfrutaban burlándose del que había sido el hombre fuerte de Israel. El enemigo, sin embargo, dejó de prestar atención a un hecho importante. Cuando se corta el cabello de un hombre, con el tiempo volverá a crecer, *así como la fe perdida se puede recuperar y restaurar*. Cuando el cabello de Sansón comenzó a crecer, Dalila se olvidó de guardar cerca sus tijeras (v. 22). El enemigo supuso que ya que el Espíritu de Dios se había apartado, el Señor había terminado con este fracaso humano y había salido de su vida de una vez por todas. Sansón sintió que su cabello tocaba su espalda y se acordó de su voto de nazareo. (Vea Números 6:2-21). Un día en particular Sansón clamó al Señor tres palabras sencillas: "acuérdate de mí". La oración completa se encuentra en Jueces 16:28.

> Entonces clamó Sansón a Jehová, y dijo: Señor Jehová, acuérdate ahora de mí, y fortaléceme, te ruego, solamente esta vez, oh Dios, para que de una vez tome venganza de los filisteos por mis dos ojos.

La fatal caída no fue mortal después de todo. La historia de Sansón es la historia de un hombre de Dios que se olvidó de protegerse a sí mismo de su propia debilidad: el deseo de mujeres extrañas. Él podría ser el hombre de negocios que deja a su esposa por otra mujer, o el ministro que se aburre con el ministerio y se ve involucrado físicamente con una integrante de la iglesia, o dos jóvenes que van más allá de la amistad. Algunas batallas son escaramuzas menores que dejan moretones y otras guerras son bloqueos de vida o muerte. Una cosa es tener una grieta en la fe o en la mente, pero otra cosa es dejar la armadura en la tienda y salir espiritualmente desprotegido, pensando que usted es Superhombre o Supermujer, que es invencible y que ya no puede caer.

El momento en que somos vulnerables

Existen tres formas principales en que se manifiesta la guerra espiritual:

- Un repentino momento de inesperado descuido, como un coche que sale delante de usted o pasa una luz roja.

- Una fuerte tentación mental o un evento que se extiende más allá de su tiempo de espera por liberación

- Un ataque de flechas del adversario, repetitivo y por temporadas, que tiene brechas estacionales de tiempo, pero que se repite.

En la Costa Este, si escuchamos en las noticias que un tornado F-4 se encuentra a una hora de nuestra ciudad, tenemos tiempo para prepararnos. Si somos conscientes de que la temporada de huracanes ha llegado y las tormentas se están gestando en el golfo, los que viven en la costa se preparan para un posible ataque y toman precauciones de antemano, sin esperar a que el viento esté destruyendo su casa. En cambio, otra persona puede vivir en la Costa Oeste, en una región propensa a los terremotos. En tres ocasiones durante mi visita a California, experimenté tres pequeños terremotos, de una intensidad promedio entre 4.5 y 5.2. Los residentes del estado están tan acostumbrados a los miniterremotos ¡que ni siquiera piensan en ellos cuando el piso de la casa se está moviendo! Sin embargo, según expertos en geología, se acerca el Big One (El grande), lo cual quiere decir, un terremoto de gran magnitud que está vinculado a la principal línea de la falla de San Andrés que corre de norte a sur en el Estado Dorado. En la Costa Este se pueden ver advertencias sobre los huracanes y tornados más grandes antes del momento de su azote, pero un gran terremoto viene sin advertencias. Si usted no está preparado cuando viene lo inesperado, puede encontrarse en la calle sin agua, ni comida, ni ropa adicional. *En nuestras luchas espirituales nos preparamos para lo que conocemos, pero lo que no podemos ver venir nos toma desprevenidos.*

Nosotros los cristianos, a menudo entramos en nuestras iglesias locales con la armadura recién pulida como si estuviéramos en un desfile de victoria y hubiéramos vencido a todos los espíritus, todas las obras de la carne, y toda oposición espiritual. Sin embargo, cuando las ovejas salen del redil y se codean con los lobos, a veces ocultamos quienes somos y transigimos mientras nos sentamos en un restaurante a hablar de las últimas bebidas alcohólicas. Igual que el rey Saúl, en lugar de ponernos firmes contra Goliat, escondemos nuestra armadura segura en nuestra tienda para evitar que alguien sepa lo que somos. Es durante esos *momentos de descuido* cuando puede ocurrir el mayor daño.

Hace años, un amigo íntimo y yo nos fuimos juntos y viajamos a Bulgaria poco después de la caída del comunismo. Las nuevas libertades abrieron las puertas para el evangelio, pero también para las drogas ilegales y la prostitución. Nos enteramos de que la prostitución hizo estragos, y los dos nos mantuvimos juntos en todo momento al salir de nuestras habitaciones para comer o reunirnos en el vestíbulo con los ministros locales. En esta ocasión mi amigo fue a la recepción para pagar y dejar libre la habitación mientras yo empacaba. Unos quince minutos más tarde ¡irrumpió en la habitación orando en voz alta! Le pregunté: "¿Qué te pasó?".

"Después de pagar la factura, me di vuelta para subir y una mujer hermosa se acercó y me dijo: 'Oye americano, puedo mostrarte un buen momento'", respondió. "Sentí una justa indignación y comencé a gritarle: 'Betsabé, aléjate de mí. ¡Diablo mentiroso, aléjate en el nombre de Jesús!'" Dijo que la mujer se fue rápidamente, corriendo por el vestíbulo hacia afuera ¡y él subió tan rápido como pudo! Su reacción me recordó a José cuando la esposa de Putifar intentó seducirlo y él salió del palacio corriendo lo más rápido posible (Génesis 39:10-13). Él había estado totalmente desprevenido de lo que estaba a punto de suceder, pero no estaba sin preparación, ya que su armadura surgió de inmediato y su coraza de justicia lo protegió de las suaves palabras de una prostituta.

Ha habido algunos ministros y miembros de la iglesia que pensaron: "Estoy lejos de la gente que me conoce, y nadie va a descubrir lo que estoy haciendo". Ese tipo de pensamiento hace que usted se quite su equipo de protección dado por Dios y quede expuesto a terribles ataques del enemigo. Uno de mis íntimos amigos misioneros estaba con un ministro que fue pastor en la ciudad moralmente perversa de Amsterdam. Una noche estaba repartiendo folletos con los miembros de su iglesia —todos eran exprostitutas y exdrogadictos— en un distrito de drogas duras de una zona roja. Hicieron eso como equipo y se mantuvieron rindiendo cuentas unos a otros, ya que todos habían salido de ese estilo de vida y habían sido ganados para Cristo a través del testimonio personal. Una noche, el pastor se sorprendió al ver a un conocido ministro estadounidense (a quien no nombraré) caminar solo por la calle y entrar en un edificio que albergaba prostitutas. Él no estaba allí para "testificar", y estuvo en el edificio durante bastante tiempo. Después se sabría que varios ministros hacían ocasionales viajes a Amsterdam y "visitaban" determinados lugares durante sus estadías nocturnas. Estos momentos de mayor vulnerabilidad *sin protección* se producen cuando usted voluntariamente decide dejar su armadura, cesa de ser soldado por un tiempo, y entra a lugares que están llenos de minas terrestres y posibles francotiradores espirituales que esperan en la oscuridad para pegarle un tiro.

Sansón fue el primer ejemplo bíblico de un hombre de Dios a quien no le correspondía estar en el lugar en que estaba, en el momento en que estaba, con quien estaba y haciendo lo que hacía. Se ponía su armadura espiritual cuando estaba luchando contra los filisteos, pero la dejaba en la puerta del apartamento de Dalila, recogiéndola cuando salía por la puerta principal y se dirigía de nuevo al campo de batalla.

Sansón es también un perfecto ejemplo de la increíble y poderosa *misericordia* y *gracia* de Dios que siempre van juntas. La misericordia es la mano de Dios que *se extiende* hacia usted, y la gracia es la mano de Dios que *lo vuelve a acercar* hacia Él mismo. Finalmente Sansón sintió que su pelo le hacía cosquillas en la parte posterior de su hombro y oyó el eco de la voz del ángel que había dicho: "El niño será nazareo" (Jueces 13:5). Cuando Sansón recordó quién era y *para qué fue creado*, Dios recordó *para qué lo había creado*—un juez y un libertador—porque Dios dijo: "Él comenzará a salvar a Israel de mano de los filisteos" (v. 5). El yelmo de la salvación de Sansón de pronto reapareció, y la fe se renovó. Él sabía que Dios lo podía volver a tocar. Así que clamó: "¡Señor Jehová, acuérdate ahora de mí, y fortaléceme, te ruego, solamente esta vez " (Jueces 16:28).

La reaparición de Sansón era en realidad un contraataque para vengarse de sus enemigos por sacarle los ojos (v. 28). Su restablecimiento fue tan impresionante que mató a más enemigos en los últimos momentos de su vida que en toda su vida entera (v. 30). Esta restauración de una *caída fatal* fue tan importante en la historia de Israel que el nombre de Sansón aparece en Hebreos entre los más grandes hombres de fe de Israel, como un hombre con fe que agradó a Dios (Hebreos 11:32). La recuperación es siempre posible, pero se requiere humildad.

Hace años el ministerio compró un avión Cessna 421 para transportar a nuestro equipo y a mí a conferencias que requerían viajar una distancia mayor. El 421 es un avión con motor de pistón y debe ser manejado adecuadamente para evitar estropear el motor. Le hablé sobre de nuestra compra a un ministro amigo que había volado un jet. Él dijo: "Es mejor subir a un avión con motores de inyección de combustible, ya que tu 421 se está desarmando cada vez que arranca el motor". Un año más tarde perdí un motor mientras volvía a Chattanooga desde Madisonville, Kentucky, lo que me *inspiró* a subir a un King Ari F-90, el mismo tipo de avión utilizado para llevar a miembros del ejército de Estados Unidos en el país. El segundo consejo que me dio mi amigo fue que cuando seleccionara un piloto, no solo debería elegir un *buen piloto*, sino uno que hubiera tenido un desperfecto en un avión y hubiera salido adelante. ¡Él es el hombre experimentado!

Lo mismo vale para la armadura. Algunas mujeres suelen buscar un caballero de brillante armadura. La armadura brillante puede ser un indicador de que él luce bien por fuera, pero quizás no tenga experiencia en la batalla, ¡si todo lo que hace es sentarse por ahí y pulir su armadura! Podría ser mejor encontrar un caballero con una armadura abollada: un individuo que ha triunfado al recibir una paliza, ha participado en el conflicto, pero todavía tiene puesta su armadura con la evidencia de que ha pasado por algunas luchas y sigue estando de pie. Prefiero ser un caballero de armadura abollada que un caballero de armadura brillante. La armadura no es para hacer una exhibición pública ni para fanfarronear acerca de quién tiene el equipo de Dios más brillante: está diseñada para "darle una limpieza y seguir funcionando". Deje que sus conflictos sean su motivación para hacer cosas mayores para Dios.

Capítulo 8

CÓMO DESCUBRIR y USAR EL ESCUDO DEL FAVOR

⋅⋅⋅⋅⋅⋅XXXX⋅⋅⋅⋅⋅⋅

Después de que Abraham regresó de una batalla con cinco reyes y restauró las posesiones y la gente de Sodoma al rey de Sodoma, Dios se le apareció a Abraham y le dijo: "Yo soy tu escudo, y tu galardón será sobremanera grande" (Génesis 15:1). En dieciséis versículos de los Salmos, David habla de un escudo, y en catorce versículos de esos dieciséis, el salmista habla de que Dios (el Señor) es su escudo (Salmos 3:3; 5:12; 18:35; 28:7; 33:20; 59:11; 84:9, 11; 91:4; 115:9, 10, 11; 119:114; 144:2). Como un escudo, el Todopoderoso provee protección divina para quienes lo hacen a Él su defensa en tiempos de prueba. David ciertamente necesitaba protección, ya que era un guerrero desde los últimos años de su adolescencia cuando enfrentó y derrotó a Goliat. Pareció estar en una batalla o conflicto familiar hasta los últimos años de su vida, cuando finalmente sus principales hombres se negaron a dejar que este anciano soldado fuera a la guerra por miedo a que fuera asesinado por un remanente de gigantes que quedaba (2 Samuel 21:17).

También hay otro tipo de escudo junto al escudo de la fe, que David identificó en el Salmo 5:12: "Porque tú, oh Jehová, bendecirás al justo; como con un escudo lo rodearás de tu favor". Tenemos una imagen mental del favor que es como una fuerza sobrenatural, un aura, algo como un vapor invisible de Dios o algún magnetismo interno que atrae a la gente hacia algunas personas como un imán. Imaginamos que el favor habita *en* o *sobre* una persona justa bendecida. Sin embargo, en este pasaje, el salmista se refiere al favor como un escudo que cubre al individuo. Cuando usted porta un escudo de favor, hasta sus enemigos estarán en paz con usted, y el mal que se dirija hacia usted será anulado antes de que siquiera pueda ponerlo en peligro.

Los escudos de Salomón

Hace años, en Israel, oí hablar de una tradición judía respecto a los escudos de Salomón que era muy interesante. En la Biblia, David, el padre de Salomón, deseó construir el templo de Dios en Jerusalén. Sin embargo, el Señor rehusó su ofrecimiento, ya que David era un hombre de sangre y guerra (1 Crónicas 28:3). Salomón sucedió a su padre, David, como el joven rey de Israel y fue conocido como un hombre de paz. Durante sus cuarenta años de reinado, Salomón construyó el templo más elaborado y costoso de la historia del mundo e hizo tratados de paz con las naciones extranjeras, haciendo que Israel estuviera en el cenit de su prosperidad y bendición. Sabemos que Salomón tenía un ejército, y que hizo trescientos escudos de oro, cada uno con tres libras de oro, y los colgó en la casa del bosque del Líbano (1 Reyes 10:17).

Se dice que Salomón colocó en cada uno de los escudos de su ejército un sello especial que se llama el *Magen David*, o el Escudo de David, lo que hoy conocemos como la estrella de David, el mismo emblema de la estrella de seis puntas que se encuentra en las banderas de Israel hoy en día.[1] Según la leyenda judía esto fue hecho por David como una forma de protección en tiempos de batalla. En ese tiempo, la mayoría de las tribus y de los ejércitos de las naciones tenían ciertos emblemas y objetos que eran considerados consagrados a su dios o a su religión y que se usaban en el momento de la batalla: ciertos amuletos y emblemas que se consideraban signos de "suerte" en la crisis o el conflicto. He visto personas que llevan una pata de conejo para la "buena suerte". El problema es: la *suerte* no ayudó al conejo: él perdió su pata en el proceso, así que ¿cómo podrían los restos de un conejo muerto ayudar a una persona viva?

A diferencia de la tradición de los escudos de Salomón, el escudo de favor del creyente no necesita ninguna marca ni emblema específico para mejorar su fuerza para protegernos, ya que el favor es como una poderosa fragancia: no se puede ver en la piel, pero se puede oler cuando la persona entra en la habitación. Es como el sol detrás de las nubes; no se puede ver al sol mismo, pero usted sabe que detrás de las nubes está el calor de la luz del sol que se siente en el aire. *El favor es lo que motiva que los demás se pongan de acuerdo con su postura y su opinión.* El favor no es la puerta, pero es la bisagra sobre la cual esta se abre permitiendo que usted entre a la habitación. El favor marca su lugar en la mesa antes de que usted entre al cuarto. El favor lo llevará a lugares donde nunca ha estado, lo hará ver cosas que nunca ha visto y conocer gente que nunca ha conocido, a quienes usted les agradará ¡y no podrán explicar por qué!

Hace varios años una ministra fue a la Costa Oeste para servir en el área de Watts en Los Ángeles, una de las partes más peligrosas de la ciudad. Estas eran áreas económicamente pobres donde bandas específicas habían marcado su territorio, y cualquier intento de cruzar la línea era tratado con severidad, ya sea con una paliza, un tiroteo o un ataque de pandillas no deseado e inesperado, que a menudo resultaba en muerte. Era una de esas épocas en que una escolta policial de un ministro no era la manera de llevar el evangelio a estos jóvenes de las zonas marginales de la ciudad. Cuando ella se puso a orar por una puerta abierta, comenzó pidiendo favor a Dios. Él le dio una idea creativa que comenzó a abrir puertas increíbles en los proyectos de vivienda. Durante un extraño giro de los acontecimientos uno de los líderes de una banda le informó que él iba a servirle de guardaespaldas personal y que nadie de ninguna pandilla iba a poner una mano sobre ella. Este líder de la banda incluso les exigió a sus seguidores que ayudaran a armar los eventos al aire libre ¡y asistieran a las reuniones! Este fue el escudo de favor en acción. Dios la favoreció con la protección de las mismas personas que eran las más peligrosas, dándole favor entre los enemigos.

En el libro de Daniel hubo dos situaciones muy peligrosas que plantearon amenazas para Daniel y sus compañeros judíos. Una fue cuando tres hombres hebreos se negaron a inclinarse ante el ídolo del rey y fueron arrojados a un horno (tal vez el mismo usado para moldear la imagen que el rey había hecho para que la adoraran) que fue calentado siete veces más de lo usual. (Vea Daniel 3). El segundo relato fue cuando en un foso los leones hambrientos estaban impacientes por la cena, y Daniel fue arrojado al foso para convertirse en la comida de la noche, mientras sus enemigos esperaban ver a los leones lamiendo sus huesos a la mañana siguiente. (Vea Daniel 6). Daniel escapó sin un rasguño en su cuerpo, y los muchachos hebreos salieron de las llamas, sin siquiera el olor a humo en sus vestimentas. Había un escudo de favor protegiendo a cada uno de estos cuatro individuos de los planes destructivos de los hombres. *El propósito de Dios para ellos era más grande que el plan de los enemigos contra ellos.* El favor se convirtió en un escudo a prueba de fuego y en un repelente para leones para Daniel y sus compañeros en Babilonia.

Volviendo a finales de la década de 1980, antes de una de nuestras principales giras por Israel, hubo levantamientos en partes de la ribera occidental y Gaza, entre los árabes palestinos contra los judíos: la *Intifada*. En ese tiempo los jóvenes palestinos quemaban neumáticos en las calles y arrojaban piedras a los autobuses, posiblemente a los autobuses turísticos que pasaban por algunos de sus pueblos. En esa ocasión estábamos en Jerusalén. Situado en el este de Jerusalén, se encuentran el valle de Cedrón, las ruinas de la ciudad de David, las fuentes de Guijón, el túnel de Ezequías, y Silwan—una antigua comunidad árabe con miles de niños y jóvenes que viven en las casas y apartamentos de las laderas. Debido a la Intifada las escuelas árabes estaban cerradas. Tenía la esperanza de llevar a mi gran grupo a través del valle de Cedrón, ya que esta región es una parte muy emocionante e interesante de la historia bíblica primitiva de Jerusalén.

Mis guías judíos sugirieron que evitáramos esa área y canceláramos el recorrido a pie ¡para evitar que cualquier niño lanzador de piedras recreara la historia bíblica de David y Goliat! Cuando uno de mis amigos árabes oyó que habíamos cancelando la visita a la zona, dijo: "Hermano, tienes a Dios contigo, y el favor de Dios. ¿Por qué tener miedo? Esta es la tierra de Dios, y Él quiere que la veas". Exigió que hiciera la gira y dijo: "Déjame ayudarte, y no te preocupes". No tenía ni idea de lo que quería decir con esa afirmación, pero me dijo que conocía a alguien que se haría cargo de nosotros. Al día siguiente estacionamos los autobuses, y cuando mi grupo de ansiosos peregrinos se comenzó a formar, me encontré con un fornido árabe, de facciones duras, de alrededor de treinta años. Él estrechó mi mano y dijo: "No se preocupe por nada. Pásenlo bien".

Nos tomamos nuestro tiempo caminando por toda la zona con este hombre en la retaguardia. No tuvimos ningún problema, y todos los niños simplemente nos miraban y nos saludaban agitando la mano; ni uno de ellos recogió siquiera una piedrecita. Después me enteré de que ese joven era el hermano de uno de los mayores líderes árabes de los palestinos, y todo el mundo sabía que si él estaba con usted, entonces ¡era mejor no "revolver la olla" ni hacer lío! Creo que esta inusual protección fue una señal de favor en nuestra gira de la misma manera en que a veces los soldados romanos protegían a Pablo de situaciones que podrían haber sido peligrosas para él.

Otro ejemplo de favor en Tierra Santa fue a principios de la década de 1980, cuando se estaba llevando a cabo una excavación secreta bajo los edificios de la ciudad vieja que corrían paralelos al Muro de los Lamentos. En ese tiempo eso era secreto y estaba fuera del alcance de cualquier visitante, excepto los arqueólogos y el Departamento de Antigüedades. Mi guía, Gideon Shore, me presentó a un hombre judío llamado Yeshua, quien tenía las llaves de todas las puertas de hierro, y a uno de los principales rabinos que estaba supervisando la excavación subterránea. El rabino nos dio a mi esposa, Pam, y a mí, permiso para visitar los túneles una noche tarde, y me informaron que Pam era la primera mujer a quien se le permitía visitar esta zona, ¡que era el lugar donde solo se permitía a los hombres judíos ortodoxos orar en los túneles cerca del Muro Occidental! Durante varios años, en diversas ocasiones recibí permiso para llevar a todo nuestro grupo de turistas, a altas horas de la noche, a los túneles, cuando eso seguía estando fuera de los límites de acceso para otros grupos (debido a problemas de seguros y responsabilidad civil). En una ocasión, el arqueólogo había cambiado las cerraduras, y cuando nuestro grupo llegó por la noche, no pudimos pasar la primera puerta de hierro que conduce al sitio subterráneo. El rabino dio una orden para que rompieran las cerraduras para que nuestro grupo pudiera entrar. Los guías judíos que estaban conmigo, decían: "Esto es inaudito. ¡Ustedes deben tener algún tipo de conexión divina con el Señor y con el rabino!".

    A veces en Israel he sido testigo de este favor una y otra vez. Yo creo que el favor de Dios con frecuencia está vinculado a los lugares y a personas que usted más ama. Tengo un gran amor por Israel y por los árabes y judíos que viven en el país. Esta apreciación es visible cada año cuando emitimos alrededor de veinticinco de nuestros programas de televisión *Maná-Fest* (Festival de maná), grabados en Israel. Gente de todo el mundo puede sentir la unción, el gozo y la paz de Dios que irradia de los programas. Estos programas son vistos en más de 249 naciones y países del mundo y entre gente común, líderes mundiales, y muchos de

diversos orígenes religiosos. Mi sincero amor por la tierra de Dios ha abierto la puerta a amigos judíos prominentes, tanto en Israel como en los Estados Unidos. *Qué y a quién ama usted puede forjar la fuerza y el tamaño de su escudo de favor.*
Para un creyente el favor debería manifestarse en un doble nivel: "con Dios y los hombres" (Lucas 2:52). El favor de Dios se inicia primeramente cuando entramos en un pacto de redención por medio de Cristo y andamos en los mandamientos y promesas de ese pacto. Cuando buscamos primero el éxito del Reino de Dios en la tierra, Dios *nos añade todas las cosas,* haciendo posible que seamos exitosos en lo que hacemos (Mateo 6:33).

El favor en un campo extranjero

Nuestra organización VOE apoya a numerosos misioneros que hemos conocido personalmente y con quienes hemos trabajado durante muchos años. Una en particular, una mujer (vamos a dejarla en el anonimato), viaja a algunos de los lugares más remotos y difíciles del mundo y se le ha asignado por el Espíritu Santo concentrarse en grupos de personas que nunca han oído el evangelio. La razón por la que algunos nunca han oído es porque el peligro físico y las amenazas de llevar el evangelio a esos grupos son tan grandes que los misioneros extranjeros con niños dudan en viajar y arriesgar sus vidas. Esta mujer misionera debe tener el favor divino desde el momento en que baja del avión hasta el momento en que se dirige de regreso a los Estados Unidos. Ella cuenta historias sorprendentes de cómo Dios aparecía para cegar los ojos de los guardias fronterizos para que no vieran las Biblias, la protegía de los grupos rebeldes peligrosos y del posible tiempo en prisión, y así por el estilo.

A menudo, cuando se habla del favor algunos creen que es solo una "cosa occidental", porque lo tenemos más fácil y habiendo muchas más iglesias eso significa más conexiones del Reino y, financieramente, la mayoría de los cristianos tiene un empleo o algún tipo de ingreso. Sin embargo, el favor de Dios no es una cosa regional o étnica; es una potencial bendición para todos los hijos de Dios.

Un misionero me contó de un "pastor subterráneo" (yo había visto su foto y oído su testimonio), quien fue arrestado en una nación comunista que persigue y, en ocasiones, tortura a los cristianos. El pastor fue colocado en una desagradable celda y se le dijo que no iba a ser alimentado por noventa días. Los soldados le dijeron que al final de los noventa días volverían a sacar su cadáver putrefacto de la cárcel. La celda era fría, con piso de tierra, y en la parte inferior tenía pequeños agujeros por donde de noche entraba aire. En vez de llorar y quejarse, ¡el ministro comenzó a dar gracias a Dios por haberle permitido ser perseguido por causa del evangelio! Sabía que terminaría muriendo de hambre en ese lugar abandonado, pero se negó a comprometer su fe.

Comenzó a alabar a Dios, y mientras adoraba, empezó a pensar en la historia de la Biblia, donde las aves alimentaron al profeta. Miró alrededor y se dio cuenta de que no había ventanas. Bajó la cabeza y se desanimó un poco, y al hacerlo, algo le llamó la atención: una rata había entrado a su celda y le había traído una manzana fresca. Se regocijó, pero el milagro no terminó allí. Al día siguiente, la rata le trajo una banana. Parecía que la rata se escabullía con el alimento de los numerosos guardias, ¡y continuó alimentándolo durante los noventa días! El contenido de agua de la fruta le proveyó lo suficiente para su supervivencia.

Al final de los noventa días, los guardias regresaron esperando encontrar un cadáver hediondo, solo para encontrar a un hombre que parecía más saludable que cuando lo pusieron en la celda ¡y seguía vivo! Un gran temor vino sobre ellos cuando él les dijo que Dios lo mantuvo con vida, ¡y gustosamente lo liberaron de la prisión! Si los cuervos, que son un ave impura, pueden alimentar a un profeta en una hambruna en Israel (1 Reyes 17:6), ¿por qué no

Cómo descubrir y usar el escudo del favor

puede una rata (una criatura impura) de una prisión china traer la comida de los soldados enemigos a un sufriente ministro?

A menudo hay gran favor y respuestas a la oración en el campo misionero, ya que estos preciosos creyentes no tienen nadie a quien recurrir, excepto a Dios, y sin milagros ni respuestas sobrenaturales a la oración las imposibilidades seguirían siendo imposibles. Sé de un asombroso relato de la China comunista, donde un ministro fue arrestado y colocado en un refrigerador grande, y lo dejaron allí para que muriera en poco tiempo. En la nevera también había un soldado comunista que había muerto; su cadáver quedó allí en el almacenamiento frío hasta que pudieran realizarse los preparativos del funeral. La puerta estaba cerrada y asegurada. En la nevera el cristiano comenzó a orar e interceder. Tres horas después se produjo un estruendo en la puerta, pero no era la voz del cristiano. El soldado comunista había resucitado de los muertos, y cuando se abrió la nevera, un gran temor se apoderó de los otros soldados, por decir lo menos. Estos milagros son realmente el escudo de favor.

El favor también se manifiesta en el ámbito de los viajes y negocios del ministerio. Hace años uno de mis compañeros de trabajo, Robbie James, había llevado un pequeño grupo a la India para un viaje misionero. Estos viajes son de mucho trajín, con horas de viaje en camionetas y numerosas reuniones durante todo el día. Al final del viaje los ministros están bastante cansados, y el trayecto a casa es largo y el viaje en avión por lo general incómodo, por decir lo menos. El pastor de la India le pidió a Dios que diera favor al grupo haciendo que las líneas aéreas los cambiaran a la clase de negocios para su regreso a los Estados Unidos desde la India, donde habían estado ministrando. Al llegar al aeropuerto, cada aumento de categoría era de dos mil dólares, que no solo no tenían, sino que además tampoco lo hubieran pagado de haberlo tenido, ya que para los misioneros el dinero es demasiado precioso para gastarlo de esa manera. El hombre de la puerta dijo: "Les daré el cambio de categoría a cinco personas por quinientos dólares cada uno". Eso también estaba fuera de cuestión. El hombre se fue detrás del mostrador y dijo: "Esperen un minuto", y luego regresó con cinco aumentos de categoría gratuitos para el grupo, sin costo adicional. Esto puede parecer pequeño, pero para cinco misioneros agotados era un refrigerio muy necesario. ¡Eso fue el favor cristiano en una nación hindú!

Creo que este escudo de favor no solo es para protección, sino que además, así como los romanos tenían dos escudos—uno para la guerra y uno que era más decorativo—este escudo sigue con usted para abrirle puertas de oportunidades que están cerradas. La fe no solo se usa en el tiempo de una batalla espiritual, sino que además debe usarse en un nivel práctico: creer por un trabajo, creer por ingresos para pagar las cuentas, y creer por buenos informes y por ayuda en situaciones prácticas de la vida. Habrá momentos en que alguien vendrá en su ayuda y asistencia, y no habrá ninguna explicación de por qué lo ayudó, pero usted sabrá íntimamente: "Estoy rodeado de la armadura de favor".

Cómo acrecentar su cuenta de favor

La Escritura habla de que los creyentes tienen una "cuenta" en el cielo. Cuando Pablo recibió una ofrenda de la iglesia de Filipos, escribió: "No es que busque dádivas, sino que busco fruto que abunde en vuestra cuenta" (Filipenses 4:17). Hechos 10:1-4 ilustra cómo las bendiciones celestiales se manifiestan en la tierra una vez que la "cuenta" celestial se llena. El centurión italiano llamado Cornelio era temeroso de Dios, oraba siempre, y daba limosna (caridad) a los pobres. Cuando el ángel del Señor se le apareció, le reveló: "Tus oraciones y tus limosnas han subido para memoria delante de Dios" (v. 4). La palabra griega para "memoria" es *mnemósunon*, lo que significa un recordatorio o un registro. Dios guarda registros notables en el cielo, incluso lo nombres del Libro de la Vida del Cordero (Filipenses 4:3; Apocalipsis 3:5). Los registros de las palabras, los hechos y las acciones de todos los hombres también están registrados en rollos celestiales (Apocalipsis 20:12-13).

De acuerdo con Cristo, hasta la más pequeña acción que se realiza en su nombre, incluyendo alimentar, vestir y visitar a los pobres y a los presos, no quedará sin recompensa de parte de Él (Mateo 10:41-42). Dios registra los actos y las acciones de nuestras actividades que se hacen en su nombre en la tierra, y las marcas en sus libros celestiales para su posterior consulta en el Día del Juicio. Sin embargo, no todas las recompensas están siendo reservadas para otorgarse desde el tribunal de Cristo en el cielo (Apocalipsis 11:18). Por cierto, existen diferentes recompensas y bendiciones que son manifestadas por Dios en la tierra sobre las iglesias e individuos, que resultan del acrecentar y del desbordar de sus cuentas celestiales. La iglesia o cualquier individuo que continuamente ora, ayuna, testifica, ayuda a los pobres y necesitados y realiza actos de caridad y bondad, se registra en el cielo. A medida que satisfacemos las necesidades de otros, Dios a cambio satisface las nuestras, manifestando bendición por los actos de caridad y obediencia.

Mi esposa y yo sabemos de una joven que, cuando era adolescente, viajó con sus padres, y cuyo trabajo consistía en ayudar a establecer la asistencia alimentaria para los pobres, y en los esfuerzos de alivio en catástrofes. Como adolescente iba a ayudar a preparar y a entregar las cajas de alimentos para los pobres y ancianos. Finalmente, se conectó con un ministerio de jóvenes muy respetado y trabajó diligentemente por años en todas las áreas del ministerio donde se le pidió o donde más se la necesitaba. Pasaron los años, y ella sintió que tenía que mudarse a una ciudad donde estaba naciendo un nuevo ministerio. Allí trabajó como voluntaria hasta que se abrió una puerta para un trabajo. Había pasado muchos años trabajando detrás de la escena, sirviendo, ayudando y orando continuamente, a menudo sin remuneración, ni reconocimiento ni recompensa. Sin embargo, en algún punto su ministerio de "ayuda" (1 Corintios 12:28) llamó la atención del Señor. Ella realmente necesitaba un automóvil y comenzó a buscar el favor de Dios. Sin que ella lo supiera, el Señor puso en alguien el sentir para que le comprara un vehículo, y no un viejo modelo destartalado, sino un coche muy bonito. Al ayudar a otros ella había *acrecentado* su cuenta de favor en el cielo, y Dios le devolvió el *interés* para que ella lo retirara del *capital* celestial de su cuenta.

No darse por vencido cuando el favor se seca

En los días de Elías, una hambruna se extendía por Israel. Una hambruna nacional afecta tanto a los justos como a los injustos. Dios colocó a Elías en un lugar donde había un arroyo que fluía y envió cuervos para darle de comer pan y carne, diciéndole a Elías: "Yo he mandado a los cuervos que te den allí de comer" (1 Reyes 17:4). Finalmente, sin embargo, el arroyo se secó y los pájaros no volaban (v. 7). La razón del repentino agotamiento de la bendición era que una mujer viuda y su hijo estaban con su última comida y se iban a morir, y Dios necesitaba que Elías dejara su pequeña y cómoda zona de seguridad y se dirigiera al norte, hacia el Líbano, para manifestar un milagro de provisión para la vida de ella (v. 9).

La vida se mueve en estaciones. Usted no siempre puede cosechar, ya que viene una época en que hay que sembrar para cosechar después. En Apocalipsis, la iglesia de Laodicea era rica y dijo: "Yo soy rico, y me he enriquecido, y de ninguna cosa tengo necesidad" (Apocalipsis 3:17). A menudo, los creyentes de hoy en día están constantemente tratando de ser alguien que no *necesita* nada en el sentido de decir: "No necesitamos nada, y todas nuestras necesidades siempre están satisfechas". El mayor peligro para un creyente es cuando tiene todo lo que quiere, todo lo que necesita, y no tiene necesidades. Esta es la razón por la que…un santo que no tiene necesidades frecuentemente se convierte en un santo sin oración, despreocupado e inútil. He visto a personas que están tan a gusto en su prosperidad que no ven la necesidad de orar, comienzan a faltar a la iglesia para disfrutar de sus "cosas", y terminan volviéndose espiritualmente inútiles. Las necesidades lo fuerzan usted a depender de Dios para que Él le provea, manteniéndolo así de rodillas en oración. He visto a empresarios exitosos dejar de venir a la iglesia para pasar cada fin de semana en una casa de montaña o en el lago. De pronto, el negocio o la clientela comenzaron a disminuir y las "cosas" se vendieron para pagar las cuentas. Ellos volvían a la iglesia deseando oración.

A veces el arroyo se seca y las aves no vuelan, y a usted le parece que el favor se ha ido por la puerta principal y lo dejó de pie en el conflicto. Cuando el escudo de favor parece irse, es momento para una autoevaluación.

1. "¿Estoy en algún tipo de pecado que desagrada a Dios o al Espíritu Santo?"

2. "¿Estoy en obediencia al Señor y en su voluntad, o Dios me está llamando la atención por una transición para la que debo prepararme?"

Los problemas no son una señal de desaprobación de Dios, ya que los problemas son parte de la vida. Sin embargo, deberían llevarnos a estar a solas con Dios y a buscar su ayuda.

En mi primer edificio de oficinas de veinticinco mil metros cuadrados (que sigue estando operativo) puse al frente una sala de oración para orar por las necesidades de la gente. Después de varios años nos quedamos sin espacio, y decidí convertir la sala en una oficina común con una telefonista. Inmediatamente después de mis acciones, durante cuarenta y cinco días, vi la peor caída de pedidos telefónicos en la historia del ministerio. Parecía que por horas nadie llamaba ni solicitaba ninguno de los materiales de recursos. Me preocupé y acudí a la oración, ya que dependemos de las ventas para mantener el ministerio VOE en 249 naciones. El Señor me reveló: "Tu ministerio fue establecido sobre la oración, y me desagradó cuando cambiaste la sala de oración por una oficina". Respondí volviendo a poner la habitación como sala de oración, donde hoy ¡una hermana en el Señor pasa el día orando por las necesidades de las personas que llaman!

El favor se desvaneció como una señal para llamar mi atención a un acto de desobediencia, pero regresó cuando cumplí la instrucción del Espíritu Santo. Para una iglesia y un ministerio, parte de su favor en una comunidad proviene de la percepción de su ministerio dentro de la comunidad. Su integridad personal es parte del escudo que conforma su favor local con hombres y mujeres. Al proteger su integridad, usted también protege ese nivel de favor. El favor de Dios viene por medio de la obediencia a Dios y a su Palabra. Cada creyente puede disfrutar del escudo de favor.

Si usted es padre y tiene un hijo que, digamos, tiene menos de diez años de edad, y su hijo entra en la casa llorando sinceramente porque se cayó y se lastimó la rodilla, usted, como padre amoroso y cuidadoso no le dirá: "Ve a sentarte, quédate en silencio y deja de lloriquear; estoy ocupado". Un buen padre dejará lo que esté haciendo y atenderá la lesión, aunque no sea mortal ni requiera asistencia médica. El clamor del hijo pone de manifiesto el amor y la compasión del padre.

Cuando los enfermos, los afligidos, y los poseídos clamaban a Cristo en los cuatro Evangelios, Él nunca rechazó a una persona: en cambio, se detenía, oraba y los ministraba. Cuando clamamos a nuestro Padre celestial, Él inmediatamente nos oye, como dijo David en el Salmo 120:1: "A Jehová clamé estando en angustia, y él me respondió". *Para que Dios pueda llegar a usted, usted debe llegar primero hasta Él. Las oraciones se manifiestan por medio de palabras, pero la compasión se manifiesta por las lágrimas,* y Cristo es movido con compasión hacia sus necesidades (Mateo 9:36; 14:14; 20:34).

Capítulo 9

REPARAR las GRIETAS DE UNA VASIJA ROTA

La mayoría de las personas de Norteamérica están familiarizadas con la alfarería. La alfarería bíblica se hacía en piedra, pero principalmente en arcilla, la cual era moldeada por las manos de un maestro alfarero, luego cocida a altas temperaturas para endurecer la vasija para el uso público. Durante el proceso de cocción la arcilla sufre un cambio químico, que endurece de forma permanente la arcilla blanda del recipiente. En 1 Reyes 7:46 el rey Salomón ordenó que los vasos del templo se realizaran a partir de moldes de arcilla de la zona de Sucot y Saretán. Según fuentes judías, estos vasos fueron hechos de moldes de arcilla formados con la arcilla húmeda que se encuentra en el río Jordán. Muchos de los vasos sagrados utilizados en el servicio del templo eran de oro o de plata, y otros cortados en piedra. Cada vaso del templo servía a un propósito distinto y era considerado sagrado tanto a los ojos de Dios como del sacerdote.

En el Antiguo Testamento la palabra hebrea palabra *kelí* puede ser traducida en la Biblia como "vasija" (Levítico 6:28), "saco" (1 Samuel 17:40), y "herramienta" (Isaías 54:16). Las vasijas se adquirían para almacenar y transportar recursos tales como agua, aceite, granos o frutas. Se podían encontrar en los hogares, en las granjas y cerca de los pozos de agua, y eran necesarias a diario.

Al principio de la creación Dios es representado como un alfarero que forma al hombre con el barro de la tierra como un vasija humana hecha a imagen de Dios (Génesis 2:7). En todo el Antiguo Testamento, los escritores inspirados aludían a Dios como el Maestro alfarero, moldeando a Israel, el pueblo hebreo, y a las naciones para sus propósitos divinos (Isaías 29:16; 64:8; Jeremías 18:1-6). Cuando Dios está dando forma a la arcilla en sus primeras etapas en su rueda de alfarero, a veces se estropea o se daña, y el Maestro alfarero debe aplastar la arcilla húmeda y comenzar todo de nuevo.

> Y la vasija de barro que él hacía se echó a perder en su mano; y volvió y la hizo otra vasija, según le pareció mejor hacerla.
>
> —JEREMÍAS 18:4

A través de toda la Biblia hay siete diferentes tipos de vasijas, y los siete pintan la imagen de los siete tipos de personas con los que Dios trata. Los siete tipos de vasijas mencionadas en la Biblia son:

1. La vasija de barro

> Y la vasija de barro en que fuere cocida, será quebrada; y si fuere cocida en vasija de bronce, será fregada y lavada con agua.
>
> —LEVÍTICO 6:28

2. Los vasos de honra

> ¿O no tiene potestad el alfarero sobre el barro, para hacer de la misma masa un vaso para honra y otro para deshonra?
>
> —ROMANOS 9:21

3. Los vasos de deshonra. La referencia al vaso de deshonra también se encuentra en el pasaje antes citado, Romanos 9:21:

¿O no tiene potestad el alfarero sobre el barro, para hacer de la misma masa un vaso para honra y otro para deshonra?

4. Los vasos de ira

¿Y qué, si Dios, queriendo mostrar su ira y hacer notorio su poder, soportó con mucha paciencia los vasos de ira preparados para destrucción?
—Romanos 9:22

5. Los instrumentos escogidos

El Señor le dijo: Ve, porque instrumento escogido me es éste, para llevar mi nombre en presencia de los gentiles, y de reyes, y de los hijos de Israel; porque yo le mostraré cuánto le es necesario padecer por mi nombre.
—Hechos 9:15-16

6. Los vasos quebrados

He sido olvidado de su corazón como un muerto; he venido a ser como un vaso quebrado.
—Salmo 31:12

7. Los vasos de misericordia

y para hacer notorias las riquezas de su gloria, las mostró para con los vasos de misericordia que él preparó de antemano para gloria,
—Romanos 9:23

Estos siete vasos identifican las siete características espirituales que se encuentran en cada persona y cómo Dios ve a cada persona sobre la base del nivel de su caminar espiritual.

- *La vasija de barro*: Todos somos vasijas de barro formados del barro de la tierra por el Maestro Alfarero. Como vasos de barro, estamos sujetos a ser quebrados por mala manipulación o maltrato o si la presión interna aumenta, creando en nuestro vaso un punto débil, que a la larga provoca una pequeña grieta.

- *El vaso de honra*: Este es todo vaso que se somete a la voluntad y al propósito de Dios, siguiéndolo obedientemente en cada área de su vida. La vida y la obra de un individuo así traen honra al Señor y al nombre del Señor.

- *El vaso de deshonra*: Este es cualquier vaso que intenta continuar una vida de pecado, siguiendo los placeres de este mundo y en desobediencia a Dios y a su Palabra.

- *El vaso de ira*: Estos son los que cometen el pecado de blasfemia o viven en los pecados de perversión, hasta el punto en que se les da una mente reprobada (Romanos 1:28). Estos son vasos asignados para experimentar la ira de Dios, e incluirían a Judas y al futuro anticristo.

- *El vaso quebrado*: Estos son los vasos de barro que han afrontado circunstancias negativas en sus vidas y han experimentado lo que llamamos "un corazón quebrantado" o han tenido una experiencia que ha traído dolor y tristeza a sus vidas.

- *El instrumento escogido*: El instrumento escogido es el vaso o persona a quien Dios escoge desde el nacimiento para una tarea específica en la nación o en el Reino. El profeta Jeremías era un vaso escogido desde antes de su nacimiento (Jeremías 1:5), y Pablo también fue identificado como un instrumento escogido (Hechos 9:15).

- *El vaso de misericordia*: Cuando la gracia de Dios se derrama sobre nuestras vidas y vivimos en libertad espiritual de los pecados y de las ataduras del pasado, somos marcados como vasos de misericordia que son capaces de dar misericordia a los demás así como también nosotros hemos recibido misericordia.

Puesto que este libro se ocupa de las grietas en la armadura de un creyente, en esta sección, quiero centrarme en uno de estos vasos, la vasija rota, y revelar cómo sellar las grietas en una vasija de barro rota para traer sanidad donde ha habido debilidad.

Restauración de la vasija rota

Después de haber estado en Israel más de treinta y cuatro veces, me he parado en lo que se llama un *tel*: una montaña o colina que se levanta en un valle donde estaba construido un antiguo pueblo o ciudad. Cuando el arqueólogo comienza a desenterrar las ruinas, es común encontrar miles de fragmentos, que son piezas de vasijas de barro rotas. A veces una vasija entera ha permanecido bajo la tierra de un lugar durante miles de años. Como las ciudades eran a menudo el blanco de los ejércitos invasores, pocos vasos de arcilla sobrevivían al derrumbe de las casas o de los techos que caían después de ser quemados. Un arqueólogo entusiasta, sin embargo, puede marcar cada pieza de arcilla rota y pegar el recipiente. El único aspecto negativo es que usted puede percibir visiblemente todas las piezas rotas que se asemejan a un rompecabezas de arcilla, identificando que esa vasija estaba totalmente rota y ahora la han pegado.

Hay muchos creyentes que tuvieron que *recoger los pedazos* de una vida rota—tal como un matrimonio roto, tratando de dividir los activos, de averiguar el derecho de visita y la manutención de los hijos, y mudándose de un empleo o de un hogar a una nueva ubicación. Aunque muchos creyentes continúan siguiendo al Señor a pesar de la ruptura, los ojos, la expresión facial, el habla, y las acciones revelan que están viviendo un día a la vez, *o un pedazo a la vez*, tratando de encontrar un poco de orden en una época de desorden.

Sin embargo, hay otras formas de alfarería, incluso de la época de Cristo, que tenían solo una grieta que aparecía o una pequeña sección que necesitaba reparación. El antiguo proceso de restauración de una vasija agrietada es una de las imágenes más notables de cómo el Señor restauró los vasos rotos en la casa del alfarero.

Una grieta en la vasija

Los vasos más valiosos eran creados con moldes usando plata u oro. Se requiere un calor intenso para fundir la plata y el oro que se encuentran en la tierra, para purificar los metales de la escoria o de las impurezas naturales mezcladas con el mineral de oro u oro extraído de la tierra. La plata pura se funde a 1761 grados Fahrenheit; para fundir el oro (24 quilates) se requiere un calor de aproximadamente 1945 grados Fahrenheit.[1] Proverbios habla de la eliminación de la escoria:

> Quita las escorias de la plata, y saldrá alhaja al fundidor.
> —Proverbios 25:4

La Escritura habla de que ciertas pruebas de nuestra fe son pruebas de fuego tan preciosas como el oro purificado en el fuego (1 Pedro 1:7). Pedro les estaba escribiendo a los creyentes que se hallaban en aflicción por diversas tentaciones (v. 6). La escoria siempre está mezclada con el metal puro, pero debe ser separada para colocar la plata y el oro fundidos en moldes o en las manos de un refinador que pueda forjar un valioso recipiente. Es la escoria la que hace que un creyente sea impuro en su espíritu. Dios dio instrucción por medio de Moisés respecto a las leyes de los vasos limpios e inmundos. Lo que se colocaba dentro del vaso podría contaminar la santidad del mismo, incluso tipos de moho. Si un reptil muerto caía en una vasija, esta era inmunda y debía ser limpiada con agua (Levítico 11:32). Si una persona con una llaga o una secreción corporal tomaba un vaso, el vaso de madera podía ser limpiado con agua corriente, pero el vaso de barro era quebrado (Levítico 15:12). Si un hombre moría en su tienda, toda vasija que estaba abierta sin una tapa que la cubriera era considerada inmunda (Números 19:14-15).

Dios sabía que todos los gérmenes y muchas enfermedades son transmitidos por el aire y podían volver contagiosa a una persona al contraer ese particular germen o virus traído por el aire. Los gérmenes además son invisibles, y lo que no se ve que se mete dentro del vaso ¡puede causar tanto daño como lo que usted ve! Cuando los vasos se declaraban inmundos, eran inmundos hasta la tarde o inmundos por siete días. Muchas veces los hermanos en la fe observarán las acciones externas o la apariencia de otros seguidores de Cristo y prejuzgarán su debilidad o sus puntos fuertes basándose en sus palabras y acciones. Sin embargo, algunas de las peores corrupciones del espíritu humano provienen de actitudes y luchas internas que se ocultan de la vista de manera efectiva. Como escribió Pablo: "Mirad bien, no sea que alguno deje de alcanzar la gracia de Dios; que brotando alguna raíz de amargura, os estorbe, y por ella muchos sean contaminados" (Hebreos 12:15), y "Todas las cosas son puras para los puros, mas para los corrompidos e incrédulos nada les es puro; pues hasta su mente y su conciencia están corrompidas" (Tito 1:15). Son la falta de perdón, la amargura, la discordia, la envidia y la malicia lo que contamina por dentro al vaso.

El proceso de formación

Dios ha puesto su tesoro en vasos de barro (2 Corintios 4:7). Las vasijas de barro fueron formadas a partir del barro tomado de la tierra, así como el primer hombre, Adán, fue creado de la tierra (Génesis 2:7). La arcilla, a veces puede secarse tanto que se vuelve imposible de moldear y no se dobla bajo la mano del creador; a veces los creyentes pueden experimentar períodos de sequía espiritual en el que dejan de crecer o madurar. Como los hijos de Israel en el desierto, ellos están acampando en un lugar, aburridos de la rutina, o dando vueltas en círculos alrededor de la misma montaña una y otra vez. Si los períodos de sequía no hacen efecto en ellos, su equilibrio espiritual puede ser la próxima área donde su desarrollo se vea obstaculizado.

Cuando la arcilla está en la rueda del alfarero, la formación realmente se puede desequilibrar, descentrarse y deformarse, haciendo que el alfarero no tenga otra opción más que aplastar la arcilla y comenzar a dar forma a otro vaso de la misma arcilla. He visto esto cuando los creyentes caen en pecado, se van de la iglesia, y vuelven. Tienen que poner otra vez el fundamento de las buenas obras y volver a hacer sus primeras obras (Apocalipsis 2:5).

Una tercera área del proceso de formación en la rueda del alfarero es cuando pequeñas piedras se mezclan con la arcilla o aparecen bultos duros en las paredes de la futura vasija. Estos deben ser quitados o, durante el proceso de cocción, cuando la arcilla es calentada para el endurecimiento final y el servicio público, el calor puede hacer que el vaso tenga un lugar débil, de modo que cuando el recipiente se ponga en uso resulte inutilizable. Considero a estas pequeñas piedras como el "peso y el pecado" que Hebreos 12:1 dice que fácilmente pueden atraparnos o cargarnos y hacer que retrasemos nuestro ritmo en la carrera.

Las vasijas también se pueden estropear, y son una imagen de los defectos de carácter en la vida de una persona. Hay muchos creyentes jóvenes que desean ser usados por Dios en un ámbito público como: líder de adoración, maestro, pastor, ministro de jóvenes, misionero, etc. Sin embargo, ellos están estropeados o tienen defectos y asperezas que deben trabajar antes de ser colocados en un lugar público. Sé de al menos un ministro de música, que acababa de graduarse con un título de cuatro años de universidad y fue contratado como ministro de música en una iglesia que tenía un coro grande. En el lapso de un año, el coro fue de setenta y cinco miembros a veinte y casi causó una división en la iglesia. El joven era un novato, envanecido, y se negaba a comunicarse adecuadamente con los miembros del coro. Se graduó con su conocimiento de los libros, pero no se graduó en el conocimiento práctico. Es por esto que Pablo advirtió que se debe tener cuidado de colocar a un novato (un creyente recién plantado) en una posición importante dentro de la iglesia, ya que puede llegar a envanecerse (1 Timoteo 3:6).

Cuando David estaba en el punto más bajo de su vida como resultado de sus pecados, escribió: "He sido olvidado de su corazón como un muerto; he venido a ser como un vaso quebrado" (Salmos 31:12). Cualquier objeto hecho de arcilla o vidrio se puede romper. El vidrio puede romperse si la temperatura pasa de un extremo a otro. Los vasos de arcilla pueden romperse al dejarlos caer, o al manipularlos mal o por tener un punto débil en un área. En los tiempos antiguos las vasijas de arcilla eran usadas por gente de todas las nacionalidades. Las vasijas de barro eran fuertes a menos que se las sometiera a una presión extrema, se las dejara caer, o se las quebrara. Toda persona en algún momento encontrará una grieta en su actitud, su vida mental, su andar espiritual, o en el trato con los demás. *Esas son las grietas en nuestra armadura.* Cuando estas grietas se producen en nuestra actitud, vamos a empezar a tener pensamientos que normalmente evitábamos. Con el tiempo, las grietas son como un corte sin tratamiento; causan una infección espiritual que se establece, y pronto no somos la misma persona que éramos. Los pensamientos negativos de nuestra cabeza han caído cuarenta y cinco centímetros, desde la mente a nuestro corazón.

Una vez que el recipiente está roto, no puede retener eficazmente sus contenidos líquidos. Deja de ser aquello para lo que fue creado. Si se creó para contener agua, el agua se escapará por la grieta. Si contenía aceite, el aceite fluirá por la pequeña abertura. Una vasija con grietas pueden llenarse hasta el tope, pero si está rajada, en apenas unos minutos el precioso líquido formará un charco fuera de la vasija.

Creyentes que gotean

Existe lo que yo llamo *creyentes que gotean*. Pueden recibir una bendición espiritual en un servicio de altar y, antes de llegar a casa, la paz y el gozo de su bendición han desaparecido. Reciben una infusión del gozo del Señor el miércoles por la noche, solo para que la sonrisa y el brillo de su semblante se conviertan en un ceño fruncido y en una expresión aburrida el jueves por la mañana. A modo de ejemplo, son como la enorme casa con cinco cuartos de baño. Por la mañana, todo el mundo está en la ducha al mismo tiempo, preparándose para el trabajo o para la escuela. En cuestión de minutos toda el agua caliente se ha ido. No fue porque hubiera *escasez* de agua caliente, ¡sino porque el agua caliente fue forzada a pasar por demasiadas cañerías a la vez!

Los creyentes que fueron heridos en sus emociones o en su espíritu con palabras de odio, experiencias negativas del pasado, o abuso físico, suelen estar atrapados en un pozo del pasado, encadenados con las cintas de la falta de perdón, y a menudo sienten como un desafío la capacidad de mantenerse firmes y estables, sin vivir en las grietas. He observado realmente a creyentes heridos por experiencias pasadas que no podían funcionar adecuadamente durante todo un día normal. Ciertas personas, palabras o acciones eran como un disparador de un arma de fuego que hacía que el creyente "estallara" en una inesperada perorata causando vergüenza al creyente y malestar a sus colegas. Un día son el Dr. Jekyll, y al día siguiente, ¡el Sr. Hyde!

En realidad he visto a creyentes que están tan quebrados en sus emociones que cuando vienen a trabajar, ¡sus compañeros de trabajo no saben si van a encontrarse con el Dr. Jekyll o el Sr. Hyde! Un día, actúan como si hubieran estado en una resurrección, y al día siguiente como si acabaran de regresar de un funeral. Las peores grietas vienen de los que han caído en pecado.

CREYENTES CON HUESOS ROTOS

En la Biblia no hay mayor ejemplo de una persona que realmente amaba a Dios y era consumido por su presencia, pero que cayó desde la altura de la gloria de Dios al pozo de la desesperación, que el rey David. David fue un cantante y un arpista cuyo don era tan ungido que tocaba el arpa y los espíritus malignos se apartaban de Saúl (1 Samuel 16:16). Siendo un adolescente, David mató a un gigante a quien por cuarenta días ningún soldado israelita había enfrentado (1 Samuel 17). Después de convertirse en rey, David construyó una tienda para la adoración continua y trajo el arca del pacto a Jerusalén y la puso en ese tabernáculo, el lugar donde fueron escritos muchos de los salmos (1 Crónicas 15-16). Sin embargo, David tenía un lado oscuro. Él cometió adulterio con la esposa de otro hombre, ella quedó embarazada, y David hizo que el marido fuera ubicado en la batalla de modo que muriera (2 Samuel 11-12).

Después que el pecado de David fue expuesto, él fue visto de una forma totalmente diferente por sus compañeros y por la gente de su reino. Perdió el gozo de la salvación y comenzó a sentir que la presencia del Señor escapaba de su propia alma, dejándolo con una sensación de angustia y desesperación. En un momento dado David clamó a Dios:

Anúnciame gozo y alegría;
infunde gozo en estos huesos que has quebrantado.
Aparta tu rostro de mis pecados
y borra toda mi maldad.

—Salmo 51:8-9, nvi

Es fácil ponerse de pie en la iglesia con las manos levantadas en una atmósfera de adoración, gritar un ocasional amén al predicador, y regocijarse con la banda de alabanza y adoración, cuando las personas que lo rodean están ignorantes y desinformadas de su pasado. ¡Es muy diferente cuando usted ha caído en pecado y toda la iglesia, la comunidad, el estado y la nación conocen los detalles! Aun después de que usted se haya arrepentido públicamente, algunas personas pueden mirarlo y decir: "¿Quién se cree que es... el viejo hipócrita? ¿Cómo puede actuar así en la iglesia después de lo que hizo?". La razón por la cual la gente que cae se levanta y recupera su regocijo es porque ha aprendido el secreto de David: *cómo danzar con los huesos rotos.*

David el rey que danza

Desde los tiempos de su juventud, David amaba la adoración. Uno no puede leer los salmos sin ver su pasión por adorar a su rey. Uno de los momentos más notables de David fue cuando trajo el arca del pacto a Jerusalén, la ciudad de David.

En 2 Samuel 6 David había preparado una inmensa procesión desde la casa de Obed-Edom al monte de Sion, donde había erigido una tienda de campaña para albergar el arca preciosa. Mientras los levitas llevaban el arca sobre los hombros, David ofrecía sacrificios cada seis pasos (v. 13). La distancia desde la casa de Obed-edom hasta Jerusalén era aproximadamente de dieciocho millas. ¡Eso significa que quedó un rastro de dieciocho millas de sangre de sacrificios detrás de esa procesión de adoración! El principio espiritual es este: *¡se requiere la sangre de Cristo para cubrir su pasado!* ¡Usted no puede progresar en su futuro a menos que su pasado haya sido ocultado con la sangre de Cristo! Una vez que se aplica la sangre, el adversario no puede deslizarse detrás de usted y sacar lo que ha sido cubierto con la sangre de Cristo.

Una vez que David llegó a las puertas de Sion, comenzó a danzar delante del Señor con "todas sus fuerzas". Su esposa, que estaba en el palacio mirando desde una ventana, se enojó con el rey. Más tarde lo acusó de exhibirse ante las mujeres jóvenes que estaban presentes en la multitud (vv. 16-21). La esposa de David era Mical, hija de Saúl. En su tiempo su padre estaba espiritualmente tan fuera de contacto con la presencia de Dios que la gloria del Señor se había apartado de Israel y los enemigos de Israel causaban estragos en la nación, que estaba en deuda, descontenta y angustiada (1 Samuel 22:2). David no se dejó intimidar por su esposa ni por su crítica a su adoración.

El incidente trajo tensión a su relación marital. Al parecer, David se negó a seguir teniendo relación con ella, porque la Biblia dice que ella "nunca tuvo hijos hasta el día de su muerte" (2 Samuel 6:23). Así como ella se volvió estéril y sin fruto por criticar la verdadera adoración, los creyentes de hoy deben tener cuidado de no volverse obstinados y verbalmente críticos de la adoración de la generación más joven, o de ser críticos de su música o de su apariencia. Los que critican la verdad espiritual de alguna manera se enfrentan a la posibilidad de su propia impotencia y esterilidad espiritual. A David le encantaba adorar y danzar. Sin embargo, la aventura con Betsabé, el asesinato de su marido, y la muerte del hijo de Betsabé fueron abrumadores para él. Había perdido su gozo y su deseo de adorar.

Huesos enfermos y adoración débil

Después de que el pecado secreto de David fue expuesto públicamente, ¿cómo podría este guerrero caído, que pudo librarse de las garras de un león, pero no de los brazos de una mujer, volver a adorar delante de su pueblo? Por todas las esquinas de las calles de adoquines, las tiendas y los hogares, el nombre de *David* ahora era sinónimo de *adúltero* y *asesino*. Cuando David salía al balcón de su palacio, la gente hacía una sonrisita. Los amigos cercanos mantenían distancia, y otros tal vez hablaban de un nuevo rey. Adorar a un Dios justo después de demostrar acciones injustas rotulaba al rey como un hipócrita. David entendió su caída y también la misericordia de Dios. Esta es la razón por lo cual miró hacia el cielo buscando el perdón y se arrepintió de su maldad. Él clamó a Dios para que sus huesos rotos pudieran volver a regocijarse. Aquí debemos elaborar dos verdades importantes:

1. David sabía que sus *huesos* estaban espiritualmente rotos y que siempre tendría una *cojera* como resultado de su pecado. El escritor de Proverbios habla del adulterio y dice que trae "heridas y vergüenza", y la "afrenta nunca será borrada" (Proverbios 6:33). El hombre que escribió estas palabras fue Salomón, el hijo de Betsabé. Quizás mientras crecía, Salomón había oído a su madre, Betsabé, y a su padre biológico, David, hablar de cómo sus decisiones habían causado división, desánimo, desilusión, y una gran vergüenza para el pueblo de Israel. David sabía que siempre tendría algún tipo de *cojera* a los ojos de la gente.

2. David también reconoció que estaba en poder del Señor restaurar su gozo y permitir que sus huesos se regocijaran de nuevo. La palabra hebrea para "regocijarse" es *guil*, que viene de una raíz que significa "dar vueltas bajo la influencia de una emoción violenta". Esto no significa solo estar feliz, batir las manos, o sonreír y decir: "Alabado sea el Señor." Alude a danzar y a regocijarse de una manera muy emotiva.

En el momento del fracaso de David, él podría haberle presentado numerosas peticiones al Señor. Podría haber pedido: "Por favor, restaura mi reputación como rey", o "Por favor, restaura mi integridad a los ojos del pueblo". Si David hubiera sido un político estadounidense, podría haber contratado a una agencia de Hollywood para hacer que su pecado pareciera ser una "conspiración de derecha" o para echarle la culpa a los agentes del Servicio Secreto por permitir que esa mujer entrara al palacio. Podría haber realizado encuestas para determinar cómo manipular la historia para un mejor control de los daños. En un año, los asesores políticos de Washington podrían haber hecho lucir a Betsabé como una acosadora y al rey como una víctima inocente de la fantasía de una mujer desenfrenada.

David, sin embargo, no jugó con la misericordia de Dios. Él sabía que había pecado y sabía que todos lo sabían. Simplemente miró hacia arriba y le pidió a Dios que restaurara su gozo (Salmos 51:12). ¡Él quería volver a danzar para Dios! Extrañaba esos momentos íntimos que él y su Padre celestial habían disfrutado desde sus años de adolescencia. El pecado había hecho que la presencia divina se apartara de él así como el aire frío del acondicionador desaparece cuando se corta la luz. No había refrigerio espiritual. Los deseos de la carne y la concupiscencia de los ojos habían partido la armadura espiritual de David, abriendo su corazón a pensamientos indecibles y generando imágenes que se convirtieron en acciones. *¡Y todo lo que David quería era danzar con los huesos rotos!*

Cómo recuperar su danza

Hay numerosos salmos llamados "salmos de arrepentimiento", donde David recuerda sus pecados y clama a Dios por misericordia y perdón. En el Salmo 51 David clama a Dios: "¡Que mis huesos rotos bailen otra vez!". Con el paso de los años, hacia el final de su vida, David comenzó a enfatizar la adoración y en el

Salmo 150 escribe: "Todo lo que respira alabe a JAH" (v. 6). David enumeró diversos instrumentos musicales y dio instrucciones a los intérpretes para alabar a Dios con sus instrumentos. En el versículo 4 de este salmo se instruye: "Alabadle con...danza". El rey herido con los huesos rotos fue restaurado hasta el punto de que recuperó la adoración, y una vez más se puso a danzar delante del Señor antes de su partida.

Hay diversos tipos de heridas, pero básicamente dos maneras de obtenerlas: las heridas no invitadas y las heridas autoinfligidas. Las no invitadas son iniciadas por fuerzas externas o circunstancias sobre las cuales usted no tiene control. Usted no tenía control sobre su jefe que lo despidió del trabajo, sobre su esposo que la dejó por una antigua novia, o sobre sus padres que se divorciaron. Sin embargo, a veces nuestras decisiones se convierten en una espada que se vuelve contra nosotros, y resultamos heridos con cortes infligidos por nosotros mismos debido a nuestras propias decisiones. Cuando su vasija se quiebra, usted tiende a retirarse y mantenerse alejado de otras vasijas que parecen impecables y nunca se han agrietado bajo presión. Sin embargo, ¡las grietas de la vasija son oportunidades para que la gracia y la misericordia lo lleven a danzar!

Danza con misericordia y gracia

Usted puede regocijarse y danzar con los huesos rotos porque la misericordia y la gracia son sus compañeros de baile. La misericordia susurra: "El maestro está esperando para que te vuelvas a reunir con Él en el lugar secreto. Él te ha echado de menos". La gracia comienza a extenderse y a levantarlo a usted, prometiendo: "Vamos, yo puedo ponerte nuevamente en sus brazos". La misericordia de Dios y la gracia de Dios lo hacen a usted digno de regocijarse, incluso después de haber fallado. El perdón es más que un acto: es un hecho.

A menudo he dicho que en realidad no entendemos lo longitud

y la amplitud de la misericordia y del perdón de Dios. Si nosotros estuviéramos a cargo de la humanidad, la vida de Noé después del diluvio habría sido eliminada del registro bíblico por plantar un viñedo y embriagarse y acostarse desnudo (Génesis 9:21). El siguiente relato sería quitar a Lot, el padre que hoy podría haber sido arrestado por mantener relaciones con sus propias hijas (Génesis 19:31-38). David habría sido destituido como rey por su adulterio con Betsabé (2 Samuel 11). El apóstol Pedro hubiera tenido su licencia ministerial anulada por la jerarquía denominacional por negar públicamente al Señor (Marcos 14:71).

Cuando Pedro le preguntó a Jesús: "Señor, ¿cuántas veces perdonaré a mi hermano que peque contra mí? ¿Hasta siete?" (Mateo 18:21), Pedro limitó su perdón a siete veces. Jesús le respondió: "No te digo hasta siete, sino aun hasta setenta veces siete" (v. 22). Jesús estaba diciendo que mientras el ofensor pidiera perdón a la persona ofendida, se lo debería perdonar, indicando que la entrega de perdón debe ser ilimitada.

Hace muchos años escuché a mi buen amigo, el Dr. E. L. Terry explicar los distintos vasos de la Biblia, y lo que, en la antigüedad, el propietario de una vasija de barro agrietada podía hacer para arreglarla. Cuando una vasija de barro estaba agrietada, había dos sustancias importantes necesarias para sellar la grieta: arcilla fresca mojada y la sangre de una garrapata especial. Si se insertaba la arcilla húmeda en o sobre la grieta y se secaba, no había nada que sostuviera la nueva arcilla seca en la vasija más antigua, una vez que se secaba. Por lo tanto la presión de cualquier líquido interno podía empujar la nueva selladura, y la vasija volvería a su estado anterior. Una garrapata es un insecto que succiona sangre de animales tales como perros, gatos, ovejas, cabras, caballos, e incluso de los seres humanos si pueden fijar sus cabezas bajo la piel. Cuando se aplasta una garrapata, salen pequeñas cantidades de sangre.

La garrapata especial utilizada para este proceso era tomada de una oveja o de una cabra. La sangre de la garrapata se mezclaba con la arcilla húmeda, y la combinación de la arcilla y la sangre permitía que la arcilla se secara y se aferrara a los bordes de la grieta. Por lo tanto se necesitaba la sangre para crear la selladura que mantuviera la arcilla nueva en su lugar.

La aplicación es muy clara. Somos seres humanos con pasión, afectos y emociones sujetos a la debilidad, a los obstáculos, a las frustraciones y a las agresiones directas que continuamente golpean nuestra armadura. Como seres humanos estamos hechos de la arcilla (el polvo) de la tierra y volveremos al polvo. Si tratamos de curar heridas y sellar aberturas no deseadas con métodos de arcilla o con ideas humanas, nuestras acciones pueden sostenernos durante un tiempo, pero la siguiente ola de presión que golpee contra nuestra vasija hará que la debilidad reaparezca.

Así como la sangre de una garrapata en la arcilla puede ayudar a rellenar la grieta, la sangre de Cristo no solo redime (1 Pedro 1:19), ¡sino que también perdona (Efesios 1:7) y quita la vergüenza y la culpa de una vasija rota! *¡Es posible seguir danzando con los huesos rotos!*

Capítulo 10

¡NO SE VAYA AL INFIERNO POR UN MISTERIO!

QUIERO HABLARTE DE MI PADRE, FRED STONE, un hombre de gran fe y dedicación a Cristo, quien ministró durante más de sesenta y un años antes de su muerte en marzo de 2011. Mis primeros recuerdos de papá son de cuando él pastoreaba una pequeña iglesia en la comunidad rural de Big Stone Gap, Virginia. Desde la tierna edad de cinco años hasta mi madura edad de cincuenta y un años, a mis ojos papá siempre pareció fuerte, responsable, confiado en la capacidad de Dios, y extremadamente sensible en conocer la voluntad de Dios para él y para otros. En sus últimos diez años de vida viajó y ministró en iglesias. Los observadores y socios de su ministerio solían hablar de la profunda compasión de papá por los enfermos y afligidos. De día pasaba horas en oración, de noche ministraba en iglesias o en convenciones. Era común verlo frente a una gran fila de personas que buscaban oración, a menudo acompañado por repentinos estallidos de alabanza a Dios por alguna forma de sanidad instantánea. Vio a muchas personas sanadas de cáncer. Sin embargo, papá falleció con una insuficiencia renal por diabetes, sin poder beber ni comer por cerca de diez días hasta que su cuerpo se rindió y entregó su espíritu a Dios.

En esto yace un enigma desconcertante. ¿Cómo puede un

hombre que ha hecho la oración de fe por tantas personas que estaban sufriendo y enfermas, y que fueron sanadas por medio de sus oraciones, sin embargo fallecer por una enfermedad? Papá y yo hablamos de esto antes de su fallecimiento. Señaló que cuando Isaac envejeció, "sus ojos se oscurecieron" (Génesis 27:1) y tenía dificultad para distinguir a sus dos hijos, Jacob y Esaú, el uno del otro. Al tocar sus brazos y escuchar sus voces era capaz de distinguir entre ambos (vv. 21-22). Eliseo recibió una doble porción de la unción y del Espíritu que estaba sobre Elías (2 Reyes 2). Los estudiosos señalan que Elías realizó dieciséis milagros; pero Eliseo experimentó treinta y dos, que es el doble de los milagros de su maestro, Elías.[1] Hacia el final de la vida de Eliseo, leemos: "Eliseo enfermó de la enfermedad de que murió" (2 Reyes 13:14).

Lo que hace aun más confusa esa declaración es que después de que Eliseo murió, durante una batalla, un soldado muerto fue lanzado en el sepulcro de Eliseo, y el muerto revivió cuando tocó los huesos de Eliseo (vv. 20-21). Con este nivel de poder de Dios dentro de los huesos de este profeta muerto, ¿por qué, o mejor aún, cómo podría cualquier forma de enfermedad pegarse a este gran hombre de Dios? ¿El poder de la resurrección que había dentro de su cuerpo no atacaba cualquier enfermedad de este? En el Nuevo Testamento, somos conscientes de que Cristo anduvo "sanando a todos los oprimidos por el diablo" (Hechos 10:38). Sin embargo, dentro de la iglesia primitiva había hombres que necesitaban una manifestación de sanidad física. Leemos que Pablo escribió que Epafrodito "estuvo enfermo, a punto de morir; pero Dios tuvo misericordia de él, y no solamente de él, sino también de mí, para que yo no tuviese tristeza" (Filipenses 2:27). Pablo dijo de otro de sus compañeros del ministerio: "A Trófimo dejé en Mileto enfermo" (2 Timoteo 4:20). Incluso el joven Timoteo se angustiaba con problemas de estómago; Pablo dijo que Timoteo tenía "enfermedades" (1 Timoteo 5:23). La palabra griega para "enfermedades" es *asdséneia* y se refiere a una debilidad por enfermedad o algún tipo de dolencia física.

El hecho es que finalmente todos los hombres van a morir, generalmente por tres métodos comunes: vejez, enfermedad, o un accidente. Debido a que vivimos en un planeta que se encuentra actualmente bajo una maldición del pecado, el cuerpo humano está sujeto a bacterias, parásitos, gripes y a veces a enfermedades. El debilitamiento del cuerpo puede ser una causa para ciertas enfermedades del cuerpo, ya que el sistema inmunológico es afectado por el tiempo y la edad. Que un creyente fallezca por una enfermedad no es ninguna indicación de que haya ninguna clase de pecado o desobediencia en su vida, como algunos enseñan. Es una ley de la vida que dice: "Está establecido para los hombres que mueran una sola vez" (Hebreos 9:27).

En el caso de mi padre, él tenía diabetes y, en realidad, no se cuidó como habría debido. Para evitar ofender a alguien en las montañas de Kentucky o Virginia Occidental, comía alimentos con alto contenido de almidón y carbohidratos e incluso dulces. Cuando se encontraba un trozo de torta o pastel en su plato, "comía lo que le ponían delante", por respeto a la cocinera. Solo en los últimos años cambió su dieta, pero el daño en los órganos internos ya estaba hecho.

A veces usted tendrá una persona muy piadosa que cree en la oración, en la sanidad y en los milagros, que morirá súbitamente por un accidente o una enfermedad. La iglesia orará y creerá, y sin embargo, la persona por la que se oró no verá ningún cambio y se trasladará a su destino eterno. En algunos casos, esta situación de orar y sin embargo no recibir hace una *enorme grieta* en el escudo de la fe de algunas personas. En vez de dar gracias a Dios por la persona y saber que la verán de nuevo en el cielo, comienzan a cuestionar la capacidad y la voluntad de Dios para sanar o para responder a una oración por sanidad en el futuro.

Este es un problema grave con algunos. Sugiero que usted

nunca cambie su teología bíblica para que se adapte a una tragedia. Mi padre dijo una vez: "Cuando yo muera, ¡díganle a la gente que sigo creyendo en un Dios que sana a los enfermos!" Papá nunca cambió su teología de la sanidad, aunque su propio cuerpo nunca experimentó una recuperación completa. Para él, él vivió una vida plena, ministró durante más de sesenta y un años y murió a los setenta y ocho años de edad, y estaba listo para ir a casa ¡y entrar en su descanso eterno! Incluso la Escritura enseña que a un hombre pueden dársele setenta años y, a los más robustos, ochenta (Salmos 90:10). Debemos estar agradecidos por los muchos buenos años y no inhabilitar nuestra fe por los últimos años de crisis física al cruzar la línea de llegada.

¿Qué sucede, sin embargo, cuando quien muere no es una persona mayor que sabemos que va a morir de todos modos, sino un niño que muere en una cuna en el hogar, o un niño en un accidente mortal o una mamá que muere de cáncer, y deja tres hijos pequeños y un padre que muere mientras trabaja en su empleo? Estas partidas prematuras de la vida a menudo hacen que los sobrevivientes cuestionen la bondad de Dios, su amor, y hasta su *existencia*. Sin un poco de comprensión espiritual, tirarán el ancla de su fe, causando un naufragio espiritual, ya que no son capaces de maniobrar a través de la niebla de preguntas que vela su comprensión.

La historia de Charles Greenaway

Una de las historias más notables que he oído sobre cómo Dios puede tomar una situación terrible y cambiarla es la historia de Charles Greenaway. Charles Greenaway era un ministro ordenado de las Asambleas de Dios en la década de 1930 en Elba, Alabama. En lo profundo, él tenía el deseo de viajar al campo de misión y servir como misionero. Había una cosa que impedía que cumpliera esa carga por la misión: su hijo, Daniel.

Verá usted, Daniel era un niño hermoso, pero se le había

diagnosticado leucemia. Las misiones de las Asambleas de Dios no podían arriesgarse a tener un ministro viviendo en una nación extranjera con un niño tan enfermo, ya que habría pocos o ningún tratamiento y el niño enfermo demandaría el tiempo de su padre y de su madre. Los Greenaway se sometieron a la decisión y permanecieron en Estados Unidos, donde Charles continuó pastoreando mientras su hijo recibía el tratamiento para la leucemia. Cuando fue mayor, Charles le dijo a un amigo mío misionero que en una ocasión su auto se había descompuesto y tenía cuatro neumáticos viejos y gastados en el vehículo. Afuera hacía calor, y su esposa estaba en el coche con Daniel. Un ministro que conocían pasó por allí, y en vez de ayudarlos, hizo sonar la bocina y siguió su camino.

Charles creía que Dios ciertamente podía sanar a su hijo, y muchas veces él y otros oraron para que eso ocurriera. A pesar de las oraciones, la condición de Daniel empeoró, y, finalmente, su sufrimiento fue tan grande que su esposa le dijo que no quería ver sufrir más al niño, y le pidió que orara para que el Señor viniera y lo llevara al cielo para estar con Él. Después de la oración, a los nueve años, Daniel entró a la eternidad, donde su alma y su espíritu se reunieron con el Salvador y él fue a descansar con el Señor.

Inmediatamente después de la partida de Daniel, Charles hizo una oración, la cual, una vez me que me la contaron, jamás he olvidado. Dio gracias al Señor por haberle dado a Daniel y le señaló a Dios que no entendía por qué Daniel no había sido sanado, pero le dijo a Dios: *"¡Yo no voy a irme al infierno por un misterio!"*. Estaba diciendo que no entendía los caminos de Dios, la razón por la cual su oración no fue contestada, y por qué su hijo falleció a los nueve años. Sin embargo, se negaba a perder la fe, la confianza, y la intimidad con el Señor, a pesar de que tenía el dolor y la angustia de haber perdido a su hijo.

La historia no termina allí. Después de la muerte de Daniel, Charles volvió a solicitar un puesto en el campo misionero y fue aceptado. Durante su prolongado y glorioso ministerio él y su esposa tuvieron dos hijos nacidos en el campo. Greenaway comenzó diecisiete mil iglesias, trece institutos bíblicos, y predicó en todos los continentes del mundo excepto en la Antártida. ¡Un hombre impactó a todo el mundo porque se negó a permitir que una gran grieta dividiera su fe y lo llevara a cuestionar los propósitos de Dios!

Enojado con Dios

Los eventos de la tierra que causan destrucción y muerte a menudo son atribuidos a Dios, ya sea por *causarlos* o por *no evitarlos*. Los hombres parecen olvidar que aunque Dios creó la tierra y todos los seres vivos, originalmente le dio al hombre "dominio" sobre la creación (Génesis 1:26-27, NVI). El dominio del hombre incluye el control de la atmósfera, la tierra, el mar, y el reino animal. ¡Es obvio que el hombre ha hecho un terrible trabajo como administrador del planeta y en el cuidado de su herencia terrenal, entregada al hombre en el Jardín del Edén! Multitudes mueren de hambre, y la sangre llena las calles cuando los malvados se levantan como dictadores, trayendo con ellos un espíritu de muerte y destrucción.

Un ejemplo en que se culpó a Dios por no evitar una tragedia fue el Holocausto. Para quienes no estén familiarizados con el suceso, Adolfo Hitler arrestó a millones de judíos en toda Europa, enviándolos a campos de exterminio y cámaras de gas, eliminando un estimado de seis millones de judíos, incluido un millón y medio de niños que también perecieron de la manera más terrible y violenta. Cuando el mundo vio las fotos, se horrorizó y no podía imaginar cómo un Dios amoroso pudo permitir que un grupo étnico al que Él identifica como su "pueblo elegido" pasara por esas horribles experiencias.

Entre los que sobrevivieron al Holocausto y finalmente emigraron a Israel o se mudaron a otras partes de Europa están quienes se volvieron ateos y agnósticos, ya que no podían imaginar un Dios que permitiera tanto sufrimiento. La lucha interna dio lugar a que los teólogos debatieran sobre la bondad de Dios. ¿Qué tan *responsable* era Dios de los asuntos de los hombres? Hubo también una fuerte animosidad nacida en el corazón de muchos sobrevivientes que echaban la culpa a alguna gente de Europa, que se llamaba a sí misma cristiana, por no ponerse firmes y defender al pueblo judío en la mayor crisis de su historia. Muchos judíos seculares o no religiosos eran y son conscientes de que en los primeros cinco libros de la Biblia escritos por Moisés (llamados la Torá), el profeta hebreo Moisés previó un tiempo extrañamente paralelo al Holocausto en el que advirtió al pueblo judío lo que vendría en el futuro. Pero también les dio esperanza de que Dios los liberaría y los restauraría a su tierra y a su posición como una nación entre las naciones. Todo lo que Moisés escribió sobre la muerte, la destrucción y la restauración ha ocurrido. (Vea Deuteronomio 28).

El enojo hacia el Todopoderoso también se halla en las naciones gentiles. Hace varios años, cuando se produjo el tsunami de Indonesia, hubo cientos de miles de muertes, incluyendo a miles de niños. Como el libro de Génesis indica que Dios creó los cielos y la tierra, incluyendo el mar y todas las cosas vivas en ellos (Génesis 1), se supone que Dios controla todos los desastres naturales, incluyendo terremotos, tormentas y tsunamis. Los que creen esto, de inmediato anunciaron que el juicio de Dios había caído sobre ciertas naciones, ya que estos desastres naturales con frecuencia son etiquetados por las compañías de seguros como "actos de Dios". Así, Dios tiene que tener la culpa por el suceso y por las muertes y la destrucción resultantes.

Considere por un momento los terremotos. Cuando Moisés había subido al monte Sinaí, la montaña tembló como resultado de la presencia de Dios (Salmos 68:8). Sin embargo, cuando Elías se paró sobre el monte Horeb, el monte se estremeció con un terremoto, pero leemos: "…pero el Señor…no estaba en el terremoto" (1 Reyes 19:11). En una montaña Dios está sacudiendo las rocas, y en otra montaña la colina se sacude y el Señor no tiene nada que ver con eso.

Después, cientos de años más tarde, Pablo y Silas estaban cantando alabanzas al Señor, y Dios envió un terremoto que sacudió una prisión, haciendo que las rejas de metal se abrieran de golpe y todos los presos quedaran en libertad. Nadie resultó herido ni muerto en ese terremoto (Hechos 16:25-26). Cuando Cristo estaba en una barca en el mar de Galilea, una tormenta llamada "tempestad" los golpeó, cubriendo el barco con agua (Mateo 8:24). La palabra griega para "tempestad" es *seismós* y en realidad es un término para un terremoto submarino. Esas particulares olas no estaban siendo causadas solamente por el viento, sino que, en realidad, eran el resultado de una fisura bajo el lago ¡que se abría y provocaba un minitsunami! La versión Reina Valera de la Biblia dice que la tempestad estaba *"en el mar"*, y no *"sobre el mar"*. Jesús se levantó y reprendió la tormenta (v. 26), así que, si esta tormenta era de Dios, ¡entonces Cristo estaba reprendiendo a su Padre celestial cuando reprendió la tormenta! Esa era una tormenta natural, y no había nada espiritual relacionado con ella.

Según la totalidad de las Escrituras y ejemplos demasiado numerosos para mencionarlos, la destrucción de tipo tsunami, los terremotos, incluso las inundaciones pueden provenir de tres fuentes.

1. Dios es el Creador de la tierra, el viento, el agua y el fuego, y los elementos básicos han sido y serán utilizados en el futuro para iniciar juicios contra los impíos, incluyendo la futura Gran Tribulación.

2. Hay ocasiones en que los desastres no tienen nada que ver con que Dios mismo los genere, sino que más bien son una reacción al hecho de que la tierra es antigua y tiene fallas, grietas y aberturas volcánicas en toda su superficie y debajo de los mares. Culpar

a Dios por un desastre natural normal sería como si una mujer culpara a su marido por las arrugas que le aparecen a ella en el rostro. Algunas cosas son simplemente un proceso de la vida. Dado que toda la creación está con dolores de parto, como una mujer que tiene dolores de parto antes de dar a luz (Isaías 13:8; 21:3; Romanos 8:22), habrá épocas en las que los cielos cósmicos, el suelo y los mares se sacudirán y se agitarán con dolor de parto, esperando el día en que el Mesías traiga liberación al planeta (v. 22).

3. El mal en la tierra y alrededor de ella, con el derramamiento de sangre, hace que la tierra misma revele la sangre de los muertos, ya que la sangre de los inocentes clama a Dios.

La muerte de niños inocentes es algo desgarrador, trágico, y a veces inexplicable. Sin embargo, considere las naciones en las que se produjo el tsunami hace años. El hecho es que en muchas de esas naciones los niños no disfrutan el tipo de vida y las relaciones familiares que hallamos en el mundo occidental. En muchas de esas naciones del tercer mundo niñas y niños son vendidos como esclavos sexuales a adultos adictos al sexo que abusan de ellos y los usan para su propio placer pervertido. Dios en su misericordia permitió que esos niños sean quitados de la tierra, y esos inocentes están con el Señor, a salvo de las manos de los pervertidos, de los pedófilos y de las organizaciones de comercio sexual.

Otra área en que hombres y mujeres luchan con su fe y encuentran una grieta en su armadura de fe es cuando ven imágenes de niños que mueren de hambre en lugares como Haití y África. Todos hemos sido conmovidos con lágrimas de compasión al ver los estómagos hinchados de los niños, rodeados por los hermanos que mueren de hambre, sentados en el polvo en una nación del tercer mundo, simplemente a la espera de la muerte. He oído a muchos creyentes que dicen: "¿Cómo puede Dios permitir esto?"

He visitado y conducido reuniones evangelísticas en tres naciones africanas: Uganda, Kenia y Zambia. En estas y en la mayoría de las naciones de África hay una población mayoritariamente de pobres y hambrientos, muchos de los cuales son niños, que no pueden obtener una hogaza de pan y posiblemente morirán a temprana edad. De lo que la mayoría de la gente de Occidente no es consciente es de los tres principales elementos que, cuando se mezclan, producen tal pobreza y carencia.

1. El primer elemento es el hecho de que muchas de las naciones pobres de la tierra son también naciones dominadas por el espíritu de idolatría. La superstición de la gente y las costumbres ancestrales de sus padres hacen que se vuelvan a dioses de madera y piedra que son incapaces de oír una palabra pronunciada por sus labios. Las oraciones a sus dioses hechos por el hombre no son oídas y su lucha nunca cambia.

2. El segundo hecho es que para muchas de esas naciones en toda la historia moderna, se han enviado millones de dólares en efectivo y alimentos a los gobiernos de esas tierras para distribuirlos entre la población que sufre. En la mayoría de los casos, esas naciones están bajo el control de una familia rica o de un líder del tipo dictador que coloca el dinero en su cuenta bancaria personal en Suiza y se apodera de los envíos de alimentos para sí y para sus servicios militares, mientras que la gente común no recibe nada. El verdadero Dios todopoderoso no tiene la culpa de la falta de oraciones contestadas dirigidas a los ídolos, o de las acciones de un dictador impío.

3. En muchos otros países la escasez de alimentos es común ya que los patrones del clima en esas naciones parecen atascados en un modo: sequía. Sin lluvia y sin conocimientos de planificación y cosecha, las masas sin educación se sientan con sus barrigas vacías y deben depender de la compasión de los cristianos y de los ministerios mundiales para que les provean las provisiones para sobrevivir.

Los que tienden a culpar continuamente a Dios por los problemas y la angustia de la tierra, recuerden que hay un agente del mal que la Biblia llama "el dios de este mundo" (2 Corintios 4:4) y el "príncipe de la potestad del aire" (Efesios 2:2), que ciega el entendimiento de los hombres y se nutre de la inclinación al mal dentro de la parte oscura del corazón humano.

La reacción de David a las malas noticias

David fracasó estrepitosamente como esposo y amigo cuando embarazó a la esposa de Urías, uno de sus valientes hombres escogidos. Después de enviar al marido a la primera línea de la batalla donde fue asesinado, David se casó con la mujer, tratando de ocultar su relación adúltera. Finalmente, el profeta Natán pronunció una sentencia de muerte sobre la casa de David, llamándola la "espada" (del Señor, 2 Samuel 12:10). El niño que fue concebido durante la aventura nació, pero estuvo enfermo desde el nacimiento. David pasó siete días ayunando con el rostro en el polvo intercediendo delante Dios, esperando que Dios revertiera la decisión y diera vida al niño. Al término de la semana se le informó a David que el niño había muerto. ¿Cuál sería su reacción después de pasar alrededor de 168 horas a solas con Dios, con una sola petición en mente día y noche: "Dios, sana a mi hijo"?

En lugar de culpar a Dios, maldecirlo por no ser justo y bueno, y cuestionar cómo Dios pudo llevarse a un bebé, cuando fue el pecado de su padre y no el pecado del hijo lo que enojó al Señor, la reacción de David sorprendió a sus amigos más íntimos. Él se levantó del polvo, se lavó, y "entró en la casa de Jehová y adoró" (v. 20). Cuando se le preguntó por qué su reacción fue tal, el rey respondió:

> Viviendo aún el niño, yo ayunaba y lloraba, diciendo: ¿Quién sabe si Dios tendrá compasión de mí, y vivirá el niño? Mas ahora que ha muerto, ¿para qué he de ayunar? ¿Podré yo hacerle volver? Yo voy a él, mas él no volverá a mí.
>
> —2 Samuel 12:22-23

David entendía que el alma y el espíritu de un ser humano son eternos, y la muerte no es el fin de la vida, sino una puerta de salida para el alma, que permite que el espíritu deje la cáscara carnal y vuele al Reino de la felicidad eterna. Así, el espíritu del niño inocente fue llevado al paraíso del Señor donde David finalmente se reuniría con el espíritu del niño cuando muriera.

Cuando uno de mis queridos amigos ministros perdió a uno de sus hijos adolescentes en un trágico accidente, un ministro muy conocido llamó para consolarlos a él y a su familia. El que llamaba a su vez había perdido una hija y un yerno en un accidente aéreo, y también a su hijo mayor en una muerte trágica. En medio de los momentos más oscuros de la vida de este hombre, el Espíritu Santo le habló y le dijo: "Hay cosas respecto a este accidente que nunca sabrás hasta que llegues al cielo". El Señor también le dio instrucciones de no cuestionar por qué ocurrió; si comenzaba a cuestionar, estaría cuestionando el resto de su vida.

Nuestras vidas, a veces experimentarán un giro repentino e inesperado de acontecimientos para los que no existe una explicación sencilla. Como creyentes, nuestra confianza debe estar siempre en el Señor y en su soberano proceso de decisiones, ya que habrá cosas conectadas a la tragedia de las cuales no somos conscientes y no tenemos ningún conocimiento. Solo determine en su corazón que, sin importar lo que pase, usted se niega a irse al infierno por un misterio.

Capítulo 11

RECUPERAR LA CALMA CUANDO TODA LA PERICIA DESAPARECE

P ARA QUE A UNA PERSONA SU PERICIA LE "DESAPAREZCA" tiene que haber llegado al límite de sus recursos o estrategias para resolver un problema o tratar con una persona. El Salmo 107:27–29 (LBLA) describe esa experiencia con estas palabras:

> Temblaban y se tambaleaban como ebrios, y toda su
>   pericia desapareció.
> Entonces en su angustia clamaron al SEÑOR y El los
>   sacó de sus aflicciones.
> Cambió la tempestad en calma y las olas del mar
>   callaron.

La palabra *pericia* que aparece aquí es interesante en el original, pues el término hebreo es *kjokmá,* y se refiere a la sabiduría en un buen sentido. El comentario marginal de una fuente dice: "Toda su sabiduría ha sido tragada".[1] El texto plantea que una persona ha intentado ser sabia en su decisión, pero igualmente tuvo problemas y no encontró salida. En ocasiones hacemos todo lo que podemos para resolver nuestros asuntos, para luego solo decir: "No queda nada más que hacer, ¿y ahora qué?"

En ocasiones su pericia desaparece debido a los múltiples

ataques o desafíos combinados que azotan a un mismo tiempo su trabajo, familia, salud o finanzas. He oído varias veces la expresión: "Los problemas vienen de a tres". Esto fue cierto para Job cuando perdió a sus diez hijos, todo su ganado y su salud—tres pérdidas a la vez—(vea Job 1-2). Luego de esa pérdida inicial, llegaron tres "amigos", intentando explicar la razón espiritual de su pérdida—aunque después Dios dijo que no habían hablado lo recto—(Job 42:7). Los problemas triplicados aumentan el estrés porque "cordón de tres dobleces no se rompe pronto" (Eclesiastés 4:12). Se puede tejer un cordón de problemas de tres dobleces para forjar una fortaleza. Como se señala en el tiempo en que el rey Saúl gobernó Israel:

> Yéndose luego David de allí, huyó a la cueva de Adulam; y cuando sus hermanos y toda la casa de su padre lo supieron, vinieron allí a él. Y se juntaron con él todos los afligidos, y todo el que estaba endeudado, y todos los que se hallaban en amargura de espíritu, y fue hecho jefe de ellos; y tuvo consigo como cuatrocientos hombres.
> —1 SAMUEL 22:1-2

Este cordón de tres dobleces era de "tres D": *disgusto, descontento* y *deudas*. El rey Saúl había aumentado los impuestos al pueblo de Israel, y por consiguiente ellos estaban endeudados, así como la deuda nacional de Estados Unidos hace que cada estadounidense deba más dinero cada semana al gobierno federal. El disgusto era una emoción negativa porque el pueblo no tenía control sobre sus circunstancias ni sobre los acontecimientos nacionales que se producían a su alrededor. El disgusto, el descontento y las deudas les hacían perder el gozo y la paz, y un manto de inquietud cubría al pueblo. Estas tres fuentes de desánimo eran suficientes para que la pericia le resultara insuficiente al pueblo. Hasta David coqueteó con el desastre en un lugar llamado Siclag.

El efecto Siclag

En el contexto de este relato Saúl había asignado personal de su ejército para que capturara a David a toda costa. Llegó un reporte de que David había visitado al sumo sacerdote en un lugar llamado Nob. Saúl interrogó a los sacerdotes y descubrió que habían alimentado a David con los panes de la proposición de la mesa de oro del tabernáculo. Saúl se enfureció y ordenó que ochenta y cinco sacerdotes fueran masacrados (1 Samuel 22:19). Cuando esta noticia llegó a David, también supo que su viejo amigo, el profeta Samuel, había muerto repentinamente (1 Samuel 25:1). Mientras Samuel vivía, David tenía cobertura de oración. Ahora su principal intercesor ya no estaba. El tercer problema (recuerde que los problemas llegan de a tres) era Saúl, que había descubierto el refugio secreto de David en el corazón del desierto de Judea (1 Samuel 26).

Por lo tanto todas las formas de protección y provisión de David habían sido cortadas. En momentos de problemas David podía ir ante el sacerdote y consultar al Señor en el tabernáculo, para ratificar o reconfirmar si sus acciones estaban o no en la voluntad de Dios. Ahora los sacerdotes estaban muertos. A veces David se dirigiría a Ramá, donde vivían Samuel y los hijos de los profetas. Allí lo alimentaban, alentaban y pasaba un tiempo con hombres de fe tan preciosa como la de él. Ahora, con la muerte de Samuel, esa bendición le había sido quitada. Al perder a los sacerdotes David perdió su *confirmación*, al perder a Samuel perdió su *comodidad* y al perder el secreto de su escondite, perdió su *seguridad*. A David toda la pericia le había desaparecido. Por lo tanto, tomó una decisión bastante extraña. Abandonó la tierra de Judá, el hogar de su tribu, y viajó hacia el sur a la tierra de sus enemigos, los filisteos. Su razonamiento fue:

> Dijo luego David en su corazón: "Al fin seré muerto algún día por la mano de Saúl; nada, por tanto, me será mejor que fugarme a la tierra de los filisteos, para que Saúl no

se ocupe de mí, y no me ande buscando más por todo el territorio de Israel; y así escaparé de su mano".

—1 Samuel 27:1

¿Por qué iría David justo a la tierra de la gente con la que había peleado desde que era un adolescente? La respuesta es que David sabía que Saúl les tenía miedo a los filisteos y no los atacaría en su propio territorio. Cuando David fue a pelear contra el gigante filisteo Goliat, la batalla se había detenido por cuarenta días, y Saúl no había liderado una carga para atacar (1 Samuel 17). Esto era porque el Espíritu del Señor se estaba apartando de él, y no confiaba en su propia habilidad natural.

Pero hay otro lado en esta historia. Así como Saúl no tenía *confianza* en sí mismo, David estaba perdiendo su *confianza* en la promesa de Dios de que él sería rey. Samuel ungió a David, y Dios dijo que él sería el próximo rey después de Saúl. Pero en 1 Samuel 27:1 David confesó: "Al fin seré muerto algún día por la mano de Saúl". Escogió el camino de la menor resistencia. Los filisteos odiaban a Saúl, y Saúl les tenía miedo, *así que el enemigo de mi enemigo ahora es mi amigo.*

La pérdida de fe de una persona es una cuestión espiritual muy importante. En la parábola del juez injusto Cristo preguntó: "Cuando venga el Hijo del Hombre, ¿hallará fe en la tierra?" (Lucas 18:8). Incluso mediante la Torá Dios le advirtió a su pueblo escogido que no olvidara su ley y sus beneficios.

Cuando David fue confrontado por el rey filisteo, le dijo que estaba dispuesto a pelear contra su propio pueblo, incluyendo a Saúl y a sus hombres. David tenía un gran séquito de soldados—seiscientos—que eran hombres de guerra muy fuertes y lo seguían en batalla. Se les dio una ciudad llamada Siclag como su cuartel general, un lugar a donde podían mudarse con sus esposas e hijos. La disposición de David de *pelear contra su propio pueblo* me recuerda cómo *los cristianos heridos a menudo están dispuestos a traicionar a otros creyentes,* dando a conocer secretos que conocen de su pasado y volviéndose verbalmente en contra de la iglesia debido a su dolor y sus heridas. Siclag era una ciudad situada en la frontera de Judá. La idea que David tuvo en mente puede haber sido que si Saúl iba tras él, podía simplemente regresar a Siclag, y si los filisteos se volvían contra él, podía saltar la cerca y regresar a Israel del lado de Judá. Sin embargo, ¡el hombre que anda por el medio de la ruta termina por recibir golpes de ambos lados!

Se quemó

Al regresar de una batalla, David descubrió que Siclag había sido invadida por los amalecitas. Estos habían quemado todas las casas, tomado las posesiones (el botín) que tenían las familias, capturado a las esposas y los hijos de David y de sus hombres y habían huido de la escena de sus crímenes de guerra. Mientras David y sus hombres cabalgaban hacia la ciudad, una sensación nauseabunda los golpeó en la boca de sus estómagos cuando vieron columnas de humo oscuro y olieron la madera ardiente. Cuando llegaron a la ciudad, el sonido de brasas que explotaban fue reemplazado por el lamento de hombres adultos que lo habían perdido todo. Alguien tenía la culpa, y todos los dedos apuntaron hacia David. Los hombres consternados tomaron la decisión de apedrear a David. Esto hubiera sido tonto, porque apedrear a David no les traería de vuelta a sus esposas e hijos. En lugar de agregar otro problema, deberían buscar una solución.

Esta es una situación en la que realmente la pericia desapareció.

Después de perder a los sacerdotes, a Samuel, y su lugar de refugio, ¡ahora también todo lo demás había desaparecido! David se acordó de que Abiatar tenía un efod, una prenda con piedras que usaban los sacerdotes para consultar al Señor (1 Samuel 30:7). Después de tocar fondo, David comenzó a mirar hacia arriba y buscó al Señor y su voluntad. Dios dijo: "Síguelos, porque ciertamente los alcanzarás, y de cierto librarás a los cautivos" (v. 8). Leemos: "mas David se fortaleció en Jehová su Dios" (v. 6). Los tres sencillos pasos que siguió David en Siclag son una aplicación práctica para los creyentes de hoy.

1. David le entregó su crisis al Señor

¿A quién podría haber acudido David para un rápido rescate de esta amenaza de muerte en masa? Los sacerdotes y Samuel estaban muertos, su familia estaba en Judá, y él era un extraño en este bastión de los filisteos, con seiscientos de sus más asociados planeando matarlo. Cuando David no tuvo a dónde volverse, volvió su rostro hacia Dios. En ocasiones quizás usted espere que el cielo se mueva, pero en realidad *¡el cielo está esperando a la tierra!*

2. David sabía que Dios todavía no había terminado con él

Si David verdaderamente hubiera querido morir y hubiese perdido toda esperanza en el futuro, hubiera gritado: "¡Que alguien arroje la primera piedra!". Al consultar a Dios, David supo que Dios todavía no había terminado con él. ¡Es imposible amenazar matar a un hombre que tiene una misión divina! Jonás salió del fondo del mar en el primer "viaje en submarino" en la panza de una ballena y fue preservado sobrenaturalmente porque Dios le había dado una misión que Jonás tenía que cumplir. Pablo fue apedreado en Listra, pero se levantó luego que los discípulos oraron y partieron a su próxima misión porque Dios tenía más lugares en los que Pablo debía ministrar (Hechos 14). Aun cuando fue mordido por una víbora mortal y debería haber muerto en minutos, la mordedura de la víbora resultó inofensiva, porque la misión de Pablo era ganar para Cristo la isla en la que había naufragado (vea Hechos 28). Usted debe creer que Dios tiene un plan ¡y que todavía no acabó con usted!

3. David se fortaleció en Jehová su Dios

Fíjese que David no se fortaleció en su habilidad para la guerra, en su propia sabiduría ni en su propia fuerza, sino "en Jehová su Dios" (1 Samuel 30:6). La raíz de la palabra *fortalecer* es *fuerza*. Si David iba a perseguir a sus enemigos y los iba a superar, necesitaría una fuerza sobrenatural que solo podía provenir de Dios. Es la misma audacia que tuvo cuando era un adolescente y se paró frente a Goliat (vea 1 Samuel 17).

El egipcio enfermo

Una parte de la historia que se suele pasar por alto es la del egipcio enfermo.

> Y hallaron en el campo a un hombre egipcio, el cual trajeron a David, y le dieron pan, y comió, y le dieron a beber agua. Le dieron también un pedazo de masa de higos secos y dos racimos de pasas. Y luego que comió, volvió en él su espíritu; porque no había comido pan ni bebido agua en tres días y tres noches.
>
> —1 Samuel 30:11-12

Los enemigos de David les llevaban tres días de ventaja y podían haberse ido en cualquier dirección. Sin embargo, David descubrió a un egipcio enfermo en un campo de las afueras de Siclag. Era un siervo de uno de los comandantes militares que habían invadido Siclag. Bajo el juramento de protección de David, él "soltó la lengua" y puso de manifiesto el plan de batalla y el lugar a donde los enemigos de David habían llevado a todas las familias y posesiones de la ciudad. Imagine esto. Mientras la invasión se estaba llevando a cabo, este egipcio se enferma de muerte y para evitar que la enfermedad se desparrame por todo el campamento del ejército amalecita, ¡ellos dejaron al muchacho enfermo botado en el campo!

Durante todo el tiempo en que David estuvo fuera de la

voluntad de Dios relacionándose con los enemigos de Israel y durante los momentos en que Siclag estaba siendo incendiada y las mujeres y los niños capturados, el Señor permitió que un esclavo egipcio, propiedad de los invasores, se enfermara tanto que lo tiraron en el camino. En realidad, Dios estaba preparando un victorioso desenlace para David ¡tres días antes de que él siquiera supiese que Siclag estaba siendo atacada! La provisión de liberación me recuerda el momento en que Abraham llevaba a Isaac *a un lado* del monte Moria y preparaba un altar para sacrificarlo, y un carnero iba caminando por *el otro lado*, y se enganchó los cuernos en el espesor de los arbustos, convirtiéndose así en el reemplazo de Isaac en el altar (vea Génesis 22). En otra narración Cristo sabía que se debían impuestos, y Él necesitaba un ingreso adicional. Le dijo a Pedro que fuera a pescar y que encontraría un estatero (moneda) en la boca de un pez para poder pagar los impuestos de Él y de Pedro (Mateo 17:27). Antes de que el impuesto estuviera al cobro, un pez solitario vio un objeto brillante y creyendo que era un pequeño pez de agua dulce se lo tragó y su "comida" en realidad era dinero.

En ocasiones usted puede creer que su pericia desapareció y sentir que Dios lo ha pasado por alto por otra petición más urgente o por una persona más necesitada. Quizás Él tenga "demasiados hijos" para cuidar y esté "demasiado ocupado como para ocuparse de usted".

Sin embargo, como lo indica el ejemplo de más arriba, Dios prepara un buen desenlace ante de que siquiera surja la situación; Él no se sorprende por los problemas ni por su reacción, y Él puede planear una salida, y lo está haciendo, para que usted escape antes de que llegue la crisis. A través del libro de los Hechos Dios le advirtió a Pablo de un problema específico que se le presentaría, que incluso lo llevaría a ser arrestado, pero también le dijo que estaría con él y que Pablo un día estaría frente al César para testificar.

Pablo fue arrestado, y como ciudadano romano, tenía el derecho legal de apelar su caso ante el tribunal más alto del Imperio romano, el propio César. Entonces, durante un testimonio público, Pablo dijo: "A César apelo" (Hechos 25:11). Hasta ese momento, Lucas, el escritor de Hechos, registra las situaciones negativas que Pablo enfrentaba y que a menudo amenazaban su vida por parte de los religiosos judíos que veían a este exfariseo como un traidor y como alguien que estaba corrompiendo la intención original de la Ley de Moisés ministrando a los gentiles. La apelación de Pablo al César provocó dos cosas.

Primero, lo apartó de muchas de las ciudades donde sus perseguidores acechaban para atacarlo o arrestarlo, y lo llevó a Roma donde los ciudadanos romanos tenían de su lado la total protección de la ley. Segundo, Pablo tuvo dos años de total libertad en su propia casa alquilada, ministró a todos los que se le acercaban, sin ningún obstáculo (Hechos 28:30-31). El Señor usó las circunstancias negativas, incluyendo la persecución, para traer a Pablo al punto donde pudiera apelar al César, lo cual le dio la oportunidad de cumplir la voluntad de Dios de predicar el evangelio a uno de los Césares romanos más malvados de toda la historia, Nerón. El servicio de Pablo entre los creyentes de Roma no fue en vano, ya que había una iglesia en la casa del César (Filipenses 4:22).

Las vidas de David y de Pablo deben alentar a los creyentes, ya que estos dos hombres presentan evidencia de que a pesar de sus numerosas batallas, luchas e impedimentos, Dios siempre obra detrás de escena para que usted encuentre una salida (1 Corintios 10:13) o lo guía más profundamente hacia su voluntad. *Siempre hay una batalla de Siclag antes de una victoria de Sion.*

Capítulo 12

CUANDO UN *SKÁNDALON* AGRIETA SU ESCUDO

CUANDO UN HOMBRE COMPROMETIDO CANCELA UNA boda, es común oír decir que le "rompió el corazón a ella". El corazón es un órgano de carne y sangre que bombea sangre hacia todo el cuerpo, por lo tanto, ¿cómo puede *romperse* un órgano de carne? La ciencia ahora está descubriendo que el verdadero corazón físico es mucho más que una bomba de sangre.[1] El Señor tenía mucho que decir sobre el corazón. La mente humana tiene la capacidad de ver imágenes y procesar información. Tanto el corazón como el cerebro tienen una fuerza vital específica. En el cerebro esa fuerza vital es el alma, y en el corazón hay una conciencia ligada al alma.

El cerebro es una computadora de tres libras (aproximadamente 1,5 kg) que dirige todo el cuerpo. Parte de la función del cerebro contiene la mente, a la que considero el disco duro del cerebro, que conecta los cinco sentidos: oído, vista, olfato, gusto y tacto, de los que deriva toda la información y conocimiento del mundo físico. El alma es la fuerza sobrenatural que da vida, conecta los pensamientos con el cuerpo y también es la parte de la mente que percibe y discierne las verdades espirituales y el conocimiento espiritual. Es curioso cómo un ser humano, usando su mente, puede aceptar o aprender la verdad y el error, la injusticia y la justicia, la fe y la incredulidad, la paz y la confusión, y, básicamente convertirse en una fuente de conocimiento o un campo de batalla.

Maestros proféticos señalan frecuentemente al Sermón del Monte para tratar de entender las señales y eventos que se desarrollarán en los últimos tiempos. Los ministros suelen mencionar las guerras y rumores de guerra, hambres, pestes, terremotos y otras señales negativas (Mateo 24:4–7), pero omiten una de las señales personales más importantes de las que todos los creyentes deben estar advertidos, y es la señal de la ofensa.

En conferencias proféticas he oído detalladas estadísticas sobre el incremento en la cantidad de terremotos, plagas y enfermedades, además del aumento de las guerras civiles y nacionales. A veces el orador concluye con Mateo 24:13: "Mas el que persevere hasta el fin, éste será salvo". El disertante da a entender que "persevere hasta el fin" se refiere a soportar muchos desastres, enfermedades y posibilidades de muerte que acechan en estos desastres globales. Sería como decir: "Se va a poner difícil allí afuera, y si usted puede sobrevivir y soportar esas señales, al final será salvo".

Sin embargo, si usted estudia Mateo 24:13 en el contexto de lo que dice previamente, aparece una luz de entendimiento diferente.

> Entonces os entregarán a tribulación, y os matarán, y seréis aborrecidos de todas las gentes por causa de mi nombre. Muchos tropezarán entonces, y se entregarán unos a otros, y unos a otros se aborrecerán. Y muchos falsos profetas se levantarán, y engañarán a muchos; y por haberse multiplicado la maldad, el amor de muchos se enfriará. Mas el que persevere hasta el fin, éste será salvo.
> —Mateo 24:9–13

Lo que Cristo está revelando es que en los últimos tiempos hombres y mujeres estarán tan sensibles a los agravios que muchos no serán capaces de soportar esas ofensas y tomarán represalias traicionando y odiando a sus agresores y hablando mal de ellos.

¿A qué se refiere Cristo cuando ordena que "persevere hasta el fin"? ¿El fin de qué? La palabra fin se encuentra cuatro veces solo en Mateo 24 y tiene tres aplicaciones diferentes.

1. Cristo usa esa palabra en el versículo 3 al hablar de las señales de su venida "y del fin del siglo". Esta palabra *fin* se refiere a la consumación y finalización de la era del gobierno y control del hombre sobre la tierra.

2. En el versículo 6 Cristo se refiere a las guerras y rumores de guerras como una señal de su venida, pero informa a su audiencia que "aún no es el fin". El fin aquí alude a la conclusión o al punto más extremo de algo.

3. Cuando llegamos al versículo 1—"persevere hasta el fin"—la palabra *fin* aquí se refiere a la conclusión.

Volviendo a la pregunta de *¿persevere hasta el final de qué?*, hay tres posibilidades a las que Cristo se refiere de acuerdo con las tres diferentes interpretaciones dadas por los eruditos. La primera es perseverar hasta el fin de la destrucción de Jerusalén—que ocurrió en el 70 d.C. La historia cuenta que la comunidad de cristianos que vivía en Jerusalén antes del 70 evacuó la ciudad cuando comenzó el ataque y se estableció en Pella, Jordania, como se profetiza en Mateo 24:15-16. Allí edificaron una próspera comunidad mientras Jerusalén ardía hasta quedar en cenizas. Así que ellos perseveraron hasta el fin de la destrucción de la ciudad.

La segunda interpretación de algunos es que si usted, como creyente, puede mantenerse fiel en medio de las cosas malas que ocurran durante toda su vida, entonces puede llegar al final y ser salvo o puede entrar al reino eterno de Dios soportando las persecuciones y presiones de la vida, pero habiendo vivido una vida vencedora.

La tercera interpretación, como se aclara más arriba, es sobrevivir a las circunstancias negativas que barren la tierra hasta el regreso de Cristo. Muchos caerán, sufrirán y se darán por vencidos, pero otros perseverarán hasta el "fin".

Sin embargo, hay una cuarta posibilidad que es más plausible a la luz del contexto de la afirmación de Cristo. Él estaba advirtiendo que "muchos tropezarán" (v. 10). La palabra griega para "tropezar" es *skándalon*, que originalmente se refería al cebo de una trampa que atrae a los animales. La raíz de esa palabra significa "saltar, que se cierra de golpe", y el *skandaledzron* era el brazo de la palanca en la que se colocaba el cebo. De esa palabra derivamos nuestras palabras *escándalo* y *escandalizar*. Cuando se coloca una trampa para un animal, debe haber algún tipo de camuflaje para esconderla de la vista de las criaturas desprevenidas. Sin embargo, el olor del cebo, como un imán con otro imán, atrae al animal y lo saca de su camino para investigar el cebo y de repente cae en la trampa.

En la época de Cristo, la palabra se refería a cualquier obstáculo puesto en el camino de un hombre que pudiera hacerlo tropezar y provocarle una caída.[2] La estrategia que hay detrás del tropiezo es hacer que una persona caiga, o participe en cierto comportamiento que causará su ruina o destrucción.

Esta palabra es utilizada en una variedad de ejemplos a través del Nuevo Testamento. Es empleada por escritores griegos (como Aristófanes) para las "trampas verbales" colocadas para atraer a una persona hacia una discusión con el fin de hacerla tropezar.[3] En Mateo 13:21, en la parábola del sembrador, hay algunos que tropiezan en la instrucción impartida en la Palabra de Dios, y por consiguiente se apartan de Cristo debido a la persecución. El diseño espiritual de la persecución es utilizar ataques verbales, como flechas encendidas, para insultar a una persona y colocar presión mental sobre el creyente, haciendo que esa persona elija servir a Cristo con persecuciones o abandonar la fe por conveniencia. El apóstata que se aparta ha caído en el tropiezo, o *skándalon*, cuando el *cebo de persecución* creó una presión interna y emocional que pudo tolerar. Cuando los fariseos intentaban atrapar a Cristo con preguntas sobre asuntos controvertidos, Pablo escribió que la prédica de la cruz y la crucifixión de Cristo era una "piedra de tropiezo" para los judíos de su tiempo (Romanos 14:13; 1 Corintios 1:23; Gálatas 5:11). Esto era porque en la Torá la Ley decía que todo hombre que es colgado en un madero es maldito (Deuteronomio 21:22-23).

Perseverar hasta el fin, en este contexto, no tiene nada que ver con sobrevivir a una plaga, salir arrastrándose con vida de los escombros de un terremoto o esconderse en una montaña hasta que cese la guerra. Se refiere a una persona que pueda soportar los muchos tropiezos y trampas verbales que encontrará hasta el momento en que regrese Cristo. Si usted hiciera una encuesta en una iglesia promedio, y alcanzara a todos los que alguna vez asistieron pero ya no se encuentran en los bancos, descubrirá (como lo hice yo) que la mayoría de los antiguos miembros fueron ofendidos por el pastor o un empleado de la iglesia o por otro miembro, y ahora se sientan en sus casas negándose a ir a la iglesia. ¡Ahora creen que todos los cristianos y ministros son *hipócritas*! No podría decirle la cantidad de individuos que he conocido personalmente durante más de treinta y cinco años de ministerio que dicen que se quedan en sus casas los domingos mientras su familia va a la iglesia porque han participado en algún conflicto verbal, una diferencia de opinión o han oído algún mensaje en particular desde el púlpito que los ha ofendido de alguna manera. No hay cantidad de invitaciones y cebos que los hagan volver a la iglesia mientras sigan enredados en esa ofensa. Salomón lo dijo de esta manera: "Un amigo ofendido es más difícil de recuperar que una ciudad fortificada. Las disputas separan a los amigos como un portón cerrado con rejas" (Proverbios 18:19, NTV).

¿Cómo perseveraremos? El término *perseverar* viene de dos palabras: *jupo*, que significa "debajo" y *méno*, que significa "resistir". La imagen de la palabra original griega era la de una planta que había sido pisoteada una y otra vez y sin embargo seguía creciendo. Se refiere a tener la fuerza para soportar la presión sin colapsar ni ser destruido por el peso. Pablo entendió esto cuando habló de tener un aguijón que lo abofeteaba (2 Corintios 12:7), porque ese espíritu lo hostigaba continuamente y le causaba dificultades. Él fue golpeado, luego se puso en pie solo para volver a ser golpeado. Pablo dijo en 2 Corintios 4:8–9: "Estamos atribulados en todo, mas no angustiados; en apuros, mas no desesperados; perseguidos, mas no desamparados; derribados, pero no destruidos". Pablo aprendió "a estar satisfecho en cualquier situación en que me encuentre. Sé lo que es vivir en la pobreza, y lo que es vivir en la abundancia. He aprendido a vivir en todas y cada una de las circunstancias, tanto a quedar saciado como a pasar hambre, a tener de sobra como a sufrir escasez" (Filipenses 4:11–12, NVI). De hecho la clave está en que: "Todo lo puedo en Cristo que me fortalece" (v. 13).

El ministerio de un "profeta mentiroso"

Si usted todavía respira en este planeta, en algún momento lo apuñalarán por la espalda, hablarán mal de usted y tendrá la oportunidad de ser ofendido. Las diferentes personas reaccionan de manera distinta. Al leer el contexto de la advertencia sobre el tropiezo, noté que justo un versículo después de que Cristo advirtió que muchos tropezarían, previno que "muchos falsos profetas se levantarán, y engañarán a muchos" (Mateo 24:11). Curiosamente, repite la misma advertencia en el versículo 24, refiriéndose a los "falsos Cristos, y falsos profetas". ¿Qué advertencia está relacionada con ser ofendido y con los falsos profetas?

Permítame ilustrar algo que he visto personalmente como

hijo de un pastor mientras crecía en una iglesia del evangelio completo. La mayoría de la gente del evangelio completo cree que el Señor puede y en ocasiones habla a su pueblo por medio de Espíritu Santo y por medio de dones vocales (1 Corintios 12:7–10). La bendición de esta manifestación es que un creyente puede recibir confirmación sobre la voluntad de Dios por medio de esos dones, mientras que lo negativo es que la persona carnal puede intentar manipular a otros hablando en lo que puede parecer un don vocal pero que es una afirmación de su propio espíritu. Esto sucedió en el tiempo de Jeremías, cuando leemos:

> Me dijo entonces Jehová: "Falsamente profetizan los profetas en mi nombre; no los envié, ni les mandé, ni les hablé; visión mentirosa, adivinación, vanidad y engaño de su corazón os profetizan."
>
> —Jeremías 14:14

Jeremías estaba advirtiendo sobre la próxima destrucción de Jerusalén por Babilonia, mientras que los falsos profetas en el templo estaban diciendo que vendría prosperidad y que el enemigo sería derrotado. Estas predicciones eran opuestas, y la gente estaba confundida y no sabía quién estaba hablando realmente de parte de Dios. Por supuesto, cuando llegó la destrucción, el nombre de Jeremías fue conocido como el verdadero profeta del Todopoderoso.

Cuando una persona se siente ofendida en una iglesia, puede hacer que otros también tropiecen.

En la cima de su ofensa algunos buscan una *confirmación* de que su actitud negativa contra el pastor o el liderazgo es "aprobada" por el Señor. Siempre habrá en la iglesia algún profeta o profetisa autoproclamado y autoungido que irá en ayuda del alma ofendida y comenzará a profetizarle que "Dios me dijo que te vayas de la iglesia porque la gloria de Dios ha partido de allí", o "Ellos nos han ofendido y deben ser expuestos". Una persona ofendida reaccionará como Coré o como David.

Coré era un destacado y rico príncipe de Israel que condujo una rebelión con otros 250 líderes contra Moisés y Aarón, que finalmente les costó la vida a él y a todos los rebeldes que lo habían seguido (Números 16). David estaba siendo cazado como si fuese una bestia salvaje por su enojado y celoso suegro, el rey Saúl, y dos veces tuvo la oportunidad de matarlo. Sin embargo, David se negó a hacer algo malo contra Saúl, porque entendía la autoridad espiritual que Dios le había dado al rey (1 Samuel 26:5.11). A una persona ofendida le resulta fácil buscar una falsa palabra profética que derrame un poco de aceite sobre su herida y la haga sentir mejor al aceptar su ofensa como un arma útil para derrotar al bando opuesto. La gente ofendida no tiene miedo de traicionar y odia a su ofensor, lo cual hace que su amor se enfríe y su conciencia se cauterice y encallezca.

¿Juan el bautista tropezó?

Juan el bautista era primo de Jesús, ya que la mamá de Cristo, María, y la mamá de Juan, Elizabeth, también eran primas. Juan nació seis meses antes que Cristo; ambos tenían alrededor de treinta años cuando Juan bautizaba en el río Jordán y Cristo fue allí para ser bautizado por él (Lucas 3:23). Juan presentó a Cristo como el "Cordero de Dios" e informó a sus seguidores que era necesario que él menguara para que Cristo creciera (Juan 1:29; 3:30).

Poco después del bautismo de Cristo, Herodes arrestó y encarceló a Juan por sus afirmaciones políticamente incorrectas contra su matrimonio ilegal. Mientras Juan estaba en la cárcel, varios de sus discípulos lo visitaron. Juan los envió para que le hicieran a Cristo una pregunta muy interesante y bastante rara. Juan les dijo que le preguntaran: "¿Eres tú aquel [el Mesías] que había de venir, o esperaremos a otro?" (Mateo 11:3). ¿Estaba Juan confundido respecto a Cristo? Él lo había presentado antes como el Cordero de Dios, y sabía que él mismo debía prepararle el camino (Mateo 3:3) y luego hacerse a un lado. Juan fue el primero en anunciar que Cristo bautizaría a los creyentes con el Espíritu Santo y fuego (v. 11). Cuando los discípulos de Juan le preguntaron si Cristo era aquél que había de venir (el Mesías esperado), Cristo le respondió a Juan con estas palabras:

> Id, y haced saber a Juan las cosas que oís y veis. Los ciegos ven, los cojos andan, los leprosos son limpiados, los sordos oyen, los muertos son resucitados, a los pobres es anunciado el evangelio, y bienaventurado es el que no halle tropiezo en mí.
>
> —Mateo 11:4-6

Cristo demostró que los milagros que hacía eran la señal de que Él era el Mesías. Pero ¿por qué Cristo terminó su respuesta diciéndole a Juan que sería bienaventurado el que no hallara tropiezo en Él? Esto es desconcertante hasta que uno entiende el posible *mensaje codificado* que Juan le estaba enviando a Cristo. Si Cristo era el Mesías, entonces tendría tanto el poder sobrenatural como la influencia política para sacar a Juan de la celda de aquella prisión. La respuesta de Cristo indicó que Él no tenía ninguna intención de liberar a Juan y que quería que Juan no abriera la puerta de su corazón a un tropiezo. Cristo no iba a hacer lo que Juan quería, que era organizar una fuga de la cárcel. Cristo sabía que la Ley y los profetas debían ser obedecidos hasta el tiempo de Juan, y Cristo estaba ahora en escena para anunciar que el reino de Dios se había acercado (Mateo 4:17). Si Cristo no era el Mesías esperado y otro debía venir en el futuro, eso indicaría que Juan podría disfrutar de más tiempo ministrando a la gente y que no moriría en la cárcel. Cristo no liberó a su primo, y poco después Juan fue decapitado por Herodes (Mateo 14:10). *Cristo conocía el futuro de Juan, pero Juan no estaba seguro respecto a su futuro*. Cristo quería que Juan no tropezara cuando las cosas no sucedieran en la forma que él esperaba.

Ofenderse con Dios

A lo largo de mi ministerio he conocido hombres y mujeres que estaban muy enojados con Dios por no responder una oración de la manera en que ellos habían orado o esperado. Para ser exactos, he observado a algunos creyentes que han vivido de manera descuidada, viviendo alocadamente, solo para luego producir una salvaje cosecha de problemas, por los cuales culpaban a Dios por no haber mandado una sequía y evitado que todas las malas semillas que ellos habían plantado germinaran luego en el jardín de sus vidas.

Una mujer tenía problemas en su matrimonio y conoció a un hombre durante un viaje. Ella comenzó a llamarlo por teléfono y finalmente una noche estuvieron de acuerdo en tener sexo. Su *intención* era que fuese algo de una sola noche y que nadie saliera dañado.

Sin embargo, ella quedó embarazada, y el hombre amenazó con demandarla por la custodia del niño. La mujer estaba abrumada y enojada con el Señor porque no había evitado de alguna manera que ella quedara embarazada de otro hombre. Culpar a Dios por la concepción de un bebé es como si alguien que fumó toda la vida se enojara con el Todopoderoso por no evitar que sufra de cáncer después de haber consumido miles de paquetes de cigarrillos. Sería como jugar a la ruleta rusa e insultar a Dios cuando salga el disparo, la única bala le dio justo a usted y no a otro. Dios protege al justo del peligro, pero no hay ninguna provisión de protección para el desobediente. Sino pregúntele a Jonás.

Todos los seres humanos están sujetos a circunstancias humanas. La tierra está en tribulación y responde con tormentas, terremotos, huracanes y tornados que destrozan comunidades enteras, y en ocasiones quitan la vida a hombres, mujeres y niños inocentes. El cuerpo de carne comienza a mostrar su edad, y nuestros huesos empiezan a crujir como las tablas de una casa antigua, mientras que nuestro ritmo de vida pasa de la velocidad de un coche de carreras a la de un modelo Ford T. La edad trae la muerte de amigos y seres queridos, variadas formas de aflicción en el cuerpo, y nuevos cuidados de vida que debemos aprender a echar sobre el Señor (1 Pedro 5:7). Pablo entendía esta verdad y escribió un maravilloso y alentador pasaje en el que nos recuerda a los creyentes que perseveremos, porque las pruebas no durarán para siempre:

> Pero teniendo el mismo espíritu de fe, conforme a lo que está escrito: Creí, por lo cual hablé, nosotros también creemos, por lo cual también hablamos, sabiendo que el que resucitó al Señor Jesús, a nosotros también nos resucitará con Jesús, y nos presentará juntamente con vosotros. Porque todas estas cosas padecemos por amor a vosotros, para que abundando la gracia por medio de muchos, la acción de gracias sobreabunde para gloria de Dios. Por tanto, no desmayamos; antes aunque este nuestro hombre exterior se va desgastando, el interior no obstante se renueva de día en día. Porque esta leve tribulación momentánea produce en nosotros un cada vez más excelente y eterno peso de gloria.
>
> —2 Corintios 4:13-17

Pablo fue golpeado tres veces con vara, azotado cinco veces con cuarenta latigazos menos uno, tres veces padeció naufragios y fue arrestado en numerosas ocasiones (2 Corintios 11:23-27), ¡y él llama a esta persecución "leve tribulación momentánea"! Hizo esto porque entendía que nuestras pruebas y tribulaciones solo duran un "momento".

Quizás el Salmo 119:165 resuma la actitud que los creyentes tendrían que tener hacia la ofensa: "Mucha paz tienen los que aman tu ley, y no hay para ellos tropiezo": nada los hará tropezar ni caer. A medida que usted madure y las líneas del paso del tiempo formen pequeñas marcas en su rostro, se dará cuenta de que su tiempo sobre la tierra es limitado. Quizás entonces se dé cuenta de que la vida es demasiado corta para pasarla encadenado en la caverna de la falta de perdón, escondiéndose de los rostros de familiares y amigos para protegerse de antiguas heridas.

Hay un tipo de persona que es totalmente imposible de ofender—me refiero a que no hay nada que usted pueda decir o hacer que haga que esa persona responda de una manera negativa—, y es *un hombre muerto*. Si usted va a su funeral, puede comentar con las otras personas (por favor no lo haga) "Ese es el peor traje que le he visto puesto" o "El maquillaje que tiene en la cara se parece al de alguien de una película de terror" u "Hombre, ¿no se ve como si hubiera envejecido veinte años?". Diga lo que quiera, pero no podrá, no logrará ofenderlo, porque no lo puede oír.

Pablo dijo: "Cada día muero" (1 Corintios 15:31). Si usted es la clase de persona que siempre está fanfarroneando, diciendo lo buena que es y diariamente necesita una palmadita en la espalda, estará en graves problemas a lo largo de toda su vida ya que—detesto decírselo—a algunas personas usted no les va a agradar. En mi ministerio, cuando predico sobre profecía, algunos no están de acuerdo con mi interpretación, o cuando ministro sobre el Espíritu Santo, algunos rechazan la enseñanza. Hay personas que por algún motivo no aprecian los mensajes o los métodos que uso en mi ministerio. Sin embargo, es difícil ofender a un hombre muerto. *He decidido convertirme en un muerto a las críticas y hacer solo la voluntad de Dios lo mejor que pueda.*

Al comienzo de mi ministerio me ofendían los comentarios negativos, hasta que descubrí que la semilla de la ofensa nacía de un ego herido y algo de orgullo. Cuando usted desea agradar a la gente y no es aceptado por algunos, el ego humano mentalmente agrandará esos pocos como si fueran muchos, y pronto usted estará nadando en una sucia piscina de ofensas. Después de años de tratar de entender por qué a algunas personas no les agradaba yo o no les gustaba mi ministerio, escogí morir a sus comentarios, como que es solo su opinión y todo hombre tiene derecho a tener su propia opinión. No a todo el mundo le agradaban Jesús, Pablo, o los miembros de la iglesia primitiva, así que estoy en buena compañía. Jamás deje que las opiniones negativas de los demás lo rebajen al nivel de ellos. La vida es demasiado corta, la eternidad demasiado larga, y las ofensas son demasiado peligrosas como para arriesgar el favor de Dios caminando en el lodo de las ofensas y siguiéndoles el rastro hasta su iglesia, hogar y familia.

Capítulo 13

USAR LA ESPADA EQUIVOCADA PARA LA BATALLA EQUIVOCADA

EL CREYENTE TIENE UN ARMA PODEROSA EN LA ESPADA del Espíritu, que es la Palabra de Dios (Efesios 6:17). La Palabra de Dios fue escrita en papiros con plumas y tinta negra, más tarde fue traducida a gran cantidad de idiomas e impresa en papel. Sin embargo, la Palabra de Dios no es solo para ser leída sino hablada, y no solo para ser hablada sino creída y puesta por obra. El hecho de que a la Palabra de Dios se la llame "espada de dos filos" no es solo para crear la imagen del arma de un soldado romano, sino también para enfatizar el hecho de que la Palabra tiene dos bordes filosos. Un borde fue formado cuando la Palabra fue revelada por el Espíritu Santo a los profetas que escribieron las Escrituras en los papiros. El otro lado del filo se forja cuando el creyente comienza a pronunciar con su boca las palabras que están escritas en papel.

Así como una espada de dos filos debe ser usada apropiadamente por su dueño, no sea que sin querer se corte o lastime a otros, la Palabra de Dios debe ser correctamente interpretada, claramente hablada y enseñada con el mismo cuidado con que un hombre exhibe una espada afilada en medio de una muchedumbre.

Utilizar mal las Escrituras

Nunca le pediría a un soldado sin entrenamiento que se uniera a la vanguardia en una batalla, ni a alguien que recién esté aprendiendo a conducir que se una a la carrera de NASCAR, o a alguien que recién comienza su ministerio que presente un discurso teológico en un seminario. Sin embargo, hombres y mujeres constantemente citan mal, utilizan mal, o maltratan a otros utilizando mal las Escrituras. Aquí hay algunos ejemplos.

Usar la Escritura fuera de contexto

Cuando las Escrituras son sacadas de su contexto, fuera del marco histórico o cultural en el que fueron escritas, una persona puede llegar a confundirse y pensar que la Biblia se contradice. Por ejemplo, hace varios años vi una fotografía que había sido tomada en el cementerio Greenbush cerca de Lafayette, Indiana. Cerca de una tumba de granito estaba la tumba de un soldado cristiano que había muerto en la guerra. La inscripción tenía la imagen del Buen Pastor, Cristo, y miraba hacia el este, que es la dirección de un entierro cristiano tradicional, ya que Mateo 24:27 declara que la venida del Señor será como un rayo que viene del este. Cerca de ella estaba la inscripción de otro soldado con estas palabras:

> Martin P. Jenners
> Nació el 21 de agosto de 1832 en una cabaña de troncos
>   en la esquina noreste
> de las calles Ferry y Fourth.
> Falleció el 22 de diciembre de 1919
> Mi única objeción a la religión es que 1 Corintios 15:52 e
>   Isaías 26:14 no son verdad.
> No se permite predicar, orar ni leer Salmos en esta
>   parcela.

Aquí abajo están los dos versículos que se hallaban citados en granito y que llevaron al Sr. Jenners a creer que la religión no es verdad:

> En un momento, en un abrir y cerrar de ojos, a la final trompeta; porque se tocará la trompeta, y los muertos serán resucitados incorruptibles, y nosotros seremos transformados.
> —1 Corintios 15:52

> Muertos son, no vivirán; han fallecido, no resucitarán; porque los castigaste, y destruiste y deshiciste todo su recuerdo.
> —Isaías 26:14

Parecería que este hombre cayó en uno de los trucos más viejos del cuaderno de estrategias del adversario: que la Biblia está llena de contradicciones y no se puede confiar en ella. El Sr. Jenners leyó estos versículos solos, aislados, sin seguir jamás una de las primeras leyes de la interpretación bíblica, que es: "¿Cuál es el contexto de lo que se está diciendo, y a quién se le está diciendo?".

En todo el capítulo de 1 Corintios 15 Pablo revela el misterio de la resurrección de los muertos y cómo en "un abrir y cerrar de ojos" los muertos en Cristo resucitarán primero. Isaías 26:14 parece contradecir esa promesa, ya que dice que los que están muertos no resucitarán. Sin embargo, en el contexto de este capítulo el profeta está tratando con naciones que se habían levantado contra Israel y ya habían dejado de existir, aunque Israel prevalecía. Esta muerte no hacía referencia a personas individuales sino a los imperios y naciones que en el pasado habían maltratado a los judíos y ya no existían más. Por lo tanto, uno de los versículos trata sobre la resurrección corporal de los muertos en Cristo y el otro sobre las naciones que dejaron de existir y ya no tendrán posibilidad de levantarse en el futuro.

Satanás realmente intentó esta estrategia de "hacer morder el anzuelo" durante la tentación de Cristo (Mateo 4:5-6) cuando sugirió que Cristo podía arrojarse desde el pináculo más alto del templo sin sufrir daño, porque si era el Hijo de Dios, Él con gusto le proveería ángeles para que lo sostuvieran en sus mano y evitaran su muerte prematura. Satanás basó su sugerencia (tentación) en el Salmo 91:11-12:

> Pues a sus ángeles mandará acerca de ti,
> Que te guarden en todos tus caminos.
> En las manos te llevarán,
> Para que tu pie no tropiece en piedra.

En Mateo 4:6 la frase "para que no" fue agregada a este pasaje, no por los traductores sino por el mismo Satanás cuando citó el pasaje sugiriendo que si Jesús se sentía alguna vez con ganas de saltar desde un lugar muy alto, los ángeles siempre estarían allí. Esto estaba sacando al pasaje *fuera de contexto*, ya que los versículos previos del Salmo 91 tratan sobre la protección que Dios brinda a su pueblo del mal; no tiene nada que ver con arrojarse deliberadamente desde un lugar alto o saltar de una montaña para probarle algo a un escéptico. Cuídese de quien toma la Palabra de Dios fuera del contexto en el que fue escrita.

USAR LAS ESCRITURAS PARA BENEFICIO PERSONAL

Uno de los grandes peligros de nuestra generación son los ministros inescrupulosos que han tenido éxito al usar lo que yo llamo "lotería de la prosperidad" para su beneficio personal. El mensaje es que si usted lee bien, cree bien, declara bien, piensa bien y "me envía un cheque con una gran ofrenda", entonces el Señor mismo hará entrar su nombre en su especial "lotería de la prosperidad" en la que Dios finalmente hará que usted tenga dinero, una casa nueva y un nuevo auto, y usted no tendrá que trabajar por todo eso ni pagarlo. Este tipo de ministerios es de los que Pedro nos advirtió: "Y por avaricia harán mercadería de vosotros con palabras fingidas. Sobre los tales ya de largo tiempo la condenación no se tarda, y su perdición no se duerme" (2 Pedro 2:3).

He oído hacer algunas de las afirmaciones, promesas y bendiciones más antibíblicas cuando los ministros buscan dinero para expandir sus ministerios. Por su "mejor regalo" usted tendrá garantizado estar libre de deudas por el resto de su vida. Amigo, la única manera de que usted no vuelva a tener una deuda es que no compre nada más por el resto de su vida o si muere: entonces no tendrá que pagar deudas en la tierra. Si usted paga impuestos todos los años, alquila un departamento o toma algún seguro, tendrá una deuda. He oído promesas de unción especial a cambio de una gran ofrenda. Así es como Simón el mago intentaba comprarle a Pedro el don del Espíritu Santo; después que aquel le ofreció dinero Pedro reprendió a este mago samaritano y le dijo que su corazón tenía amargura y no era recto delante de Dios (Hechos 8:18-23). Pedro dejó bien en claro que el don del Dios no puede ser comprado con dinero (v. 20).

Usar la "espada" con compañeros soldados

En el Cuerpo de Cristo de vez en cuando hay desacuerdos en ciertos aspectos teológicos. Resulta interesante ver cómo una denominación toma cierto pasaje para probar su punto de vista, ¡mientras que otra denominación *usa la misma referencia* para refutar el razonamiento del otro grupo! Uno de esos temas es el hablar en lenguas. Un grupo enseña que ciertos dones han cesado y cita la última mitad de 1 Corintios 13 como prueba de que "cesarán las lenguas" (v. 8). De acuerdo con algunos teólogos, ciertos dones han cesado ya sea después de la muerte de los primeros apóstoles o cuando se compiló el canon del Nuevo Testamento de las Escrituras para formar nuestra Biblia. Otro grupo del evangelio completo simplemente irá a 1 Corintios 1:7, donde Pablo escribió: "Nada os falta en ningún don, esperando la manifestación de nuestro Señor Jesucristo" y Romanos 11:29: "Porque irrevocables son los dones y el llamamiento de Dios" para probar con estos versículos que el don (en griego, *járisma*) de Dios, incluyendo los nueve *jarismata* (dones) del Espíritu Santo (1 Corintios 12:7-10), ¡seguirán estando disponibles hasta la venida de Cristo!

Siempre me ha resultado desalentador observar cómo hermanos en la fe convierten la Biblia en su propia espada personal para atacar a otros creyentes simplemente porque no están de acuerdo con sus interpretaciones doctrinales. Algunos son tan inflexibles al creer que son los únicos que están en lo cierto que etiquetan de *hereje* a cualquiera que no coincida con ellos. Algunos ministros enfatizan la enseñanza de la cruz, que por supuesto es el tema del ministerio de Pablo: no saber cosa alguna sino a Jesucristo, y a éste crucificado (1 Corintios 2:2). *Sin embargo, en toda la prédica de Pablo sobre la cruz, ¡ni una sola vez usa la cruz para intentar crucificar a alguien en ella!* He oído a ministros proclamar en un momento el poder redentor y limpiador de la cruz y al minuto siguiente comenzar a nombrar a muy piadosos hombres y mujeres de Dios, llamándolos "enemigos de la cruz" y tratando de humillarlos públicamente, ¡todo en nombre de la defensa de la fe!

Este es el mismo espíritu que tenían los discípulos de Cristo cuando Él había enviado a varios a informar a los samaritanos que este profeta judío, Jesús, quería pasar por su territorio. Los samaritanos rechazaron la oferta, y Jacobo y Juan informaron a Cristo sobre la reacción negativa de esa ciudad y le pidieron que enviara fuego del cielo y consumiera la ciudad. En ese tiempo los judíos y los samaritanos se despreciaban mutuamente, ya que los judíos consideraban que los samaritanos eran un grupo étnico mezclado, parte judío y parte gentil. Los discípulos, enojados, hasta usaron la Biblia para justificar su pedido de que descienda fuego y los consuma como hizo Elías contra los profetas de Baal en el monte Carmelo (Lucas 9:54). Jesús los reprendió, diciéndoles que tenían el espíritu equivocado (v. 55). Muchos años después el evangelista Felipe predicó en Samaria, y toda la ciudad recibió el evangelio.

Los que se convirtieron fueron bautizados con el Espíritu Santo, y otras ciudades y pueblos fueron alcanzados con el mensaje de Cristo (Hechos 8:5-25). Esta actitud de "conviértete o que el fuego te consuma" no era el espíritu correcto de un grupo de hombres que ya habían sido informados de que Cristo había venido para buscar y salvar al que está perdido (Mateo 18:11).

Las Escrituras deben ser usadas para predicar el evangelio, alentar al creyente, convencer de pecado y corregir el error que pueda surgir. Sin embargo, está mal que los ministros y las denominaciones entablen "peleas de espadas" especialmente en público, ya que solo provocan que los pecadores se burlen y se endurezcan más al ver a dos cristianos a los puñetazos para ver quién derriba al otro "para la gloria de Dios".

Usar las Escrituras para justificar su desobediencia

Otro peligro en el uso de la espada del Espíritu de manera incorrecta es cuando las Escrituras se interpretan con el fin de justificar, con ciertos versículos, la desobediencia de una persona. Hace varios años vi una transmisión en vivo desde Washington DC en la que un grupo de mujeres proaborto estaban promoviendo los derechos de las mujeres al aborto. Me quedé atónito cuando una mujer judía se paró allí y dijo: "Hasta la Torá está de nuestro lado". Me incliné hacia adelante no creyendo lo que oía. ¿Qué versículo citaría para probar que Dios es proaborto? Entonces ella dijo: "Dios dijo en la Torá que el pueblo escogiera, una y otra vez. Así que nosotras somos proaborto porque incluso Dios nos permite que escojamos lo que deseemos". Podía imaginar que una norteamericana ignorante creyera en abortar a un bebé babeándose de placer en ese momento, pero no podía creer que una mujer tergiversara la Torá y usara un versículo fuera de contexto para aprobar sus acciones. En ese momento di un salto y dije: "Lee lo que dice Dios sobre escoger":

> A los cielos y a la tierra llamo por testigos hoy contra vosotros, que os he puesto delante la vida y la muerte, la bendición y la maldición; escoge, pues, la vida, para que vivas tú y tu descendencia.
> —Deuteronomio 30:19-20

Moisés sí escribió "escoger" ¡pero "escoger la vida"! Cuando una mujer escoge la vida y da a luz a su bebé, ¡su descendencia vivirá! Esta metodología de interpretar las Escrituras al gusto propio ha sido un método de abuso entre ministros y miembros carnales. En nuestra generación ha habido ministros que se divorciaron de su esposa por otra mujer, ya que esta última era "una mejor opción para su ministerio". No tenían fundamento bíblico, y al ser confrontados, algunos citaban los versículos que dicen que los obispos deben ser "maridos de una sola mujer" (1 Timoteo 3:2, 12; Tito 1:6). La respuesta de un hombre fue: "De acuerdo con algunos eruditos, ¡esto significa una esposa a la vez!". También he conocido hombres que dejaron a sus esposas por otra mujer y usaron la historia de David y Betsabé, diciendo: "David cometió adulterio, y el Señor dejó que siguiera siendo rey, así que yo puedo continuar con lo que estoy haciendo ¡porque yo también he sido ungido!". Muy pocas veces mencionaban el hecho de que el juicio de Dios cayó sobre la casa de David y cuatro de sus hijos (el bebé de Betsabé, Amnón, Absalón y Adonías) experimentaron muertes prematuras ya que la espada nunca se apartó de su casa (2 Samuel 12:10).

Usar las Escrituras para llevar agua para su molino

A lo largo de mi vida he observado ministros que pasan la mayoría del tiempo que tienen en radio y televisión tratando de corregir todos los errores que ven en otros ministerios. He oído a novatos imprudentes llamar a otros creyentes por su nombre y acusarlos de falsa doctrina, falsa enseñanza y herejías. Al revisar personalmente la enseñanza del ministro acusado cuyas enseñanzas se estaban criticando, descubrí que la crítica era simplemente por ciertas citas fuera de contexto o por dar demasiada importancia a un desacuerdo menor. En algunos casos, los acusadores tienen una enorme viga en su propio ojo por un pasado de desobediencia o pecado en sus vidas e intentan edificar algo que se parezca a un servicio religioso agitando una espada y cortando a quien se interponga en su camino.

La realidad es que estos críticos están apelando a cierto segmento de la comunidad cristiana que he identificado como "perros guardianes autoproclamados" o "cazadores de herejías" que literalmente disfrutan la controversia como lo hace un político falto de mayores avales. Estos amantes de la crítica alimentan abiertamente los inmensos egos de esos espadachines con palabras como: "Usted es el único que predica la verdad". "Dígalo tal y como es". "Déles su merecido". "Usted es la voz de Dios para la nación". La segunda observación es que si un hombre puede convencer a sus oyentes de que todos los demás están equivocados excepto él y sus pocos escogidos, entonces el apoyo financiero fluirá solo en la dirección de ese maestro.

Recuerdo un ministro que hace muchos años anunció en su programa que él era "el único en el mundo llamado a llevar el evangelio a todo el mundo, y el único ministro que lo estaba haciendo". Me di cuenta que eso era consecuencia del orgullo ya que el Cuerpo de Cristo es mucho más grande que el ministerio televisivo de un hombre, y la Iglesia—no tan solo un hombre—fue la escogida y llamada a llevar el evangelio a todo el mundo (Mateo 24:14). ¡Lo triste y peligroso era que él realmente creía lo que estaba diciendo! Cualquier persona que se jacte orgullosamente estará haciendo a un lado y despreciando a otros creyentes que estén haciendo el mismo trabajo para el reino, quizás de una manera diferente. Estos soberbios ministros necesitan saber que no son conscientes de la clase de espíritu del cual son (Lucas 9:51-55).

La forma correcta de usar la espada del Espíritu

Pablo escribió su última carta a Timoteo y dijo:

> Que prediques la palabra; que instes a tiempo y fuera de tiempo; redarguye, reprende, exhorta con toda paciencia y doctrina.
> —2 Timoteo 4:2

Cuando vemos la palabra *predica* pensamos en un ministro parado detrás de un púlpito dando un sermón o un mensaje a la congregación. Entre los antiguos griegos la palabra, *kerúso*, representaba al heraldo de un emperador parado ante las masas de una ciudad dando un mensaje importante, incluso uno de vida o muerte a la gente. El heraldo era la voz del emperador y hablaba con la misma autoridad que aquél. El ministro está para "reprender" cuando es necesario, para reprender el pecado en las vidas de la personas para llevarlas al arrepentimiento.

Pablo le advirtió a Timoteo sobre dos hombres que eran espiritualmente peligrosos para la iglesia: Himeneo y Fileto. Estos dos falsos maestros habían enseñado que la resurrección ya se había efectuado y trastornaban la fe de algunos en la iglesia (2 Timoteo 2:18). Pablo dijo que esa falsa enseñanza corrompe la fe de algunos y "carcomerá como gangrena" (v. 17). La palabra griega para "gangrena" aquí es *gángraina*, que alude a una úlcera que carcome la piel o el cuerpo. De aquí deriva la palabra gangrena: una infección que carcome el tejido del cuerpo y, si no se la trata, finalmente puede causar la muerte. Una extremidad gravemente enferma con gangrena debe ser amputada. Aquí, Pablo está enseñando a la iglesia que evite (se aparte) de Himeneo y de Fileto ¡ya que su enseñanza estaba corrompida y se diseminaba por toda la iglesia como gangrena!

Esto revela el uso correcto de la espada del Espíritu, en el sentido de *cortar la falsa enseñanza* o exponer las peligrosas doctrinas heréticas, contrarias a la revelación de las Escrituras. La Palabra de Dios tiene un poder penetrante y divide el alma y el espíritu, es decir los pensamientos del hombre de los pensamientos de Dios (Hebreos 4:12). Cristo, Pablo, y todos los apóstoles empuñaron el Antiguo Testamento como una poderosa arma de guerra para defender a Cristo el Mesías, usando la Torá y los profetas, y edificando su doctrina sobre las palabras de Cristo y la revelación de Dios mismo (Gálatas 1:12; 2:2). Permítame señalar que esto es con el propósito de cortar la falsa doctrina y no de hacer añicos a alguien con quien se tiene una diferencia de opinión o un método de ministrar diferente del suyo.

Algunas de las falsas enseñanzas que se están esparciendo como gangrena en el Cuerpo de Cristo son:

- El infierno no existe.

- Todos los hombres terminarán en el cielo sin importar de qué religión sean (universalismo).

- Dios aprueba las relaciones entre personas del mismo sexo.

- El aborto es solo un procedimiento quirúrgico, ya que el feto no es humano hasta que se corta el cordón umbilical.

- No se puede confiar en la Biblia, es anticuada, y no tiene validez en nuestra cultura.

En lugar de perder su tiempo de aire reprendiendo a los grupos de jóvenes cristianos por "ser del diablo" debido a la "música contemporánea" o ver los estudios bíblicos hogareños como "no de Dios", los ministros deberían dejar de perder el tiempo boxeando con un enemigo invisible e imaginario. Los ministros deberían tomar la espada de dos filos y forjar otra reforma: un regreso a la sana doctrina de los profetas y los apóstoles de la fe cristiana.

Jamás use el mensaje de la cruz para crucificar a quien no le agrada, ni use la espada del Espíritu para atacar a otros creyentes. El deseo de Cristo se revela en este pasaje:

> También tengo otras ovejas que no son de este redil; aquéllas también debo traer, y oirán mi voz; y habrá un rebaño, y un pastor.
> —JUAN 10:16

El Cuerpo de Cristo necesita unidad, no más división.

GUÁRDESE DE LOS GIGANTES CON ESPADAS NUEVAS

¡El adversario es un falsificador experto! Las Escrituras se identifican como "la espada del Espíritu" por su capacidad para separar lo carnal de lo espiritual (Hebreos 4:12) y cortar el deseo de pecado y la desobediencia. El enemigo, por otro lado, tiene su propio arsenal para contrarrestar las armas de Dios.

En el tiempo del rey David había cinco gigantes que vivían en Israel, siendo Goliat el más conocido (1 Samuel 17; 2 Samuel 21:15–21). Luego de haber dado muerte a Goliat, David tomó la espada de este, le cortó la cabeza y luego se llevó esa espada como victorioso botín de guerra (1 Samuel 21:9). Muchos años después, David peleó contra un gigante que había creado una "nueva espada". Leemos:

> E Isbi-benob, uno de los descendientes de los gigantes, cuya lanza pesaba trescientos siclos de bronce, y quien estaba ceñido con una espada nueva, trató de matar a David.
> —2 SAMUEL 21:16

Si usted ha ganado una gran victoria espiritual sobre el mundo, la carne o el diablo, su adversario se negará a permanecer inactivo y permitirle un desfile victorioso a largo plazo. Él regresará a su centro de operaciones, diseñará una *nueva espada* y esperará el momento apropiado para desafiarlo en otra batalla. No podría contar la cantidad de veces que he escuchado a alguien decir: "¡Jamás he tenido una batalla espiritual como esta!". Porque es un nuevo gigante con una nueva espada.

Hoy la verdadera iglesia está inmersa en un conflicto con *nuevas espadas*, o una gran cantidad de doctrinas que emergen en una cultura que valora más el ser *políticamente correcto* que ser *espiritualmente honrado*. Estas *nuevas espadas*, llamadas "doctrinas de demonios" están siendo blandidas por medio de la influencia de espíritus de seducción (1 Timoteo 4:1). Por ejemplo, algunos exministros evangélicos están enseñando que todas las religiones conducen al cielo, mientras otros predican que todo ser humano finalmente estará en el cielo, sin importar en qué haya creído. Así como el nuevo gigante con la espada nueva casi mata a David, estas nuevas enseñanzas están hechas para destruir la verdad y quitarle el filo a la verdadera espada de la Palabra de Dios. Un cuchillo, un hacha o espada sin filo puede lucir bello, pero resultará inútil ya que no podrá cumplir con aquello para lo que fue creado. Los creyentes que aguan la Palabra de Dios, debilitando el fuerte sabor de la doctrina bíblica, después se encuentran anémicos y débiles por falta de los nutrientes del maná celestial de Dios.

En vez de usar nuestro conocimiento bíblico para agredir a otro creyente que puede tener alguna ocasional diferencia con nosotros en temas menores, deberíamos minimizar y reducir el impacto de las armas del enemigo haciendo detonar el conocimiento de la verdad en la escena mundial, ya que el evangelio debe ser predicado en todo el mundo antes de que llegue el fin (Mateo 24:14). Su enemigo no es bautista, pentecostal o carismático: su enemigo es un destructor de almas llamado Satanás y sus espíritus rebeldes (Efesios 6:12). *Usted no podrá pelear bien a menos que esté en la luz*, y la luz es la Palabra de Dios.

Capítulo 14

REVIVIR ANTIGUAS ESTRATEGIAS DE COMBATE PARA LA GUERRA ESPIRITUAL MODERNA

CRISTO MINISTRÓ EN ISRAEL EN EL TIEMPO EN QUE los soldados romanos ocupaban la tierra y había conflicto entre el pueblo y el gobierno. El gobierno siempre ganaba las discusiones. Fue Cristo el que dijo:

> ¿O qué rey, al marchar a la guerra contra otro rey, no se sienta primero y considera si puede hacer frente con diez mil al que viene contra él con veinte mil? Y si no puede, cuando el otro está todavía lejos, le envía una embajada y le pide condiciones de paz.
> —LUCAS 14:31–32

En estos últimos días habrá un bombardeo de asaltos de proporciones estratégicas diseñado contra los creyentes. Pablo advirtió sobre los espíritus engañadores y las doctrinas de demonios que se desatarían en los últimos tiempos (1 Timoteo 4:1). Cristo advirtió sobre el engaño y los falsos profetas (Mateo 24:4, 11). También habrá transgresiones generalizadas que provocarán que muchos amigos se vuelvan unos contra otros (vv. 10–12). Estas luchas espirituales están combinadas con una atmósfera de gran miedo (Lucas 21:26), gran ira (Apocalipsis 12:12), y un futuro de gran tribulación (Mateo 24:21). Pedro predijo que en los postreros días los hombres se burlarían del mensaje del regreso de Cristo (2 Pedro 3:3). La Iglesia moderna debe elegir entre tener apariencia de piedad pero negar la eficacia de ella (2 Timoteo 3:1-5), o convertirse en una antorcha de fuego con una brillante luz encendida. Todos los acontecimientos y circunstancias de más arriba podrían abrumar a un creyente y plantar semillas de miedo que lleven fruto de depresión y desaliento. Sin embargo, Dios nunca deja una generación sin una estrategia de guerra ni armas para ganar los conflictos morales, espirituales e incluso políticos de su tiempo.

Una visión del ejército de Dios del día final

En la cúspide del ministerio de Cristo las multitudes le ofrecieron hacerlo rey, para que Él (con su poder para hacer milagros) pudiera derrotar a los enemigos romanos. Cristo se negó, ya que la oferta era inútil y el tiempo se acababa. Su mensaje del reino era de liberación del pecado, de la enfermedad y de la muerte, estaba en conflicto con el invisible despliegue de rebeldes satánicos y los llevaba cautivos a su nombre, su Palabra y su voluntad. Su ejército era espiritual, con armas espirituales y con la espada de la Palabra. El mismo ejército existe hoy y se levantará en el tiempo final ¡para su mayor misión de toda la historia! El profeta Joel predicó que en los últimos días Dios derramaría su Espíritu sobre toda carne (Joel 2:28-29). Esta antigua profecía fue repetida por el apóstol Pedro el día de Pentecostés, cuando el Espíritu Santo fue derramado en Jerusalén. Basándonos en Hechos 2:17-18, vemos cuatro verdades importantes sobre el ejército de Dios de los postreros días:

1. El ejército está compuesto por *hijos e hijas* (v. 17).

2. El ejército de los postreros días está compuesto por *siervos y siervas* (v. 18).
3. El ejército de los postreros días está compuesto por *soñadores y visionarios* (v. 17).
4. El ejército de los postreros días está compuesto por un *ministerio profético* (v. 17).

Este ejército cuenta en sus filas tanto con jóvenes como con ancianos. Los ancianos, la generación madura, tiene la *sabiduría* de haber peleado batallas *previas*, pero los jóvenes tienen la *fuerza* para pelear las batallas *actuales*. La sabiduría debe combinarse con el celo, de otra manera tendrá bajas innecesarias en esa guerra por pelear desguarnecido o sin las armas del conocimiento. Los hijos e hijas de hoy han sido señalados como los soldados de los postreros tiempos.

El futuro ejército de los postreros tiempos tendrá siervos y siervas que estén dispuestos a servir en cualquier parte del mundo y se ofrezcan a ministrar a las naciones del tercer mundo plagadas por la pobreza. Este ejército de los últimos tiempos experimentará sueños y visiones sobrenaturales, que les proveerán advertencias y dirección para entablar combate y regresar con los botines de guerra: las almas arrebatadas del dominio de Satanás. Este ejército será también una generación profética, orientada a la instrucción profética, *que oirá de Dios una verdad presente para que lo guíe hoy y una verdad profética para que lo guíe mañana.*

Las habilidades organizacionales de las unidades militares del soldado romano pueden enseñar al ejército de Dios lecciones muy necesarias sobre la importancia de mantener la unidad para ser fuerte. En el ejército romano, ocho hombres constituían una *unidad*, mientras que diez unidades (ochenta hombres) formaban una *centuria*. Se requerían seis centurias para formar un *cohorte*, y diez cohortes (cuatro mil ochocientos hombres) eran unidas en una *legión* (una legión podía constar de hasta seis mil hombres). Cuando las unidades de soldados romanos se juntaban, conformaban un ejército eficaz y peligroso.[1]

Si comparamos estas unidades militares con la medida y la fuerza de varias de las iglesias locales diseminadas por Estados Unidos, veremos un interesante patrón. Las *iglesias unidad* serían iglesias de hasta ochenta miembros, y existen miles de ellas en todas las comunidades rurales y pequeños pueblos de los Estados Unidos. Las *iglesias centuria* serían aquellas que tienen más de ochenta y hasta cuatrocientos ochenta asistentes y se suelen encontrar en ciudades pequeñas de toda la nación. El *nivel de cohorte* de cuatro mil ochocientos asistentes y más está en las megaiglesias que generalmente se encuentran en las principales ciudades de las naciones.

Tenga en cuenta que a veces los militares romanos se juntaban en grupos más grandes para formar un grupo unido y poderoso. La mayor debilidad de la Iglesia es que demasiado a menudo el Cuerpo de Cristo se queda detrás de las cuatro paredes de sus santuarios, con sus propios rebaños denominacionales, y no ven la necesidad de estrechar filas con otros cristianos para fortalecer el ejército de Dios. Pasamos tanto tiempo apagando los pequeños fuegos en el propio campamento que estamos demasiado distraídos como para ir detrás del inmenso fuego que está quemando a las naciones hasta dejarlas en cenizas.

Esta falta de unidad hace que algunos ministros y cristianos se vuelvan antidenominacionales y prediquen en contra de estar conectados con cualquier grupo en particular. Ellos ven esta mentalidad de "esconderse debajo del almud" entre los líderes denominacionales. Sin embargo, a lo largo de la historia, Dios ha utilizado a estos grupos particulares para revivir una doctrina perdida o ignorada. Históricamente, las denominaciones son grupos de personas bajo un líder que "acampaba" alrededor de esta verdad en particular, o la enfatizaba. El ejército romano también estaba organizado en varios campamentos, así como el Cuerpo de Cristo tiene campamentos formados alrededor de la doctrina principal que diferencia a cada grupo de otros. Estaba el campamento de la justificación por fe, organizado por creyentes que seguían la revelación que fue revivida bajo el liderazgo de Martín Lutero. Después de la justificación, hubo un segundo avivamiento de la verdad llamado santificación, que fue predicado por los hermanos Wesley, que organizaron la iglesia Metodista Wesleyana. Al inicio del siglo veinte un nuevo derramamiento del Espíritu Santo fue soltado sobre los Estados Unidos, lo que dio origen al movimiento pentecostal, del cual nacieron ocho denominaciones principales que acampaban alrededor de la doctrina del bautismo en el Espíritu Santo. Esto continuó en 1948 con el aviamiento de sanidad y en 1967 con el avivamiento carismático. Cada doctrina o enseñanza específica revivida diferenciaba al grupo que la presentaba al mundo. Todos estos diferentes movimientos de la fe cristiana han probado las palabras de Pablo: "Pero ahora son muchos los miembros, pero el cuerpo es uno solo" (1 Corintios 12:20).

Los ejércitos se unían alrededor de un estandarte

Resulta difícil hoy lograr que las iglesias o denominaciones se junten como una sola unidad por varias razones. Una es que no tienen un líder específico que pueda agruparlas alrededor de un punto central, a diferencia del ejército romano, cuyos soldados se juntaban alrededor de su estandarte. Los estandartes romanos (o Signum) eran diversos elementos de diseño creados sobre la misma vara. Cada estandarte era único para la legión que representaba y era llevado a la cabeza de la legión cuando estaban en marcha. En el extremo superior del estandarte había una imagen distintiva; algunos tenían un águila (que representaba al imperio), una mano humana (que representaba la lealtad), y a menudo la imagen del emperador.[2] Dos hombres estaban a cargo de los estandartes, como un recordatorio de que eran un solo ejército bajo un emperador y un imperio.

El único estandarte de la Iglesia cristiana y su emblema universal es la cruz, que representa la crucifixión de Cristo, ya que por su muerte se nos proveyó el pacto redentor. ¡Todos los cristianos de cualquier extracción deberían ser siempre capaces de reunirse alrededor de la muerte, sepultura y resurrección de Cristo! Después de todo, Cristo fue crucificado en un poste (tronco/cruz): un trozo de madera recto que es el *estandarte* del pacto (1 Pedro 2:24).

Entre los romanos, los estandartes eran usados como punto de encuentro en tiempo de batalla. Era en los estandartes donde se tomaban los juramentos y se renovaban una vez al año. Se creía que el estandarte representaba el alma del ejército. Las verdades bíblicas—la doctrina de los apóstoles, la instrucción de los profetas, las palabras de Cristo—deberían establecer los estandartes por los cuales vive cada cristiano. *La Biblia es el estandarte alrededor del cual los cristianos de todo el mundo deberían reunirse.* Cuando la sociedad cuestiona la exactitud de una revelación bíblica como el pacto del matrimonio, los creyentes deben unir filas bajo el estandarte ordenado por Dios y pelear la buena batalla de la fe. Debemos *reunirnos* alrededor de la cruz, y debemos *vivir* alrededor de la Palabra de Dios.

El factor de la gimnasia

Pablo le escribió a su hijo espiritual, Timoteo, y le ordenó: "Desecha las fábulas profanas y de viejas. Ejercítate para la piedad" (1 Timoteo 4:7). La palabra griega para "ejercicio" es *gumnázo* y es un término rico en significado, especialmente en lo relativo a la forma en que una persona era entrenada para los juegos en la época del apóstol Pablo. Entre los antiguos griegos el gimnasio no era solo el lugar de ejercicio y entrenamiento personal, sino que además era un lugar de reunión donde los hombres se juntaban a discutir sobre política y temas sociales, además de cumplir con la parte más importante del ejercicio físico. En la instrucción de Pablo a Timoteo la palabra *gumnázo* era un término que hablaba de quienes se ejercitaban en un gimnasio. Pablo, sin embargo, escribió que el ejercicio físico sería de poco beneficio para Timoteo (v. 8). Pero la instrucción de Pablo era que Timoteo ejercitara su mente, espíritu y emociones por el beneficio de crecer en el Señor. El deseo de Pablo era que su hijo espiritual aprendiera a ejercitarse en la Palabra y en los principios espirituales que lo ayudarían a madurar y destacarse en la piedad.

En el gimnasio griego los atletas eran hombres jóvenes de más de dieciocho años. Cada uno era entrenado con la intención de ganar la particular competencia a la que se dedicaba. En el listado de la armadura de Dios, Pablo dice que nosotros "luchamos". Había muchos diferentes juegos en los que los hombres competían durante las olimpíadas griegas o durante las temporadas de diferentes festivales. Sin embargo, la lucha era algo diferente por tres cosas:

1. Usted siempre debe *enfrentar a su oponente* y jamás debe darle la espalda, pues si lo hace, será azotado contra el piso y encerrado en una posición peligrosa.

2. Usted siempre debe vigilar y mantener contacto visual con su oponente, de lo contrario un movimiento repentino podría tomarlo con la guardia baja, lo que dará ventaja a su oponente.

3. El tercer aspecto es que la lucha es el único deporte en el cual usted nunca pierde contacto físico con su oponente. Por consiguiente, es un deporte que se practica cara a cara, ojo a ojo, mano a mano, cuerpo a cuerpo. En el caso del creyente, no es un deporte sino un asunto de vida o muerte.

En la escuela secundaria del norte de Virginia practiqué tres deportes diferentes: fútbol americano, pistas y lucha. Probé el básquetbol, pero los otros muchachos eran mucho mejores, así que nunca di la talla. Las prácticas de fútbol eran muy intensas y agotadoras, pero yo disfrutaba tanto el deporte que también me gustaban las prácticas, sabiendo que cada tipo de entrenamiento me convertiría en un mejor atleta. En las pruebas de pista generalmente participaba en salto en largo y salto en alto; también disfrutaba el entrenamiento durante la semana antes de las competencias con otras escuelas. Sin embargo, la lucha era el deporte que menos disfrutaba. De hecho, terminé por dejar el grupo de 135 libras (aprox. 61 kg) y me aparté para siempre de la idea de la competencia de lucha.

En fútbol, cuando el ritmo del partido se acelera, usted puede tener al menos un descanso y recobrar el aliento antes de la siguiente jugada. Durante los encuentros en las pistas, observaba a los demás, esperando mi turno. En la lucha, toda la competición era acción sin parar—había que agarrarse de las piernas y brazos del otro, jalarlo, empujarlo, arrojarlo al suelo, sacudirlo— ¡y es duro cuando el oponente lo tiene de espaldas contra el suelo y usted trata de respirar teniendo todo su peso sobre su pecho!

Sabemos, por la revelación de Pablo, que hay cuatro competidores demoníacos: principados, potestades, gobernadores de las tinieblas de este siglo y huestes espirituales de maldad en las regiones celestes (Efesios 6:12). Algunos de estos espíritus gobiernan desde las regiones celestes, otros en la tierra, y otros a través de las personas. Por lo tanto, tenemos conflictos encima de nosotros, alrededor de nosotros, sobre nosotros y cerca de nosotros. Estos espíritus y enemigos de la justicia, invisibles pero tangibles, son maestros experimentados en mentiras, engaño y estrategias de maldad. Tienen miles de años de experiencia en tratar con naciones, líderes e individuos comunes. Sin embargo, entender cómo entrenaban los griegos a sus atletas y ver los paralelismos con nuestra propia lucha espiritual nos traerá una nueva comprensión que lo ayudará a entender mejor cómo prepararse para su contienda final con el príncipe de las tinieblas.

El entrenamiento de un luchador

Se preparaban gimnasios especiales para entrenar a los atletas y a las escuelas de lucha se las llamaba *palestra*. La raíz de la palabra griega para *palestra* es *pále*, que es la palabra griega para "lucha" y la palabra que usa Pablo cuando dice que tenemos "lucha" (Efesios 6:12). La resistencia y fortaleza del entrenamiento eran fundamentales, ya que un oponente fuerte podía intentar acabar con alguien más débil. Los luchadores se entrenaban no solo en el gimnasio sino en sus vidas cotidianas. Algunos eran soldados o hacían arduos trabajos manuales para desarrollar sus músculos y tener más fuerza. Nuestras vidas cotidianas deberían formar parte de nuestro entrenamiento: conocer gente diferente, diferentes religiones, actitudes diversas y observar el choque cultural, todo forma parte de nuestro equipamiento espiritual.

Es de notar que la palabra griega para "ejercitar" en la Biblia en realidad significa "ejercitar desnudo". Esto no nos alienta a convertirnos en "cristianos desnudos". Digo esto porque algunos cristianos solo tienen el yelmo de la salvación y han olvidado ponerse el resto de la armadura de protección, y van a la batalla sin vestimenta espiritual. Quienes usan el yelmo son salvos, van a la iglesia cuando les resulta conveniente, y han aceptado a Cristo como un "seguro contra incendios" para mantenerse alejados del infierno. El guerrero creyente, en cambio, debe estar cubierto con una armadura específica para evitar que las manos del enemigo tengan acceso a cualquier parte del hombre físico (a través de la enfermedad) o del hombre espiritual.

Cada gimnasio griego tenía sus entrenadores específicos, muchos de los cuales habían sido campeones experimentados que ahora entrenaban a los jóvenes en el arte de la lucha. El Cuerpo de Cristo debe maximizar las oportunidades y la experiencia de los ministros retirados, junto con fuertes hombres y mujeres de Dios para entrenar y enseñar a la generación más joven cómo luchar, perseverar y vencer.

Los entrenadores usaban baños y habitaciones calientes especiales para hacer que los luchadores sudaran. Los baños calientes, especialmente las saunas, son conocidas por remover las impurezas del cuerpo. Cuando nosotros, como creyentes, estamos bajo una abrasadora prueba de nuestra fe, el resultado esperado es que las bacterias y gérmenes espirituales internos sean expuestos y quemados, que mueran en nosotros y cualquier cosa peligrosa o espiritualmente impura sea eliminada de nuestros corazones.

También había habitaciones especiales donde el entrenador llevaba a su aprendiz y usaba diferentes tipos de aceites sobre el cuerpo del luchador. Estos costosos aceites hacían que el cuerpo resultara difícil de agarrar. Como se utilizaban diferentes formas de agarrar y sujetar al luchador, su objetivo era aprender cómo escapar de ellas, y nuestro objetivo es escapar de los engaños y las trampas del enemigo. El aceite en la Biblia representa la unción del Espíritu Santo. Debemos estar tan llenos del Espíritu que nos volvamos *resbaladizos* en las manos de nuestro adversario. Satanás no tenía nada a qué aferrarse en la vida de Jesús. Cristo les dijo a sus discípulos:

> No me queda mucho tiempo para hablar con ustedes, porque se acerca el que gobierna este mundo. Él no tiene ningún poder sobre mí.
> —Juan 14:30, NTV

Llevar a un soldado herido

Uno de los más singulares métodos de entrenamiento, escrito en un ensayo por Luciano de Samosata en 170 d.C., revela ciertos aspectos del uso del barro en el proceso del entrenamiento. En una carta coloquial escribió que el luchador tenía su cuerpo cubierto de barro en el proceso del entrenamiento. Él notó que el luchador estaba cubierto de sudor y barro, lo que para algunos resultaba ridículo. Sin embargo, el propósito de esto era doble. El barro, el sudor y el aceite hacían que el aprendiz fuera resbaladizo para agarrarlo y asistirlo en el aprendizaje de cómo maniobrar para salirse de situaciones difíciles. La otra razón dada por Samosata era que el barro y el sudor constituían una buena práctica para que un hombre aprendiera cómo levantar a un compañero que hubiera sido herido en batalla y necesitara ser trasladado, o agarrar al enemigo y llevarlo cuando se regresa a las propias líneas. Él escribió: "Por tales razones los entrenamos hasta los límites y les asignamos las tareas más difíciles de modo a que puedan cumplir con las tareas menores con facilidad".[3] Todos los creyentes deben ser lo suficientemente fuertes como para levantar a otros que están débiles, levantar a quienes hayan caído y ayudar a llevar a los heridos a un lugar más seguro donde se puedan recuperar.

Cuando un soldado es herido, hay dos diferentes cosas que pueden suceder. Dependiendo del tipo de herida, muchas veces la carga de adrenalina, asociada con la fortaleza interior y la determinación, hace que el soldado herido siga peleando y se enfrente al enemigo. Si está gravemente herido, sin embargo, debe ser llevado fuera del campo de batalla sobre los hombros de otros soldados y colocado en un catre o en un helicóptero. En el fragor de la batalla, cuando un soldado es herido, si no hay ayuda médica apropiada en ese momento, es posible que otros dos soldados puedan asistir y llevar al herido, lo cual saca a otros dos combatientes del centro de la batalla.

Si un compañero soldado cristiano cae, volviendo al mundo o en pecado, siempre causa un impacto en quienes están más cerca de esa persona y puede sacar a otros de sus tareas actuales para ir a asistir al que ha caído. Otros guerreros de la fe deberían determinarse y no permitir que un compañero creyente caiga y sea tomado cautivo a la voluntad de Satanás (2 Timoteo 2:26). Jesús enseñó que un buen pastor deja a sus noventa y nueve ovejas para ir detrás de la que se descarrió (Mateo 18:12).

Gran triunfo en las victorias

¡Los antiguos eran conocidos por inmensas celebraciones cuando ganaban una guerra! Mediante la muerte y resurrección de Jesús, leemos que Él despojó "a los principados y a las potestades, los exhibió públicamente, triunfando sobre ellos en la cruz" (Colosenses 2:15). Cuando Cristo regrese a la tierra a reinar como rey por mil años, Él llegará sobre un semental blanco con todos los ejércitos celestiales que también lo seguirán en caballos blancos. Las Escrituras muestran el regreso de Cristo a la tierra con la imagen de una victoria antigua: una celebración de guerra. Había varias partes diferentes en las antiguas celebraciones de los triunfos:

1. Iban en una carroza tirada por caballos blancos
2. Usaban vestiduras reales.
3. Usaban túnicas doradas.
4. Usaban coronas de victoria.
5. Se pintaban la cara de rojo.
6. Sostenían cetros.
7. Estaban rodeados por soldados victoriosos.
8. El enemigo desfilaba a su alrededor encadenado.
9. Los ganadores se llevaban los botines de guerra.

Fíjese en los paralelismos entre 2 Tesalonicensess y el libro de Apocalipsis:

1. Cabalgaremos sobre caballos blancos (Apocalipsis 19:14).

2. Vamos a ser vestidos con vestiduras blancas de justicia (Apocalipsis 7:9; 19:14).

3. Cristo usará muchas coronas (v. 12).

4. La venida de Cristo será brillante—en llama de fuego—(2 Tesalonicenses 1:8).

5. Cristo regirá con vara de hierro (Apocalipsis 19:15).

6. Cristo regresará con los ejércitos celestiales (v. 14).

7. Satanás estará atado con cadenas (Apocalipsis 20:1).

8. Los creyentes se convertirán en gobernantes, sacerdotes y reyes (Apocalipsis 5:10).

Cuando un creyente supera la tentación, el pecado, la enfermedad y el miedo y derrota al enemigo, debemos regocijarnos y celebrar. Cuando un ministro recibe una mejora financiera, en lugar de cuestionar: "Eh, Dios, ¿por qué ellos la obtienen y yo no?", usted debería regocijarse de que otro hombre sea bendecido. Cuando usted esté dispuesto a regocijarse con la victoria de otro hombre, ¡ya llegará el momento de que ellos se regocijen con la suya!

Capítulo 15

ESTRATEGIAS DE UN GENERAL MUNDIALMENTE FAMOSO

LA VERDAD NATURAL PUEDE REFLEJAR APLICACIONES espirituales. Esto es cierto cuando se comparan las estrategias de una guerra natural con las de un conflicto espiritual. Por ejemplo, ha habido seis grandes imperios en la profecía bíblica: los de Egipto, Asiria, Babilonia, Grecia, Media-Persia y Roma. En su momento de mayor esplendor cada uno de estos imperios fue conocido por tener tanto ejército fuerte como líderes fuertes, y cada uno aplastó en la guerra al imperio que lo precedió. Para mí, el más fascinante fue el imperio griego bajo el liderazgo de Alejandro el Grande. Sin entrar en detalles de la historia, a los veinte años Alejandro comenzó sus campañas militares, y a la edad de treinta ya había conquistado y ocupado todos los imperios de Babilonia y de Media-Persia. A los treinta y tres años murió en Babilonia, y prácticamente no le quedaba ninguna nación por conquistar. Hizo grandes cosas con un pequeño ejército. Fueron los métodos de lucha y el trato a su ejército lo que diferenció a Alejandro de los comandantes pasados y futuros. Cada una de las prioridades de Alejandro encuentra un paralelo espiritual en la iglesia y el creyente individual.

El ejército de Alejandro era pequeño pero estaba motivado

El imperio Medo-Persa gobernaba en 127 provincias en la cima de su dominio (Ester 1:1). Cuando Alejandro y sus soldados emprendieron la guerra contra los persas, Alejandro tomó con él a cuarenta mil hombres y enfrentó a un ejército de un millón. Sus hombres estaban tan motivados que cruzaron a nado un frío río para atacar al ejército persa. Este general griego puede haber perdido unos quinientos soldados, pero los persas perdieron miles. En las Escrituras Gedeón, el juez del Antiguo Testamento, comenzó con una tropa de treinta y cinco mil y fue forzado a reducir ese número a trescientos cuando se preparaban para atacar al enorme ejército madianita. Pero Dios tomó a los trescientos y por medios sobrenaturales derrotó al enorme ejército con un pequeño grupo de hombres altamente motivados (Jueces 7-8). La verdadera motivación no se altera ante las circunstancias negativas, sino que ve ese desafío como una oportunidad.

El paralelismo espiritual

Cristo tomó a doce hombres con trabajos comunes y poca o ninguna educación formal, y los convirtió en una nueva nación llamada Iglesia y en un organismo vivo llamado el Cuerpo de Cristo (Lucas 9:1; 1 Pedro 2:9). Además de estos doce hombres, Cristo nombró a setenta para que se unieran en grupos de dos (treinta y cinco grupos) y ministraran en todo Israel (Lucas 10:1). El día de Pentecostés tres mil nuevos creyentes fueron introducidos en el nuevo pacto de Cristo (Hechos 2:41), y días más tarde otros cinco mil creyeron (Hechos 4:4). Hoy, se estima que entre 1,8 y 2 mil millones (entre 1 800 y 2 000 millones) de personas profesan la fe cristiana en todo el mundo. Alejandro motivó a su pequeño ejército, y el Espíritu Santo es el motivador del creyente individual para que "milites la buena milicia" y "pelees la buena batalla de la fe" (1 Timoteo 1:18; 6:12). Nuestra motivación para la batalla es mantenida por la convicción de que con Dios nada es imposible (Marcos 10:27).

Alejandro estudió la debilidad de su opositor

Él pasaba horas buscando un hueco en la defensa de sus enemigos. Cuando preparaba un ataque a una ciudad, se fijaba en cualquier muro descuidado que pudiera ser un lugar débil para que su ejército pudiera capitalizarlo. También era un maestro en el uso de cualquier tipo de miedo que su enemigo tuviera. La debilidad del enemigo se transformaba en la fortaleza de Alejandro.

El paralelismo espiritual

Cuando estamos tratando con fuertes fuerzas demoníacas, solemos ver esta lucha como un forcejeo, donde Dios tiene un extremo de una soga y Satanás el otro. Con frecuencia pensamos que Dios ocasionalmente saca ventaja, y otras veces Satanás arrastra a Dios fuera de la línea. Esto no es así. Jesús ganó la *guerra*, al salir de la tumba haciendo tintinear las llaves de la muerte y del infierno (Apocalipsis 1:18), pero nosotros debemos ganar las *mini-batallas* que se relacionan con el estar vestidos con un cuerpo humano y lidiar con gente carnal. El enemigo tiene una debilidad, y es que puede ser *resistido y reprendido* con la autoridad del nombre de Jesucristo y no puede hacer nada al respecto. Si nos sometemos a Dios y resistimos al diablo, el enemigo huirá de nosotros (Santiago 4:7). De esta manera, resistir y reprender son los puntos débiles de la armadura de Satanás. Cuando los creyentes usan la Palabra de Dios para reprender y resistir al enemigo, es como si el propio Señor estuviera hablando, ya que a usted le ha sido delegada autoridad mediante el nombre de Cristo (Lucas 10:19).

Alejandro aligeraba las cargas de sus soldados antes de la batalla

Mientras que muchos soldados modernos acarrean libras de equipo necesario sobre sus cuerpos y sus mochilas, Alejandro creía que usted no debe acarrear excesivo bagaje *en la batalla*, ya que le pesará demasiado, restringirá sus movimientos y lo distraerá del principal foco de atención. Los soldados llevaban cargas sobre ellos antes de la batalla, pero el peso excesivo era quitado antes del combate cara a cara o mano a mano.

El paralelismo espiritual
El escritor de Hebreos hizo una observación importante sobre correr una carrera:

> Por tanto, nosotros también, teniendo en derredor nuestro tan grande nube de testigos, despojémonos de todo peso y del pecado que nos asedia, y corramos con paciencia la carrera que tenemos por delante, puestos los ojos en Jesús, el autor y consumador de la fe.
> —Hebreos 12:1-2

Es posible llegar a enredarse con los afanes de la vida y desgastarse con los pesos y las cargas que lo distraen de su tarea principal. Pablo le sugirió a Timoteo que se preparara para la guerra espiritual con estas palabras:

> Tú, pues, sufre penalidades como buen soldado de Jesucristo. Ninguno que milita se enreda en los negocios de la vida, a fin de agradar a aquel que lo tomó por soldado.
> —2 Timoteo 2:3-4

Como quedó registrado en Marcos 4:19, Cristo reveló los tres principales pesos que empantanan y distraen al creyente:

1. "Los *afanes* de este siglo": las diversas formas de distracción que le ponen lastre a su mente y oprimen su espíritu.
2. "El *engaño* de las riquezas": procurar la riqueza, trabajar para obtener cosas ignorando el crecimiento espiritual.

3. "Las *codicias* de otras cosas": pretender y desear cosas materiales, pasar tiempo persiguiéndolas.

Hay una diferencia entre lidiar con un conflicto y tener tres dardos que vienen de tres direcciones diferentes a la vez. Si usted tiene un hijo rebelde adicto a sustancias ilegales, un matrimonio difícil, y no le alcanza el dinero para pagar las cuentas, el peso y la carga de los afanes de su vida se sumarán a la intensidad de la batalla. Debemos alivianar la carga de manera que podamos pelear la buena batalla y salir sin heridas ni experiencias cercanas a la muerte espiritual. Pelee primero las batallas más importantes, y nunca permita que el enemigo determine el campo de juego ni que arroje pesos innecesarios o excesivos sobre sus hombros.

Alejandro alimentaba bien a los soldados antes de su viaje

Hay tantos creyentes, especialmente en los Estados Unidos, que están físicamente fuera de forma, y la comida chatarra que consumen hace que sus mentes se nublen, les produce lentitud física e incluso problemas médicos que dañan sus cuerpos. Hace años pasé de pesar 225 libras (aprox. 102,5 kg) a 258 (aprox. 117,25 kg) y me sentía totalmente fuera de control, cansado y lento. Finalmente decidí perder peso (alrededor de 40 libras—aprox. 18 kg); comencé a hacer ejercicio y a poner mi cuerpo bajo sujeción. Esto cambió mi estilo de vida y me hizo sentir realmente veinte años más joven (¡dije *sentir*, no *ver*!), con más energía y fuerza. Es imposible pelear una batalla física, mental y a veces espiritual, sin energía en su cuerpo. Alejandro sabía que para que sus tropas desarrollaran toda su capacidad, debían estar bien alimentadas. Todos comían bien antes de una batalla importante.

El paralelismo espiritual

En 1 Samuel 14 Saúl estaba envuelto en una batalla, y sus tropas estaban hambrientas. Hizo un voto totalmente insensato a su ejército exigiendo la muerte de cualquiera que quisiera buscar alimentos para comer antes de que la batalla hubiese terminado. Jonatán, el hijo de Saúl, quebró el voto de su padre; alargó la punta de una vara y la mojó en un panal de miel, y al comer esa miel recibió fuerza (v. 29). Cristo observó a una multitud que se quedó con Él por tres días sin comida, y respondió haciendo el milagro de multiplicar los panes y los peces proveyendo así alimento para el pueblo (Marcos 8:2-9). Cuando David estaba huyendo del rey Saúl, estaba hambriento y los sacerdotes le proveyeron pan de la mesa de la proposición (1 Samuel 21:6). Nuestro alimento debe ser físico para el hombre físico y espiritual (la Palabra) para el hombre espiritual. Nunca deje de comer el alimento de vida que es la Palabra de Dios cuando esté espiritualmente débil.

Alejandro permitió que sus hombres descansaran bien

En Estados Unidos y en Israel he hablado con hombres que pelearon en pasadas guerras. Un israelí retirado que fue comandante de una enorme brigada me dijo algo que siempre recordaré. Dijo: "En la guerra, todo su cuerpo entra en un modo diferente al que tenía en cualquier momento previo de su entrenamiento. El miedo es tan grande que algunos de los jóvenes soldados no pueden controlar sus movimientos intestinales. Su adrenalina bombea, lo que les permite pasar días sin dormir, a pesar de que sus cuerpos se cansan y finalmente sucumben al agotamiento. Una vez que caen exhaustos, puede ser todo un desafío para los soldados pensar con claridad y reaccionar repentinamente en un momento de crisis". En cualquier guerra se necesitará, en algún momento, que los soldados *descansen*.

En el tiempo de Alejandro el Grande, su ejército caminaba un promedio de siete millas (aprox. 11,25 km) en cuatro días. Al hacer esto, el ejército no se extenuaba mucho antes de un conflicto importante. El general Alejandro entendía la importancia de mantener a las tropas fuertes y frescas al mismo tiempo. *Un soldado agotado puede convertirse finalmente en un soldado caído.* Uno de mis queridos amigos, un ministro, estaba tan cansado por haber estado muchos años en el ministerio que llegó a tener un estado de estrés en el que decía que no podía sentir su piel. Fue entonces cuando el enemigo lo atacó, cuando él estaba completamente agotado.

El paralelismo espiritual

Cristo era un predicador y evangelista que enseñaba y ministraba al aire libre a miles de personas cada vez que su equipo (sus discípulos) preparaba una cruzada. Jesús amaba a la gente y no le negó a nadie la posibilidad de verlo. Sin embargo, Él sabía cuándo el hombre físico ha alcanzado su límite, y dedicaba tiempo a apartarse con su equipo y descansar (Marcos 6:31). Fíjese también que en los cuatro Evangelios la mayoría de las oraciones personales de Cristo eran en el tiempo en que estaba "solo" (Mateo 14:23). De esa manera, había un tiempo para estar a solas con Dios, a solas con los discípulos, y luego el tiempo para aparecer ante la multitud. Si Cristo necesitó descansar, nosotros también lo necesitamos.

Este fue uno de los graves errores que se cometieron en los días de lo que se llamó el Avivamiento de Sanidad, una época dinámica en los Estados Unidos entre los años 1948 y 1955, cuando grandes catedrales en tiendas salpicaban las ciudades, el campo y el interior del país llevando el mensaje de salvación, sanidad y liberación a los asistentes, que con frecuencia eran unos quince mil. Era común tener la tienda en un lugar durante diez días y hasta tres semanas a la vez, con dos o tres servicios por día. En promedio, los servicios nocturnos se convocaban a las 7:00 p. m. y continuaban hasta las 11:00 p. m. o hasta más tarde. Después del servicio, los evangelistas regresaban a su casa rodante o a un hotel y a veces no podían dormir, pero tenían que levantarse a la mañana para estar en el siguiente servicio. Este estilo de vida abrió la puerta a tres consecuencias negativas.

Primero, debido a la incapacidad para dormir y al hecho de que no había vitaminas herbales u otras sustancias no narcóticas que mejoraran el sueño (como la melatonina), algunos hombres, que eran abstemios (nunca bebían alcohol) recibieron la sugerencia de comenzar a tomar algo de vino para que les ayudara a descansar. Al seguir este consejo, dos de los hombres más conocidos se convirtieron en verdaderos alcohólicos, uno perdió su familia, su ministerio y su integridad, y el otro fue expuesto por los medios. En vez de descansar, ellos *encendieron la vela por las dos puntas*, y sufrieron las consecuencias de sus decisiones imprudentes.

Segundo, como los servicios nocturnos terminaban tarde, la mayoría de los ministros *tenía camaradería con otros ministros* y *partían el pan*, ya sea en su casa rodante o en el restaurante del hotel, o en la casa de algún adinerado empresario antes del siguiente servicio nocturno. El calor de la tienda y los largos servicios despertaban su apetito como bestias hambrientas en busca de carne. Me contaron de un hombre que siempre comía un filete por la noche y otro al que le gustaban las costillas. Los malos hábitos alimenticios ocasionaron que varios evangelistas tuvieran ataques al corazón y murieran prematuramente, a los treinta o cuarenta años.

El tercer comentario triste tiene que ver con el porqué el avivamiento de sanidad solo duró unos siete años. Como todos los soberanos avivamientos y movimientos históricos del Espíritu, mientras los líderes se mantengan humildes y Dios establezca el curso, la nave irá en la dirección correcta. Sin embargo, como en la mayoría de los movimientos anteriores, el orgullo y el ego se convirtieron en piedras de tropiezo que finalmente apagaron las llamas ardientes del avivamiento y enviaron a los hombres a empacar sus tiendas y guardarlas en un depósito. Un conocido evangelista publicitaba la "tienda evangélica más grande del mundo" y desató una competencia en que otros ministros ampliaron sus carpas dos pies (aprox. 0,6 m) más, ¡para que la suya fuera la *verdadera* tienda más grande del mundo! Otros intentaban superar a los demás ministros en el nivel de milagros que eran testificados.

La falta de descanso, el abuso físico de sus cuerpos, y haber permitido que el orgullo creciera en sus corazones, creo, son las tres razones por las que este gran derramamiento duró solo un tiempo limitado. Si no aprendemos de nuestros errores del pasado, los repetiremos en el futuro. Los buenos soldados deben descansar y tener tiempo para poder "relajarse", como dicen los chicos. Cuando realmente estamos descansando, dejamos de preocuparnos. Los eruditos señalan que en los primeros manuscritos griegos figura el nombre de alguien llamado Titedios Amerimnos; su primer nombre es un nombre propio, pero el segundo en griego quería decir: "preocuparse". Sobre la base de su nombre, se cree que antes de su conversión él se preocupaba constantemente. Sin embargo, en el manuscrito, después de ser salvo, él se convirtió en "Titedios, el hombre que nunca se preocupa".[1] Cuando nuestro cuerpo, alma y espíritu descansan, somos recargados, renovados y revividos para la siguiente etapa de compromiso.

Capítulo 16

NO ES EL DIABLO: ¡ES USTED!

CRECÍ EN UNA PRECIOSA COMUNIDAD RURAL DEL suroeste de Virginia, sentado en una iglesia de la cual mi padre era pastor. Uno de los muchos recuerdos graciosos era la reunión de testimonios, en la que se pedía a los creyentes que se pusieran de pie y contaran lo que el Señor había hecho por ellos. Muchas veces las palabras eran breves, dulces y edificantes. Otras veces podrían haber sido los libretos de una comedia cristiana. Un hombre contó: "Siempre quise que Dios me convirtiera en una persona más dulce, pero no sabía que Él me mataría con la diabetes". A veces se culpaba al diablo por las tuberías sépticas que se rompían en el patio, por un neumático que se desinflaba cuando iban a hacer las compras, por un vecino que había atropellado al perro con el auto, o por una gran variedad de circunstancias negativas. Una señora se puso en pie y contó cómo el diablo había andado sobre su espalda todo el día. Cuando era niño, pensaba: "¿Qué es todo esto? ¿El diablo hace dedo? ¿Por qué esa señora deja que el diablo vaya encima de ella y no le dice que se baje de su espalda?". Para algunos cristianos, muchos de los problemas de la vida son culpa del diablo. Sin embargo, puede que no sea culpa del diablo: ¡quizás sea culpa de usted!

El verdadero enemigo frecuentemente es nuestro *ser interior*, o el hombre carnal versus el hombre espiritual. Pablo escribió que nuestros cuerpos se siembran como "cuerpo animal" y resucitan como "cuerpo espiritual" cuando habla de la futura resurrección (1 Corintios 15:44). Entre los griegos, el hombre natural se refería al alma de un hombre, que consistía en los cinco sentidos que reciben la información externa y la procesan de manera natural. El hombre espiritual es el espíritu interno que le da al hombre conciencia de Dios y de la eternidad. El mundo del Espíritu es invisible pero real y eterno en naturaleza. Juan 4:24 dice en griego: "Dios es espíritu". Sabemos que los ángeles son espíritus (Hebreos 1:7) y que todos los seres humanos tienen un espíritu (Hebreos 12:23). Así es que tenemos un cuerpo físico con un espíritu eterno, el cual, si partiera de nuestro cuerpo, tendría básicamente la misma forma y apariencia de nuestro cuerpo físico, como en la aparición de Moisés en el Monte de la Transfiguración mil quinientos años después de su muerte (Deuteronomio 34:5-6; Mateo 17:2-3).

El hecho es que usted tiene un mellizo que vive dentro de usted: su hombre interior (2 Corintios 4:16), o lo que llamo mi *ser interior*. Ese ser interior puede ser espiritual o carnal; puede intentar caminar en la cuerda floja entre las esferas carnal y espiritual. Estos mellizos chocan continuamente y crean conflictos internos. Hay una lucha entre la obediencia y la desobediencia, entre el andar en luz y andar en tinieblas, desear hacer lo recto y desear el pecado. Pablo describió esta lucha entre el hombre interior y el hombre exterior carnal con estas palabras:

> Y yo sé que en mí, esto es, en mi carne, no mora el bien; porque el querer el bien está en mí, pero no el hacerlo. Porque no hago el bien que quiero, sino el mal que no quiero, eso hago. Y si hago lo que no quiero, ya no lo hago yo, sino el pecado que mora en mí.
> —ROMANOS 7:18-20

Usted puede ser un cristiano que porta una Biblia, ama a Jesús, va a la iglesia, diezma, y seguir teniendo ese ser interior enemigo que trata de dominarlo y controlar su vida. En esta lucha de los mellizos, el gozo o la melancolía dominarán. Dominará la adoración o la sequedad espiritual. En Getsemaní Cristo les pidió a sus discípulos que oraran y ellos comenzaron a dormirse. Entonces Cristo dijo: "Velad y orad, para que no entréis en tentación; el espíritu a la verdad está dispuesto, pero la carne es débil" (Mateo 26:41).

Debido a que el hombre es cuerpo, alma y espíritu, las tres partes pueden ser alimentadas. El cuerpo sobrevive con comida natural y agua. Sin alimento natural ni agua, el cuerpo no puede sobrevivir. El alma, o la mente, son la parte intelectual o el razonamiento del carácter humano y se alimentan de conocimiento, imágenes, representaciones y experiencias; es el lugar en el que se forma la sabiduría en un individuo de mente espiritual. El espíritu de un hombre es la parte a la que Cristo se refirió cuando le dijo a Satanás: "No solo de pan vivirá el hombre, sino de toda Palabra que sale de la boca de Dios" (Mateo 4:4). Usted se fortalecerá con lo que lo alimente. Sin embargo, no todos los tipos de comidas son buenos para el cuerpo humano. El exceso de *grasa* puede obstruir sus arterias y conducirlo a una falla cardiaca. Las malas imágenes que se impriman en su mente al ver o leer materiales negativos o perjudiciales pueden construir una prisión de esclavitud mental que atormente a la persona cuyos pensamientos estén llenos de suciedad. El espíritu de una persona puede ser espiritual por la cantidad de Palabra que recibe, o puede pasar hambre y debilitarse al extremo de la muerte espiritual.

En lo que se llama "la oración del Señor", toda la plegaria está centrada en el crecimiento del Espíritu y la victoria sobre la tentación y el mal (Mateo 6:9-13). En esa oración Cristo oró: "El pan nuestro de cada día, dánoslo hoy" (v. 11). Comúnmente se cree que esta es una oración por provisión. Sin embargo, como el pan es una metáfora de la Palabra de Dios (y del mismo Cristo), que incluye sanidad (Mateo 15:29-31), y Cristo dijo que Él es "el pan vivo que descendió del cielo" (Juan 6:51), el pan diario también puede hacer referencia a que la Palabra de Dios nos da dirección y nos sustenta cada día. Así como Israel necesitó el pan del cielo, llamado *maná*, durante sus cuarenta años en el desierto, nosotros necesitamos nueva inspiración y Palabra que alimente nuestra alma y nuestro espíritu cada día.

La mente dividida

En el monte Carmelo Elías le preguntó al pueblo: "¿Hasta cuándo claudicaréis vosotros entre dos pensamientos?". La palabra hebrea para "claudicar" aquí significa: "Acabar por ceder a una presión o una tentación, cojear". Dos opiniones opuestas provocan duda y cojera en el corazón. Santiago manifiesta este impacto que causa debilidad por el doble ánimo:

> Pero pida con fe, no dudando nada; porque el que duda es semejante a la onda del mar, que es arrastrada por el viento y echada de una parte a otra. No piense, pues, quien tal haga, que recibirá cosa alguna del Señor. El hombre de doble ánimo es inconstante en todos sus caminos.
> —Santiago 1:6-8

La Nueva Versión Internacional dice: "Pero que pida con fe, sin dudar" (v. 6). Dudar sería como si hoy usted dijera que cree, pero mañana dice que no cree, o creer hoy que su oración fue oída, y en tres semanas cuestionar por qué la respuesta todavía no se ha manifestado. La duda con frecuencia se origina en dos cosas: un cambio de las circunstancias externas que parecen indicar lo contrario de lo que creíamos que estaba pasando, o cuando nuestras emociones comienzan a fluctuar.

Una emoción es un estado fisiológico y mental asociado con una amplia variedad de sentimientos, pensamientos y comportamientos. Las emociones están sujetas a experiencias o se experimentan desde un punto de vista individual. Las emociones también están asociadas con el humor, el temperamento y la personalidad. En el mundo de las emociones, hombres y mujeres son muy diferentes. Un hombre paga dos dólares por un artículo que vale un dólar, mientras que una mujer prefiere pagar un dólar por un artículo que vale dos porque está en oferta. La mujer se preocupa por el futuro hasta que consigue un marido. Un hombre jamás se preocupa por el futuro hasta que consigue una esposa. Los hombres casados deben olvidar sus errores, ya que no hay razón alguna para que dos personas los recuerden siempre. Los hombres pueden levantarse sintiéndose bien consigo mismos, pero una mujer se levanta, se mira al espejo, y cree que ha envejecido diez años mientras dormía. Cuando de discutir se trata, la mujer (y digo esto con conocimiento de causa) siempre tiene la última palabra. ¡Cualquier palabra que el hombre diga al final será el comienzo de una nueva discusión!

Hasta el lenguaje que utilizan hombres y mujeres a menudo es cifrado. A veces cuando mi esposa dice *sí*, en realidad está diciendo *no*. En ocasiones cuando duda y dice: "Está bien", en verdad no está bien. La afirmación "No estoy disgustada" generalmente significa: "Por supuesto que estoy disgustada; ¿por qué tienes que preguntarlo?". Cuando los hombres escuchan: "Es tu decisión", esa afirmación termina significando: "Ve y hazlo, pero a mí no me va a gustar". Si ella alguna vez pregunta: "¿Crees que he subido de peso?" usted debe cambiar de tema inmediatamente ¡y nunca, jamás, responder esa pregunta! Nunca le haga a una mujer tres preguntas: ¿Cuántos años tienes? ¿Te tiñes el cabello? ¿Esas joyas son verdaderas?

Señoras, los hombres también tienen su propio idioma. Cuando nosotros decimos: "¿Qué?" significa que no estábamos prestando atención en lo más mínimo. Cuando gruñimos "¿Ah?" quiere decir: "No te estaba escuchando". Cuando preguntamos: "¿Qué dijiste?" significa: "¿Podrías callarte?". Si contestamos con un: "Como sea", en realidad queremos decir: "Estaré de acuerdo contigo si sales de la habitación y me dejas terminar de ver el partido".

Algunas de las diferencias emocionales entre hombres y mujeres pueden verse a continuación:

Mujeres	Varones
Desarrollan la parte derecha del cerebro más rápidamente, lo que hace que tengan una mayor capacidad para conversar.	Desarrollan la parte izquierda del cerebro con mayor rapidez, lo que los lleva a tener capacidades lógicas.
Se interesan en juguetes con caras	Les gusta los bloques para construir y los desafíos
Sonríen más y expresan su felicidad	Son más aptos para actuar como *machos*
Hablan más de las relaciones	Hablan más de trabajo, política y deportes
Encuentran seguridad en la amistad y en las relaciones	Encuentran seguridad en los logros y el éxito
Piden ayuda e información	Nunca preguntan, porque los hace sentir fracasados
Compran durante horas	Compran lo que quieren y se van
En general, tienen iniciativa, son creativas e integradoras	En general, son lógicos, analíticos y racionales

Estas diferencias deberían hacer que hombres y mujeres se den cuenta de que su compañero tiene la parte que a ellos les falta y que las dos mitades unidas forman un todo. Al no poder comprender cómo fue creada una persona, sus fortalezas y debilidades pueden crear conflictos en vez de soluciones.

Solucionar los problemas

Hay cinco maneras en que las personas tratan con los problemas creados por opiniones, emociones y conflictos causados por la carnalidad.

1. *Huyen de los problemas*

Cuando Cristo fue arrestado en Getsemaní, leemos: "Entonces todos los discípulos, dejándole, huyeron" (Mateo 26:56). Luego de la resurrección de Cristo, ellos estaban amontonados en una casa a puertas cerradas "por miedo de los judíos" (Juan 20:19). De lo que huían era de la posibilidad de su propia muerte. Sin embargo, aquello de lo que usted huye, lo encontrará más adelante. Once de los doce apóstoles que presenciaron Pentecostés murieron como mártires, incluyendo a Pedro, que murió crucificado con la cabeza hacia abajo. Sus emociones pueden decirle que huya de un problema mientras que su espíritu le dirá que permanezca firme e inamovible, como escribió Pablo: "Habiendo acabado todo, estar firmes" (Efesios 6:13–14). Si alguna vez huye de un problema, su reacción será huir de ellos el resto de su vida, y eso le provocará inestabilidad en otras áreas.

2. *Siguen a los problemas*

Por años me ha desconcertado que algunos creyentes dedicados abandonen una buena iglesia con un grupo de alborotadores cascarrabias que provocan conflictos y dejan un mal olor en la iglesia de la que se han apartado. ¿Nunca se le ocurre pensar al creyente firme que puede estar siguiendo *al problema* no a la solución? Después de todo, si una persona rebelde y contenciosa es en realidad "cizaña" espiritual (Mateo 13:24–30), nunca dará fruto, y al seguir a la cizaña que ha sido arrancada del campo, el buen "trigo" es desarraigado y su fruto morirá y se marchitará. Los lobos podrán venir vestidos de corderos, pero si observa su rastro, verá que siguen dejando huella de lobo.

3. *Pelean* por los problemas

Una pelea siempre llega a su fin cuando uno de las dos personas depone su espada, (palabras amargas), se humilla y se arrepiente o se aleja. Pero como a nadie le gusta perder una pelea, dos oponentes se quedan allí, simplemente, y siguen golpeándose verbalmente y con palabras agudas, actuando como si fuesen Ironman y Superman y nada pudiera dañarlos. Hay veces en que uno debe irse sin decir nada, porque hablar solo crearía más problemas. Salomón escribió: "La blanda respuesta quita la ira; mas la palabra áspera hace subir el furor" (Proverbios 15:1). También: "Sin leña se apaga el fuego, y donde no hay chismoso, cesa la contienda" (Proverbios 26:20).

4. *Olvidan* los problemas

Algunas personas se van y actúan como si lo que se hizo o se dijo no hubiese causado ningún impacto en ellos. Su actitud es: "¡Oh, solo olvídalo!" Sin embargo, lo que no está resuelto queda guardado en la mente. Otros tienen la capacidad de dejar pasar los problemas y no los guardan en sus mentes. Pablo escribió: "Hermanos, yo mismo no pretendo haberlo ya alcanzado; pero una cosa hago: olvidando ciertamente lo que queda atrás, y extendiéndome a lo que está delante, prosigo a la meta, al premio del supremo llamamiento de Dios en Cristo Jesús" (Filipenses 3:13-14).

5. *Enfrentan* los problemas

Esta es la única solución para mantener la paz y la victoria: enfrentar el problema cara a cara. Un pecador no puede ser salvo hasta que admita que es un pecador. Una persona enferma no puede ser sanada hasta que reconozca que está enferma, y usted no podrá superar un problema hasta que no lo enfrente. Yo soy rápido para hablar y después pienso, pero también sé cómo admitir inmediatamente cuando me equivoco.

Usted y su gemelo

Dos hombres de la Biblia, Jacob y Esaú, que salieron del mismo vientre casi al mismo tiempo, representan la lucha entre la carne y el espíritu. Ambos hermanos ya habían comenzado a pelear antes de su nacimiento físico, de la misma manera que sus luchas espirituales no nacieron cuando usted fue *salvo*, sino mucho antes que usted *volviera a nacer*. El enemigo intenta matar a algunas personas prematuramente por medio de accidentes, enfermedades o adicciones. Después de la conversión puede ser que batallemos por descubrir por qué nacimos y cuál es nuestro propósito. Quizás usted luche con la idea de la existencia de Dios y haya un tira y afloje entre la fe y la incredulidad.

Los ministros a menudo se refieren a Esaú, un cazador pelirrojo, como un hombre *carnal*. Sin embargo, la mayor parte de la vida de Jacob no fue precisamente un ejemplo de un pintoresco líder espiritual. Jacob amaba la seguridad. Esaú, su hermano, era un robusto hombre de campo, pero Jacob siempre estaba cerca de la cocina con su madre. Esaú parece haber sido el preferido de papá y Jacob el niñito de mamá. Jacob también se amaba a sí mismo más que a su propio hermano, ya que fue capaz de manipular la debilidad de aquel para robarle la primogenitura y la bendición de su padre (Génesis 27:36). Jacob no sintió culpa alguna por usar el engaño para salirse con la suya. Al ponerse el pelo de cabra en los brazos, engañó a su padre que estaba ciego. El historial de Jacob muestra que engañó a su hermano, Esaú, a Isaac, su padre, y a su suegro, Labán. Durante casi setenta años Jacob vivió una vida de "lo único que importa soy yo y todo lo que yo pueda obtener"—hasta que se topó con una crisis peligrosa.

Después de casi veinte años de exilio, de haber vivido en Siria y trabajado para Labán (Génesis 31:41), Jacob regresó a Canaán y descubrió que Esaú traía un pequeño ejército para recibirlo. Jacob suponía que Esaú planeaba asesinarlo, poniendo en peligro a sus dos esposas y a sus hijos. No había lugar a donde pudiera escapar ni la tierra de ningún familiar a donde acudir. Era hora de encontrarse cara a cara con quién era realmente, en lo que se había convertido, y con su orgullo. ¡Fue en ese momento que Jacob no tuvo más remedio que luchar! Hay momentos en que Dios permite que haya problemas y que los conflictos se interpongan en su camino para confrontarlo ¡y forzarlo a que lo busque a Él! Leemos que Jacob luchó con un ángel hasta que rayó el alba. En realidad, la lucha no era por el bien del ángel sino por el bien de Jacob. *Jacob tenía que ser confrontado antes que pudiera convertirse en Israel.*

Lucha con mi ser interior

El plan de Dios de edificar una nación poderosa por medio de los hijos de Jacob ya estaba preordenado. Sin embargo, para llevar adelante este propósito en la tierra, su vasija escogida debía alinearse totalmente con la voluntad de Dios. La lucha de Jacob comenzó hacia el final de una tarde y siguió toda la noche hasta que el sol comenzó a asomar (Génesis 32:24-32). Tres cosas importantes sucedieron en menos de doce horas, entre el atardecer y el amanecer.

Primero, Jacob elaboró un *plan* para encontrarse con Esaú y al mismo tiempo proteger a su familia (Génesis 33:1-3). Cuando luchamos con nuestro ser interior y quitamos los obstáculos espirituales, Dios pone en marcha ideas creativas, estrategias espirituales y planes de los que antes no teníamos conciencia.

Segundo, el ángel tocó el muslo de Jacob y le dio una *cojera de por vida*. Jacob había sido un prófugo durante muchos años, pero ahora ya no podía correr de la adversidad; era necesario que dependiera totalmente de Dios.

Tercero, Jacob recibió también un *cambio de nombre*, de Jacob a Israel, el nombre ordenado por Dios para la nueva nación prometida a Abraham, su abuelo. El nombre Jacob en hebreo es *Yaakób*, de tres letras hebreas raíces: *ayin*, *kuf* y *vet*. Cuando Jacob y su gemelo, Esaú nacieron, Jacob se tomó del talón de Esaú; la palabra hebrea para talón es *aquéb*. A Jacob se le dio su nombre porque al nacer salió tomado del talón de su hermano. Además, las tres letras de la raíz de *Yaakób*—*ayin, kuf, vet* (o *akób*)—significan torcido, deshonesto, insidioso, y en hebreo la palabra *abak* significa lucha. Para Esaú, su hermano era un impostor torcido, pero el mismo Jacob vivió una lucha continua, desde el momento en que decidió pelear en el vientre de su madre hasta el momento en que luchó con el ángel. Cuando el ángel le cambió el nombre, dijo que Jacob ahora se llamaría Israel.[1]

Su nombre de nacimiento fue inspirado por haberse tomado del talón de su hermano y por haber luchado en el vientre de su madre. Su nuevo nombre, Israel, se le dio ¡porque había luchado con Dios y había vencido! Cuando se forma el acróstico con el nombre Israel y se coloca la letra hebrea equivalente al lado de la letra en español, se ve cómo cada letra es la primera letra de los nombres de los principales patriarcas y matriarcas de la nación judía:

- **I**—(la letra hebrea *yod*), Isaac, Jacob y Judá
- **S**—(la letra hebrea *shin*), Sara
- **R**—(la letra hebrea *resh*), Raquel, Rebeca
- **A**—(la letra hebrea *alef*), Abraham
- **L**—(la letra hebrea *lamed*), Lea

En hebreo, el nombre Israel[*] comienza con la letra hebrea *más pequeña*, *yod*, y termina con la letra hebrea *más alta*, *lamed*. El significado oculto es que Israel comenzaría como una nación pequeña pero se convertiría en una nación poderosa, como está escrito: "El pequeño vendrá a ser mil, el menor, un pueblo fuerte. Yo Jehová, a su tiempo haré que esto sea cumplido pronto" (Isaías 60:22). Jacob luchó con el ángel para recibir una *bendición* (Génesis

---

[*] La letra **E** no se encuentra en el acróstico porque no tiene equivalente en hebreo. En hebreo se escribe con cinco letras en vez de seis.

32:26); y en vez de ello salió caminando de manera diferente y con un nuevo nombre. Veinte años antes se había ido de su casa como Jacob, con Esaú amenazando matarlo. Ahora se encontraría con Esaú como Israel, el que venció con Dios.

Para todos los creyentes *viene un tiempo en el que hay que dejar de ser Jacob para ser Israel*, y experimentar un encuentro con Dios. ¿Cuántas veces ha despedazado completamente su compromiso sabiendo que estaba fuera de la voluntad de Dios y fuera de su Palabra, pero aún así Dios continuó siendo misericordioso para guardarlo del mal y del peligro? Lo maravilloso es cómo Dios mantiene su mano sobre nosotros porque Él puede ver *el otro lado de nuestro corazón*: el lado que lo busca a Él. Sin embargo, un corazón dividido finalmente llevará a una vida en derrota y con lealtades divididas, porque nadie puede servir a dos señores (Mateo 6:24). Nuestra primera meta al vencer a nuestro *ser interior* es pedirle a Dios que *una nuestro corazón* para que no tengamos amores divididos, como amor a los elogios de la gente y al favor de Dios, o amor a atención de los hombres y a la atención de Dios, o amor por el mundo y amor a Dios.

> Enséñame, oh Jehová, tu camino; caminaré yo en tu verdad;
> Afirma mi corazón para que tema tu nombre.
> —Salmos 86:11

El corazón no es solamente un órgano que está en su pecho y bombea sangre, sino que tiene la capacidad de razonar, pensar y sentir emoción. Ha habido estudios recientes y se han escrito libros sobre cómo quienes reciben un transplante de corazón han adoptado ciertos rasgos de la personalidad y el carácter de la persona cuyo corazón recibieron. Se ha argumentado que el receptor tomó determinados aspectos de la memoria del donante, como gustos y desagrados característicos, que provocaron un cambio en su propia personalidad.

En artículos del Dr. Paul Pearsall se publicaron conclusiones sobre setenta y tres informes de pacientes con transplantes de corazón y otros sesenta y siete receptores de órganos. En la mayoría de los casos el receptor no sabía nada del donante y a menudo no conocía la identidad de esa persona. Una mujer de veintinueve años recibió el corazón de una chica de diecinueve años que había muerto en un accidente automovilístico. La receptora dijo que cuando tuvo el corazón nuevo, casi todas las noches sentía el impacto en su pecho. También comenzó a odiar la carne, que antes le gustaba. La receptora confesó que era gay, pero que ahora planeaba casarse. Cuando se investigó a la muchacha de diecinueve años, su madre dijo que ella era vegetariana y que siempre cada pocos meses había un hombre diferente en su vida. Después del accidente y antes de fallecer, ella le había escrito unas notas a su madre en las que le decía que sentía el impacto del auto golpeándola en el pecho, podía sentirlo en todo su cuerpo. Mientras que no todos los transplantes de órganos tienen cambios de personalidad, hay relatos de personas que comenzaron a interesarse en el arte, la música clásica y ciertas comidas que antes no deseaban o que incluso no les gustaban.[2]

La Biblia tiene mucho que decir sobre el corazón, ya que esa palabra se menciona 830 veces en 762 versículos. El corazón también está asociado con la *mente* y el *entendimiento*. Leemos: "De la abundancia del corazón habla la boca" (Mateo 12:34), y "Engañoso es el corazón más que todas las cosas, y perverso; ¿quién lo conocerá?" (Jeremías 17:9). Cristo dijo: "El hombre bueno, del buen tesoro del corazón saca buenas cosas; y el hombre malo, del mal tesoro saca malas cosas" (Mateo 12:35). ¿Cómo puede un órgano de carne que bombea sangre tener la capacidad de atesorar recuerdos o de inspirar cosas buenas o malas?

El Dr. J. Andrew Armour, en 1994, escribió una teoría de que el corazón humano tiene un "cerebro". Piense que el corazón tiene un detallado sistema nervioso con cuarenta mil neuronas. El Dr.

Armour creía que el corazón puede actuar independientemente del cerebro y puede recibir y enviar sus propias señales a través de su propio sistema nervioso autónomo. De ser así, esto ayudaría a explicar cómo cientos de receptores de corazones obtuvieron esos órganos con una memoria cifrada capaz de serles transferida por el donante.[3]

Si estudios futuros pueden probar que el corazón es capaz de guardar recuerdos y que tiene su propio *cerebro*, eso solo corroborará lo que Dios ha sabido desde el principio. Moisés diferenció tres niveles de expresar el amor cuando dijo: "Y amarás a Jehová tu Dios de todo tu corazón, y de toda tu alma, y con todas tus fuerzas" (Deuteronomio 6:5). Fíjese que la Palabra de Dios "discierne los pensamientos y las intenciones del corazón" (Hebreos 4:12). Durante muchos años yo creí que el concepto bíblico del corazón era una simple metáfora para la mente y el alma de un hombre, ya que el corazón en realidad no puede *pensar*. Sin embargo, hay demasiada evidencia bíblica de que hay un sistema especial *cerebral* dentro del propio corazón que es capaz de sentir, recordar, tener pensamientos, buenos y malos. Escrituralmente, no solo debe haber un cambio fundamental en la forma de pensar de una persona, sino que también debe haber un hecho sobrenatural que transforme la condición malvada del corazón humano.

Piense en el libro de los Salmos. La mayor parte fue escrita por David y menciona el "corazón" 122 veces. Ahora piense en el hecho de que David fue un guerrero desde su juventud, desde que mató al oso, al león y a Goliat (1 Samuel 17:35-36). David sabía cómo pelear contra el enemigo, excepto con el enemigo interno que con el tiempo lo golpeó con el pecado de adulterio y asesinato. Lo sorprendente es que David jamás perdió una batalla con un enemigo, y siempre venció a cualquiera que viniera contra él, y generalmente se llevaba a casa el botín de la batalla. La única guerra que perdió fue la de su propia ciudad, Jerusalén, en su palacio, en sus cámaras privadas donde una noche se convirtió en toda una vida de dolor. David se convirtió en su propio peor enemigo. Como el corazón puede ser tremendamente perverso (Jeremías 17:9), ¿cómo podemos experimentar un transplante espiritual de corazón, quitar el engaño e impartir justicia? Experimentando el "nuevo nacimiento" (Juan 3:3, 7) Dios crea en una persona un corazón recto y un espíritu limpio. Ezequiel describió el poder transformador de Dios en una persona cuando escribió:

> Os daré corazón nuevo, y pondré espíritu nuevo dentro de vosotros; y quitaré de vuestra carne el corazón de piedra, y os daré un corazón de carne. Y pondré dentro de vosotros mi Espíritu, y haré que andéis en mis estatutos, y guardéis mis preceptos, y los pongáis por obra.
> —Ezequiel 36:26-27

En estos últimos días habrá una guerra estratégica planeada contra las mentes y los corazones de todos los creyentes. El yelmo de la salvación, la coraza de justicia y el escudo de la fe evitarán que las flechas, misiles y otros objetos sean arrojados en nuestra dirección y penetren en nuestra mente, corazón y espíritu. Cuando se levantan oposición, obstáculos y otros desafíos, es fácil culpar al diablo por crear confusión. Sin embargo, gran parte de nuestra dificultad es la naturaleza de Jacob con la que debemos luchar para dejarla atrás hasta que prevalezcamos con Dios y maduremos del conocimiento infantil y lleguemos a ser creyentes maduros y firmes.

Con frecuencia se dice: "Solo confíe en su corazón". Sin embargo, Jeremías 17:9 dice:

> Engañoso es el corazón más que todas las cosas, y perverso; ¿quién lo conocerá?

Si su vida personal consiste en pecados carnales, malas actitudes y desafíos personales, su corazón será lo último en que deba confiar. Si usted vive en el nuevo pacto de redención, sigue las enseñanzas de Dios y obedece su Palabra, entonces Él lo guiará a través de un espíritu, una mente y un corazón renovados.

Nunca culpe a Satanás por sus propias decisiones personales. Nunca culpe al diablo cuando su voluntad está sometida a su propia carne. Aunque el diablo es llamado el tentador (Mateo 4:1-3), la fuerza para someterse o resistir está en la fuerza de voluntad de cada creyente. Santiago escribió sobre "someterse" a Dios, pero "resistir" al diablo, y él huirá de usted (Santiago 4:7). La palabra resistir significa afirmarse contra, de modo similar a una pared que es lo suficientemente fuerte como para contener las olas de una terrible tormenta que golpea contra ella.

A veces no es el "diablo" en usted, sino el usted que está dentro de usted, la vieja naturaleza carnal que trata de controlar la naturaleza espiritual. Sin embargo, mediante la armadura de Dios y las armas de nuestra milicia, somos capaces de estar firmes "Por tanto, tomad toda la armadura de Dios, para que podáis resistir en el día malo, y habiendo acabado todo, estar firmes. Estad, pues, firmes" (Efesios 6:13-14). Los zapatos de los soldados romanos tenían picos abajo para asegurar que no se deslizaran cuando se enfrentaba a un enemigo cara a cara. Dios en usted puede reemplazar la carne en usted para derrotar a los enemigos que lo rodean.

Capítulo 17

LA HORA DE SU
PRUEBA DECISIVA

LA NARRACIÓN QUIZÁS SEA LA MÁS INUSUAL, Y PARA LA mente secular, la historia más ridícula e inhumana de toda la Biblia. En la antigua historia, una pareja de ancianos había creído durante muchos años que tendría un hijo. Ahora el hombre tiene noventa y nueve años, y su esposa noventa; ella es estéril y hacía mucho que había pasado la menopausia. Por un milagro ella concibe y da a luz un hijo, y así sostiene en sus brazos la promesa de Dios. El niño crece, y el Señor le dice al padre que lleve a este *hijo del milagro* a una montaña alta, construya un altar y lo ofrezca a Dios en sacrificio (vea Génesis 22).

El crítico cuestiona: "¿Qué clase de Dios demandaría un sacrificio humano?". En respuesta, nadie fue realmente sacrificado, ya que Isaac se levantó del altar. Para el creyente, la pregunta es: "¿Por qué Dios le daría un hijo a una pareja, para luego pedirle al padre que se lo devuelva en un altar de sacrificio?". La respuesta es que este acontecimiento de Abraham ofreciendo a Isaac en el monte Moriá en Jerusalén ¡era un tipo y sombra, o un cuadro, del futuro lugar y patrón de la crucifixión de Cristo! Abraham era el hombre del pacto de Dios, y si Abraham estaba dispuesto a dar a su hijo del pacto, entonces un día Dios estaría dispuesto a dar a su Hijo unigénito como sacrificio por el pecado de la humanidad.

Cuando Dios le estaba demandando a Abraham ofrecer a Isaac, leemos: "tentó Dios a Abraham" (Génesis 22:1, RV1909). En español, cuando leemos la palabra *tentó*, pensamos en "tentación". Sin embargo, esta palabra *tentó* es en realidad un término hebreo que significa *prueba*, como probar un metal colocándolo en el fuego. Dios probó la disposición de Abraham y su fe en la Palabra de Dios. El escritor de Hebreos revela el nivel de confianza de Abraham en Dios cuando escribió que si Abraham en realidad hubiera matado a su hijo, era porque creía que Dios podía levantar a ese hijo de entre los muertos (Hebreos 11:17-19). *¡Dios nunca lo probará para que usted entregue algo que Él no pueda volver a levantar!*

Ciertamente podemos marcar nuestras batallas espirituales, físicas o mentales como *pruebas*. La palabra prueba no se encuentra en la versión inglesa King James del Nuevo Testamento; sin embargo, hay dos palabras griegas usadas en el Nuevo Testamento griego que tienen este significado de "probar". Son las palabras *dokimázo* y *peirázo*.

La primera palabra, *dokimázo*, es usada en un antiguo manuscrito griego en relación con un médico que había aprobado un examen para recibir su título de doctor en medicina; por lo tanto, la palabra griega se refiere a alguien que "aprueba un examen". Hoy en las escuelas públicas y universidades hablamos de tomar *pruebas* a los estudiantes, o *exámenes* en la universidad. Al aprobar ese examen, el estudiante aprueba la materia. La idea de ser aprobado o reprobado es el sentido de la palabra griega *dokimázo*. Esta palabra es usada en el Nuevo Testamento para indicar la expectativa de un buen resultado relacionado con la prueba. Puede verse un ejemplo en 1 Corintios 3:13: "La obra de cada uno cuál sea, el fuego la probará".[1] Cuando Dios dejó que Job fuera probado con la pérdida total de sus hijos, su riqueza y su salud, el Señor ya sabía que Job no lo maldeciría; Dios esperaba y planeaba un buen resultado cuando Job acabara la prueba. Sin embargo, Job igualmente tuvo que *pasar la prueba* para recibir la doble recompensa (Job 42:10).

La palabra griega *dokimázo* es usada para Dios y nunca para Satanás. La palabra se traduce como "probar" tanto en Reina Valera como en la versión inglesa King James, y se encuentra en los siguientes pasajes:

1. En Lucas 14:19 un hombre pidió "probar" cinco yuntas de bueyes que había comprado.

2. Pablo usó esa palabra al referirse a renovar su mente para "comprobar" cuál es la buena voluntad de Dios, agradable y perfecta (Romanos 12:2).

3. Pablo escribió a la iglesia de Corinto y les dijo a los creyentes que pusieran a prueba "la sinceridad del amor vuestro" (2 Corintios 8:8).

4. En 2 Corintios 13:5 Pablo le pide a los creyentes que se examinen a sí mismos para "probar" si estaban en fe.

5. Pablo pidió a los Tesalonicenses "examinadlo todo; retened lo bueno" (1 Tesalonicenses 5:21).

En estos casos en los que nuestra fe, amor y pensamientos han sido examinados y "probados", pasamos las pruebas y llegamos a ser "aprobados" por Dios (2 Corintios 10:18; 2 Timoteo 2:15). La palabra *aprobado* es la palabra *dókimos* y significa "ser aceptado después de ser aquilatado". Sobrevivir y vencer una difícil prueba de Satanás lo coloca a usted en una categoría de creyente "vencedor". La palabra griega para "vencer" (1 Juan 5:4) es *nikáo* y significa conquistar o ser victorioso. La palabra fue utilizada entre los griegos para indicar a un atleta que se esforzó y finalmente dominó el juego en particular en el cual había competido. Eran los campeones de ese juego.[2]

La segunda palabra del Nuevo Testamento griego para "probar" es *peirázo*, que originalmente quería decir "perforar algo con el fin de examinarlo". Más tarde su significado fue: "poner algo a prueba con el propósito de descubrir si contiene bien o mal, o descubrir si eso tiene alguna *particular debilidad*". Hay ciertos artículos manufacturados que deben ser probados antes de ir al mercado para asegurarse de que no tengan fallas o debilidades y no se romperán cuando el consumidor los compre. Esta palabra griega indica el tipo de prueba que produce una presión tal que algunos hombres podrían doblarse o quebrarse bajo su peso. En el Nuevo Testamento esta palabra es utilizada en relación con las pruebas y tentaciones que trae Satanás, tratando de aprovecharse de las debilidades de una persona, quebrantando su fuerza de voluntad durante un tiempo de debilidad física o moral. Un ejemplo es cuando, al concluir su ayuno de cuarenta días, Cristo tuvo hambre, y luego vino el diablo y lo probó con comida (Lucas 4:2-3). Cristo pasó la prueba y corrió a Satanás de la montaña al colocarse su yelmo de salvación, su coraza de justicia y empuñando la espada del Espíritu. El diablo se apartó "por un tiempo" (Lucas 4:13).

Este es el tipo de prueba en que Sansón se encontraba cuando Dalila continuamente desgastaba su resistencia con sus palabras, debilitando su fuerza de voluntad y provocando finalmente que el campeón de Dios se quebrara bajo la presión. Él no pasó la prueba, perdió sus ojos y su fuerza, y terminó en un molino filisteo; terminó ciego, atado y caminando en círculos.

La palabra *peirázo* es utilizada cuando Jesús estaba predicando a una multitud hambrienta y fue a Felipe y le preguntó: "¿De dónde compraremos pan para que coman éstos?" (Juan 6:5). Jesús sabía que no había suficientes negocios en Galilea ni suficiente dinero en la cuenta del ministerio para alimentar a esa multitud. Juan revela por qué Cristo hizo esa pregunta en realidad: "Pero

La hora de su prueba decisiva

esto decía para probarle [*peirázo*]; porque él sabía lo que había de hacer" (v. 6). Esta era una prueba para mostrar si Felipe tenía fe o si le faltaba fe para un milagro. Felipe estaba contando las ofrendas y haciendo números, lo que indicaba que el dinero y los números no daban (v. 7). En ocasiones somos probados, no para determinar si hay bien o mal en nosotros, ya que el hombre carnal siempre tiene una tendencia hacia una mala inclinación y debe ponerse bajo la sujeción del espíritu, sino para exponer alguna posible debilidad que más tarde podría ser utilizada por el enemigo para derribarnos.

Otro lugar importante en el que se encuentra la palabra *peirázo* es en Apocalipsis, donde Cristo informa a la iglesia de Éfeso que sabe que ella ha "probado" a los que se dicen ser apóstoles y no lo son (Apocalipsis 2:2). Estos forasteros que iban a la iglesia debían ser puestos a prueba por los creyentes para determinar qué había en realidad en sus mentes y en sus corazones. No estamos seguros de cuál habrá sido esta prueba, a menos que haya sido que ellos probaran y demostraran los dones milagrosos como señal del apostolado, de lo que Pablo habla en 2 Corintios 12:12.

Otro poderoso ejemplo de esta palabra se encuentra en Apocalipsis 3:10:

> Por cuanto has guardado la palabra de mi paciencia, yo también te guardaré de la hora de la prueba que ha de venir sobre el mundo entero, para probar a los que moran sobre la tierra.

Viene un tiempo de prueba y juicio sobre todo el mundo, para probar a los que moran sobre la tierra. La palabra griega *peirázo* es la palabra para "prueba". Se cree que esta prueba se refiere a la Gran Tribulación que vendrá en el futuro sobre todo el mundo. Aquí Cristo prometió "guardar" a la iglesia de ese tiempo de prueba. La palabra griega para "guardar" aquí se refiere a guardar algo para evitar su pérdida o lesión; estar pendiente. Esta es la misma palabra griega usada cuando Cristo estaba orando por sus discípulos para que el Padre los guardara del mal en su nombre (Juan 17:11, 15).

Debería quedar claro que hay una diferencia entre una prueba permitida por el Señor y una iniciada por Satanás. Cuando Dios nos pone a prueba, el propósito es revelar la fortaleza de nuestra fe y purificar nuestros corazones, nuestras mentes y nuestros espíritus quemando las impurezas que haya en la preciosa vasija de metal (2 Timoteo 2:20). La prueba de Satanás, en forma de tentación y hostigamiento, está diseñada para hacernos caer en pecado, perder la fe y la confianza en Dios, y apartarnos de la verdad. Una vez que los creyentes experimentan una "prueba de su fe" y pasan la prueba, saldrán como oro que fue probado con fuego:

> Para que sometida a prueba vuestra fe, mucho más preciosa que el oro, el cual aunque perecedero se prueba con fuego, sea hallada en alabanza, gloria y honra cuando sea manifestado Jesucristo.
> —1 Pedro 1:7

Cuando Satanás se propuso zarandear a Simón Pedro, Jesús le reveló que venía un ataque; también dijo que se había anticipado a ese ataque rogando por Pedro para "que su fe no falte" (Lucas 22:32). El propósito de este ataque fue revelado: avergonzar a Pedro y traer una condenación tal que le hiciera dejar el ministerio y abandonar todo. En realidad, prácticamente todo ataque que experimenta un creyente en su vida es una manera de atacar su fe: lo que el creyente dice o cree en la Palabra o lo que haya enseñado a otros a creer. A Satanás le gusta cuestionar lo que Dios ha dicho. Recuerde que la primera tentación en el jardín ocurrió cuando el adversario se acercó a Eva y le preguntó: "¿Con que Dios os ha dicho?" (Génesis 3:1).

Fracasar en la prueba

Por años he enseñado que la prueba viene en tres niveles:

- La prueba *común* (1 Corintios 10:13)
- La prueba *por un tiempo* (Lucas 4:13)
- La *hora* de la prueba (Apocalipsis 3:10)

Las pruebas *comunes* son los sucesos de todos los días que desafían nuestra fe, paciencia y determinación de permanecer fieles a Dios y a su Palabra. Las pruebas *por un tiempo* son las tentaciones que vienen en ciclos, solo para volver y repetirse por un período. La *hora* de la prueba es el suceso o prueba más importante que Satanás piensa usar para arrancarlo a usted de Dios y quitarle su fe en Él.

La historia de Job es el ejemplo perfecto de un hombre que pasa una hora de prueba. La hora de prueba de Pedro fue una misión de Satanás dirigida a sacarlo de en medio antes que emergiera su destino como líder. Fue Pedro el que presumió ante Cristo de que él jamás lo negaría y que lo seguiría hasta la muerte (Mateo 26:35). Pedro probó su lealtad cuando desenvainó la espada y cortó la oreja del siervo del sumo sacerdote. Cristo rescató a Pedro de ser arrestado haciendo un milagro creativo de sanidad en la oreja de ese hombre (Lucas 22:51). Luego Pedro y Juan lo siguieron y tuvieron acceso al área de la prueba. Pedro se estaba calentando en un fuego cuando fue acusado de ser discípulo de Cristo. El miedo se apoderó de él y hasta negó conocer a Cristo (vv. 57-60). Leemos que en la tercera negación: "Él comenzó a maldecir, y a jurar: 'No conozco a este hombre de quien habláis'" (Marcos 14:71).

Para el lector de español, cuando leemos que Pedro maldecía y juraba, parece que Pedro hubiera dicho un montón de palabrotas. Sin embargo, en el Nuevo Testamento griego, necesitamos entender el significado de la palabra *maldecir* en este pasaje. En Marcos 14:71 Pedro maldijo y negó al Señor; la misma palabra griega es usada por Pablo en Gálatas 1:9, donde se traduce como "anatema":

> Como antes hemos dicho, también ahora lo repito: Si alguno os predica diferente evangelio del que habéis recibido, sea anatema.
>
> —GÁLATAS 1:9

En ambos casos, la palabra griega para "maldecir" y "maldito" es *anadséma*, que significa: "Declarar a uno responsable de las más severas penalidades divinas". Pedro no estaba blasfemando sino que estaba atrayendo maldición divina sobre sí mismo ¡porque no estaba diciendo la verdad! Jesús predijo que antes de que el gallo cantara por tercera vez, Pedro lo habría negado. Luego, en el Evangelio de Lucas, después de revelar la futura negación de Pedro, Jesús le dijo a su círculo íntimo en Getsemaní: "Velad y orad, para que no entréis en tentación; el espíritu a la verdad está dispuesto, pero la carne es débil" (Mateo 26:41).[3] En el lenguaje inglés, se sugiere el concepto de que Pedro usó una mala palabra para negar al Señor. Sin embargo, la palabra griega para "maldecir" en Marcos 14:71 es la misma palabra que usa Pablo en Hebreos 6:13, donde habla de que Dios hizo una *promesa* a Abraham. La palabra significa "jurar" o hacer un juramento. De ese modo, Pedro negó al Señor y anunció un castigo para sí mismo en forma de juramento para probar a los que se hallaban presentes que no estaba asociado con Cristo.

Después de oír cantar al gallo por tercera vez, Pedro huyó de la gente y lloró amargamente (Lucas 22:62). La realidad de su fracaso y sus mentiras lo abrumaron, cuando la convicción de pecado le perforó el corazón. Antes de ese suceso Cristo le había dicho a Pedro: "He rogado por ti, que tu fe no falte" (v. 32). ¿Por qué habrá sido importante esa oración? En el tiempo de Cristo los judíos tomaban muy en serio cualquier forma de *maldición verbal* que se pronunciara sobre algo o alguien, ya que las maldiciones y las bendiciones venían de parte del propio Dios, ya fuera por obediencia o por desobediencia a su ley (vea Deuteronomio 28). Pedro no solo mintió, negando conocer a Cristo, sino que también le abrió a Dios la puerta para que llevara condenación divina sobre él. Los discípulos habían sido advertidos sobre el poder de las palabras cuando Cristo les dijo: "Porque por tus palabras serás justificado, y por tus palabras serás condenado" (Mateo 12:37). A los ojos de Pedro, él entendía que su confesión mentirosa indicaba que había *perdido su fe* y ahora estaba bajo una posible retribución divina. Este era el momento del que Cristo le había advertido, cuando Satanás lo "zarandearía" como a trigo (Lucas 22:31).

No hay ningún registro de dónde estaba Pedro o qué hizo durante los tres días en que Cristo estuvo en la tumba, aparte de cuando el Señor resucitó. El ángel en el jardín de la tumba les dijo a las mujeres: "Pero id, decid a sus discípulos, y a Pedro, que él va delante de vosotros a Galilea; allí le veréis, como os dijo" (Marcos 16:7). Después de eso, cuando Cristo llegó a Galilea y comió con sus discípulos, le preguntó tres veces a Pedro si lo "amaba" más que los otros discípulos, y tres veces Pedro le respondió que sí lo amaba (Juan 21:15-17). Creo que el deseo de Cristo era que Pedro confesara públicamente su amor por Él antes de que los otros discípulos colocaran alguna *duda* en sus mentes, cualquier *culpa* en la mente de Pedro, o cualquier *futura condenación* que Satanás pudiera arrojar en el camino de Pedro en relación con su último fracaso. Mediante el proceso de restauración de Dios, el fracaso nunca es definitivo.

Debemos tener sumo gozo cuando caemos en "diversas pruebas" (Santiago 1:2). Se nos dice que nos regocijemos cuando los hombres nos odian y nos persiguen (Lucas 6:23), y que nos alegremos cuando seamos "afligidos en diversas pruebas" (1 Pedro 1:6). Parece contraproducente regocijarse cuando las cosas van mal (tentación, pesar, persecución). Sin embargo, lo que importa es el *resultado* final, y cuando usted cae en tentación, su fe produce paciencia, y la paciencia su obra completa (Santiago 1:2-4, RV1909). La persecución desarrolla una especial corona y una recompensa para usted en el cielo (Lucas 6:23), y las diversas pruebas son las pruebas de su fe, que prevalecerá "mucho más preciosa que el oro" (1 Pedro 1:7). Nunca mire las tentaciones y las pruebas como una derrota. Su capacidad para superarlas siempre traerá una gran recompensa.

Se ha escrito mucho a lo largo de estas décadas sobre la armadura de Dios. Sin embargo, siempre he percibido que había mucho más en este tema que lo que he leído o estudiado por años; por eso, después de estudio adicional y comprensión por medio del Espíritu Santo, he preparado este libro que usted acaba de leer. Mi anhelo es que cada tema, párrafo y oración haya producido una estructura de conocimiento que haya sido entretejida en una cubierta de entendimiento que usted lleve consigo a cualquier guerra de la mente, el alma y el espíritu. Quisiera sugerirle también que mire nuestra tienda en línea en la página www.voe.org para obtener recursos e información más detallada que puede adquirir para sacar provecho a las profundas verdades de la Palabra de Dios.

Notas

Capítulo 1
Una revelación sobre su armadura de Dios

1. Rick Renner, *A Light in Darkness* (Una luz en la oscuridad) (Tulsa, OK: Harrison House, 2011).
2. "Balteus & Ventralis—Military Belt & Waistband," Legio VI, (Balteus y Ventralis: cinturón militar y pretina) http://legvi.tripod.com/id74.html (Consulta en línea 25 de octubre de 2013).
3. *Vincent's Word Studies in the New Testament*, electronic database, PC Study Bible, version 3.0, copyright © 1997 by Biblesoft, s.v. "Ephesians 6:16." (Estudios de palabras del Nuevo Testamento de Vincent. s.v. "Efesios 6:16").
4. "Roman Offensive Weapons: The Sword," Roman Military Equipment, (Armas ofensivas romanas; la espada. Equipamiento militar romano). http://www.romancoins.info/MilitaryEquipment-Attack.html#Cingulum (Consulta en línea 25 de octubre de 2013).
5. Ibíd.
6. Ibíd.
7. Wayde I. Goodall with Rosalyn Goodall, *The Battle: Defeating the Enemies of Your Soul* (La batalla: cómo derrotar a los enemigos de su alma). (Lake Mary, FL: Creation House, 2005), 120. Visto en Google Books.
8. W. E. Vine. *Vine Diccionario Expositivo de Palabras del Antiguo y del Nuevo Testamento Exhaustivo*. Editorial Caribe. Colombia. 2005. s.v. "dos filos". "G1366, *dístomos*"
9. Ibíd., s.v. "palabra". "G3056, *logos*" "G4487, *jréma*"
10. Ibíd.
11. MilitaryFactory.com, "Pilum Throwing Javelin," (Pilum—jabalina) http://www.militaryfactory.com/ancient-warfare/detail.asp?ancient_id=pilum (Consulta en línea 28 de octubre de 2013).
12. Esta historia real le fue relatada al autor por un pastor de Texas que conoció personalmente a la hija a quien le sucedió esto.

Capítulo 2
Demonios heredados de sus ancestros

1. TravelingHaiti.com, "The History of Haiti: The Haitian Rebellion," (La historia de Haití: la rebelión haitiana). http://www.travelinghaiti.com/history_of_haiti/slave_rebellion.asp (Consulta en línea 28 de octubre de 2013).

2. *Time*, "The Death and Legacy of Papa Doc Duvalier," (La muerte y el legado de Papá Doc Duvalier) 17 de enero de 2011, http://content.time.com/time/magazine/article/0,9171,876967-1,00.html (Consulta en línea 28 de octubre de 2013).

3. NPR.org, "In Earthquake Aftermath, Haitians Cling to Voodoo, Faith," (Como consecuencia del terremoto, los haitianos se aferran a la fe vudú), 22 de enero de 2010, http://www.npr.org/templates/story/story.php?storyId=122851808 (Consulta en línea 28 de octubre de 2013).

4. Varias fuentes mediáticas han documentado la maldición lanzada contra el Presidente Kennedy por Papá Doc, así como la creencia de Papá Doc de que él era "guardado" por los espíritus el día veintidós de cada mes. Vea BBC.com, "1971: Haitian Dictator Dies," On This Day—April 22, (1971: Muere el dictador haitiano). http://news.bbc.co.uk/onthisday/hi/dates/stories/april/22/newsid_2525000/2525501.stm (Consulta en línea 28 de octubre de 2013); Col. R. D. Heinl Jr., "Armed U.S. Intervention Likely in Event of Duvalier's Death," (Armada de los Estados Unidos: probable intervención en el evento de la muerte de Duvalier). *Virgin Islands Daily News*, 8, 29 de mayo de 1969, http://tinyurl.com/paurbfe (Consulta en línea 28 de octubre de 2013).

5. Kenneth S. Wuest, *Word Studies From the Greek New Testament* (Estudio de palabras del Nuevo Testamento griego) (Grand Rapids, MI: Wm. B. Eerdmans Publishing Co., 1980).

6. Perry Stone, *Purging Your House, Pruning Your Family Tree* (Lake Mary, FL: Charisma House, 2011), 19–30. Hay edición en castellano: *Limpie su casa y la de su familia*. Ed. Casa Creación. 2012.

7. El autor recibió esta información verbalmente de Tony Scott durante su discusión teológica acerca de atar y soltar.

8. *Vincent's Word Studies in the New Testament*, s.v. "James 4:7." (Estudios de palabras del Nuevo Testamento de Vincent, s.v. "Santiago 4:7").

Capítulo 4
Cómo quebrar los espíritus de automutilación y suicidio

1. James Strong. *Nueva concordancia exhaustiva de la Biblia de Strong*, de James Strong, Editorial Caribe, 2003. s.v. "G2896, *krázo*".

2. *Jamieson, Fausset, and Brown Commentary*, electronic database, PC Study Bible, version 3, copyright © 1997 by Biblesoft, s.v. "1 Reyes 18:28".

3. Samantha Gluck, "Self Injury, Self Harm Statistics and Facts," HealthyPlace.com, July 4, 2013, http://www.healthyplace.com/abuse/self-injury/self-injury-self-harm-statistics-and-facts/ (Consulta en línea 31 de octubre de 2013).
4. Ibíd.
5. "QuickStudy: Medical Facts," publicado por Evan Berner, http://www.scribd.com/doc/15723161/QuickStudy-Medical-Facts (Consulta en línea 31 de octubre de 2013).

Capítulo 6
Cuando los creyentes comienzan a desmayar

1. Rick Renner, *Sparkling Gems From the Greek* (Brillantes gemas del griego) (Tulsa, OK: Harrison House, 2003), 557.
2. James Strong, *Nueva concordancia exhaustiva de la Biblia de Strong*, Editorial Caribe, 2003, s.v. "H2470, *kjalá*"
3. Ibíd., s.v. "H4805, *merí*"
4. Ibíd., s.v. "H4784, *mará*"
5. Ibíd., s.v. "G1556, *ekdikéo*"
6. Ibíd., s.v. "G4160, *poiéo*"
7. Ibíd., s.v. "G2896, *krázo*"
8. Ibíd., s.v. "G310, *anaboáo*"
9. Ibíd., s.v. "G5455, *fonéo*"
10. Un estudio que revela la diferencia en las lágrimas emotivas es un artículo de Jay L. Wile. Usted puede verlo en Jay L. Wile, "The Amazing Design of Human Tears," (El asombroso diseño de las lágrimas humanas) *Proslogion* (blog), 12 de enero de 2011, http://blog.drwile.com/?p=3728 (consulta en línea 19 de noviembre de 2013).

Capítulo 7
Qué hacer con su armadura abollada

1. Para mayor información vea el sitio web de *America's Most Wanted* (Los más buscados de Norteamérica) en http://www.amw.com/ (Consulta en línea 19 de noviembre de 2013).

Capítulo 8
Cómo descubrir y usar el escudo del favor

1. Philologos, "Magen David: Shield or Star?," (Magen David: ¿escudo o estrella) *The Jewish Daily Forward*, June 30, 2006, http://forward.com/articles/880/magen-david-shield-or-star/ (Consulta en línea 20 de noviembre de 2013).

Capítulo 9
Reparar las grietas de una vasija rota

1. EngineeringToolbox.com, "Metals—Melting Temperatures," (Metales: puntos de fusión) http://www.engineeringtoolbox.com/melting-temperature-metals-d_860.html (Consulta en línea 4 de diciembre de 2013).

Capítulo 10
¡No se vaya al infierno por un misterio!

1. Finis Jennings Dake, "Miracles of Elijah and Elisha," (Milagros de Elías y Eliseo) en *The Dake Annotated Reference Bible* (Lawrenceville, GA: Dake Publishing, 1996), 394.

Capítulo 11
Recuperar la calma cuando toda la pericia desaparece

1. William Wilson, *Wilson's Old Testament Word Studies* (Estudios de Wilson sobre palabras del Antiguo Testamento) (Peabody, MA: Hendrickson Publishers, 1990), 485.

Capítulo 12
Cuando un skándalon agrieta su escudo

1. Una investigación sobre las capacidades del corazón es la del Professor Mohamed Omar Salem, "The Heart, Mind and Spirit," (El corazón, mente y espíritu) http://tinyurl.com/yfpodcf (Consulta en línea 5 de diciembre de 2013). Se pueden encontrar otros en línea.
2. Preceptaustin.org, "Matthew 5:29–30 Commentary," (Comentario a Mateo 5:29-30) http://www.preceptaustin.org/matthew_529-30.htm (Consulta en línea 5 de diciembre de 2013).
3. Preceptaustin.org, "Romans 9:29–33 Commentary," (Comentario a Romanos 9:29-33) http://preceptaustin.org/romans_929-33.htm (Consulta en línea 5 de diciembre de 2013).

Capítulo 14
Revivir antiguas estrategias de combate para la guerra espiritual moderna

1. UNRV.com, "Organization of the Roman Imperial Legion," (Organización de la legión imperial romana) http://www.unrv.com/military/legion.php (Consulta en línea 9 de diciembre de 2013).

2. LegionXXIV.org, "Imperial Aquila—Signums—Vexillium —Imago—Draco—Standards," http://www.legionxxiv.org/signum/ (Consulta en línea 9 de diciembre de 2013).

3. Tal como se cita en "An Ancient Take On Gi Vs Nogi," BJJMind.com, 11 de noviembre de 2012, http://thebjjmind.com/2012/11/11/an-ancient-take-on-gi-vs-nogi/ (Consulta en línea 9 de diciembre de 2013).

Capítulo 15
Estrategias de un general mundialmente famoso

1. Wuest, *Word Studies from the Greek New Testament*, (Estudios de palabras del Nuevo Testamento griego), vol. 3.

Capítulo 16
No es el diablo: ¡Es usted!

1. TwebrewSchool.org, "The Hebrew Name Jacob," (El nombre hebreo Jacob) 21 de octubre de 2011, http://www.twebrewschool.org/2011/10/hebrew-name-jacob.html (Consulta en línea 9 de diciembre de 2013).

2. Sabdeep Joshi, "Memory Transference in Organ Transplant Recipients," (Transferencia de memoria en receptores de trasplante de órganos) *Journal of New Approaches to Medicine and Health* 19, no. 1 (24 de abril de 2011): http://www.namahjournal.com/doc/Actual/Memory-transference-in-organ-transplant-recipients-vol-19-iss-1.html (Consulta en línea 9 de diciembre de 2013).

3. J. Andrew Armour, "The Little Brain on the Heart," (El pequeño cerebro del corazón) *Cleveland Clinic Journal of Medicine* 74, suppl. 1 (Febrero de 2007): http://www.ccjm.org/content/74/Suppl_1/S48.full.pdf (Consulta en línea 9 de diciembre de 2013).

Capítulo 17
La hora de su prueba decisiva

1. Wuest, *Word Studies From the Greek New Testament*. (Estudios de palabras del Nuevo Testamento griego).

2. Renner, *Sparkling Gems From the Greek*, 371. (Brillantes gemas del griego)

3. Wuest, *Word Studies From the Greek New Testament*. (Estudios de palabras del Nuevo Testamento griego).

EQUÍPATE CON EL ARMA MÁS PODEROSA

CARACTERÍSTICAS Y BENEFICIOS

- Versión Reina-Valera 1960 (la versión de la Biblia más leída en español).
- Incluye materiales adicionales de estudio, escritos por más de veinte líderes y autores cristianos de renombre.
- Provee información práctica para prepararte y equiparte en la guerra espiritual.
- Contiene herramientas de entrenamiento para la guerra espiritual, tanto para el estudio individual así como para grupos pequeños.
- Incluye referencias y mapas a color.

La **Biblia para la guerra espiritual**, te ayudará a prepararte y equiparte como un guerrero espiritual.

ADQUIÉRELA EN CUALQUIER TIENDA DE LIBROS

CASA CREACIÓN

REINA-VALERA 1960

SÍGUENOS EN: TWITTER.COM/CASACREACION FACEBOOK.COM/CASACREACION

11489A